Essential
Swahili
Dictionary

Swahili–English
English–Swahili

Teach® Yourself

T0299460

Essential
Swahili
Dictionary

Swahili–English
English–Swahili

Teach Yourself®

D. V. Perrott

Revised by Joan Russell

For UK order enquiries: please contact Bookpoint Ltd, 130 Milton Park, Abingdon, Oxon OX14 4SB. *Telephone*: +44 (0) 1235 827720. *Fax*: +44 (0) 1235 400454. Lines are open 09.00–17.00, Monday to Saturday, with a 24-hour message answering service. Details about our titles and how to order are available at www.teachyourself.com

For USA order enquiries: please contact McGraw-Hill Customer Services, PO Box 545, Blacklick, OH 43004-0545, USA. *Telephone*: 1-800-722-4726. *Fax*: 1-614-755-5645.

For Canada order enquiries: please contact McGraw-Hill Ryerson Ltd, 300 Water St, Whitby, Ontario L1N 9B6, Canada. Telephone: 905 430 5000. Fax: 905 430 5020.

Long renowned as the authoritative source for self-guided learning – with more than 50 million copies sold worldwide – the *Teach Yourself* series includes over 500 titles in the fields of languages, crafts, hobbies, business, computing and education.

British Library Cataloguing in Publication Data: a catalogue record for this title is available from the British Library.

Library of Congress Catalog Card Number: on file.

First published in UK 2003 as *Teach Yourself Swahili Dictionary* by Hodder Education, part of Hachette UK, 338 Euston Road, London NW1 3BH.

First published in US 2003 as *Teach Yourself Swahili Dictionary* by The McGraw-Hill Companies, Inc.

This edition published 2010.

The *Teach Yourself* name is a registered trade mark of Hodder Headline.

Copyright © 2003, 2010

In UK: All rights reserved. Apart from any permitted use under UK copyright law, no part of this publication may be reproduced or transmitted in any form or by any means, electronic or mechanical, including photocopy, recording, or any information, storage and retrieval system, without permission in writing from the publisher or under licence from the Copyright Licensing Agency Limited. Further details of such licences (for reprographic reproduction) may be obtained from the Copyright Licensing Agency Limited, of Saffron House, 6–10 Kirby Street, London EC1N 8TS.

In US: All rights reserved. Except as permitted under the United States Copyright Act of 1976, no part of this publication may be reproduced or distributed in any form or by any means, or stored in a database or retrieval system, without the prior written permission of the publisher.

Typeset by Transet Ltd., Coventry, England.

Printed in Great Britain for Hodder Education, an Hachette UK Company, 338 Euston Road, London NW1 3BH, by CPI Group (UK) Ltd, Croydon CR0 4YY.

The publisher has used its best endeavours to ensure that the URLs for external websites referred to in this book are correct and active at the time of going to press. However, the publisher and the author have no responsibility for the websites and can make no guarantee that a site will remain live or that the content will remain relevant, decent or appropriate.

Hachette UK's policy is to use papers that are natural, renewable and recyclable products and made from wood grown in sustainable forests. The logging and manufacturing processes are expected to conform to the environmental regulations of the country of origin.

Impression number 14
Year 2021

Contents

Foreword

I first arrived in Tanzania with a copy of the original Teach Yourself Swahili, and very little else. Apart from working through the book, my earliest Swahili-learning experiences consisted of shopping in Mwanza market, trying out newly acquired phrases on infinitely patient friends and sitting in the back row of classrooms observing student teachers. Living among friendly and hospitable people is a great way to learn a language by osmosis!

After ten years in Tanzania and Kenya, and hooked on Swahili, I studied it more formally and eventually taught it at the University of York. I shall always be grateful to my students for sharing my enjoyment of this fascinating language, for their commitment, their open minds and for reminding me of the needs of beginners.

I have made regular extended visits to Tanzania and Kenya, some of them for research, which has led to a number of publications: journal articles, a book on the Mombasa dialect community and a co-authored book about S. E. Tanzania. As well as revising this dictionary, I have written Complete Swahili.

So – welcome to the dictionary!

Only got a minute?

Swahili nouns

In Swahili, as in the other languages of the Bantu group, which is spoken in sub-Saharan Africa, nouns group themselves into various classes. The singular and plural nouns of each class are distinguished by their prefix.

In the Swahili–English part of the dictionary, nouns are listed in their singular form, with their plural prefix in brackets e.g. **mtu (wa)** *person*.

Here are three of the noun classes:

The M-WA class, which consists mainly of words for people; the singular prefix is **m-** and the plural prefix is **wa-**:

mtoto	*a child*	**watoto**	*children*
mzee	*an old person*	**wazee**	*old people*

The KI-VI class which, although quite mixed, includes many of the words for implements and other domestic items:

kikombe	*a cup*	**vikombe**	*cups*
kijiko	*a spoon*	**vijiko**	*spoons*

The M-MI class, which includes many of the words for plants and trees:

mchungwa *an orange tree*   **michungwa** *orange trees*

mtende *a date palm*   **mitende** *date palms*

Swahili verbs and sentences

Verbs also usually need prefixes, but in their imperative form they do not: **Tazama!** *Look!* **Soma!** *Read!*

In the Swahili–English part of the dictionary verbs are shown in their imperative form e.g. **soma** *read*. This form is the 'stem' of the verb, to which prefixes can be attached. The infinitive form of the verb needs just one prefix, **ku-: kutazama** *to look*; **kusoma** *to read*.

In the English-Swahili part, Swahili verbs are shown in their infinitive form, e.g. **read** *kusoma*.

A verb in a sentence usually needs more prefixes than this. The prefixes in the example below are for the subject (s), the tense (t) and an optional object (o), in front of the verb-stem (v):

S	T	O	V
a-	**-na-**	**-ki-**	**-soma**
s/he	present time	it	read

These are joined together as one word, and function as a sentence: **Anakisoma.** *She is reading it.*

10 Only got ten minutes?

Swahili is one of the large group of related languages known as the Bantu group, spoken in sub-Saharan Africa. It is the most widely known of the Bantu languages, and its use has spread far beyond its homeland of the east coast and islands. Although some people speak Swahili as their mother tongue or 'first language', far more speak it as a lingua franca or 'auxiliary language'. Using Swahili as a lingua franca enables people who do not share a first language to communicate with each other. A person's home language may be one of the other Bantu languages, or a non-Bantu one (with no similarities to Swahili).

One of the characteristics that all Bantu languages share is that the nouns group themselves into classes, each class with its own prefix for singular and plural. These prefixes affect other words in a sentence, and a word given in a dictionary is sometimes obscured in use by syllables added at the beginning. Suffixes (syllables added at the ends of words for particular purposes) are also a feature of these languages. Not all the other Bantu languages have the same number of noun classes as Swahili; some have fewer and others more.

The history of eastern Africa (Kenya, Tanzania, the eastern part of the Democratic Republic of Congo etc.) has influenced the Swahili language, particularly its vocabulary. Ancient Indian Ocean trade links were responsible for the earliest imports of vocabulary. As well as contributing to the spread of the language inland from the coast, colonial expansion, missionary activity and, more recently, modern communication media have all added to the vocabulary of Swahili. Apart from the more recent, and increasing, impact of English, the greatest source of loanwords has been Arabic. Some importations have also come into Swahili from other Bantu languages.

Two of the noun classes described below contain a relatively high proportion of loanwords.

Nouns and adjectives

M–WA

The M-WA class consists mainly of words for people; the singular prefix is m- and the plural prefix is wa-. (The hyphen shows that these syllables cannot stand on their own; they have to be attached to a noun stem.)

mtu	*a person*	watu	*people*
mtoto	*a child*	watoto	*children*
mzee	*an old person*	wazee	*old people*
Mkenya	*a Kenyan*	Wakenya	*Kenyans*

The noun stems in these nouns are: -tu, -toto, -zee and -kenya; the first three are not complete words until they have a prefix.

Swahili nouns are listed in their singular form in both halves of the dictionary. In the Swahili–English part the plural prefix of a noun is shown in brackets, e.g. **mtu (wa)** *person*.

If you need to use an adjective with a noun, it usually follows the noun, and it must 'agree with' the noun it describes, by having the same prefix at the beginning. Using the adjective -dogo, *small*:

mtu mdogo	*a small person*	watu wadogo	*small people*
mtoto mdogo	*a small child*	watoto wadogo	*small children*

KI-VI

The KI-VI class of nouns, although quite mixed, includes many of the words for implements and other domestic items.

kijiko	*a spoon*	vijiko	*spoons*
kikombe	*a cup*	vikombe	*cups*
kiatu	*a shoe*	viatu	*shoes*

Using the adjective -dogo again:

kijiko kidogo	*a small spoon*	vijiko vidogo	*small spoons*
kikombe kidogo	*a small cup*	vikombe vidogo	*small cups*
kiatu kidogo	*a small shoe*	viatu vidogo	*small shoes*

Not all adjectives need a prefix to match or 'agree with' their noun. It is only those of Bantu origin that need one; those that have come into Swahili from other languages do not. Adjectives requiring a prefix are shown in the dictionary preceded by a hyphen, e.g. **-dogo** *small*. If an adjective is shown without a hyphen it does not need a prefix, e.g. **safi** *clean, pure*. This applies to both halves of the dictionary.

M-MI

The M-MI noun class includes, among other nouns, many of the words for trees and plants:

mti	*a tree*	miti	*trees*
mchungwa	*an orange tree*	michungwa	*orange trees*
mtende	*a date palm*	mitende	*date palms*

With the adjective **-refu** *tall*:

mti mrefu	*a tall tree*	miti mirefu	*tall trees*
mchungwa	*a tall orange tree*	michungwa mirefu	*tall orange trees*
mtende mrefu	*a tall date palm*	mitende mirefu	*tall date palms*

N

In the N noun class most of the words for animals and some of the words for objects are of Bantu origin but a large number are not. One reason that Swahili has such a rich vocabulary is that, like English, it has acquired loan words from other languages; many of them are in this class, and it is constantly expanding.

Only a few of the nouns of Bantu origin retain an earlier prefix **-n**; these are nouns whose stems begin with **d**, **j**, **z** and **g**, e.g. **-doo** *bucket*. The earlier **n-** (perhaps originally **ni-**) has changed to **m-** in front of noun-stems beginning with **b** and **v**, e.g. **mvua** *rain*, and to **ny-** in front of stems beginning with a vowel e.g. **nyumba** *house*. The sound variations within the N class prefix are offset, for learners, by the simplicity of the singular and plural prefixes being the same:

njia	*a road*	njia	*roads*
ndoo	*a bucket*	ndoo	*buckets*
nyumba	*a house*	nyumba	*houses*

This is the only class in which the plural prefix is the same as the singular.

In the Swahili–English part of the dictionary the N class nouns are shown with a following hyphen to indicate that there is no change of prefix for the plural, e.g. **njia** (-) *road*.

The rules about the various forms of the N class prefix also apply to any adjective used with an N class noun, e.g. **ngoma ndogo** *a small drum*, **nyumba ndogo** *a small house*. Even if a noun is one of the many without the **n/ny/m** prefix, e.g. **saa** *clock*, **kofia** *hat*, its adjective must follow the N rules. This means that if, for example, the adjective stem begins with -d it must have the **n-** prefix e.g. **saa ndogo** *small clock*, **kofia ndogo** *small hat*. If the adjective begins with a vowel, e.g. **-eupe** *white*, it takes the **ny-** prefix e.g. **nyumba nyeupe** *a white house*.

More examples:
ndoo ndogo	*a small bucket/small buckets*
ndoo nyeupe	*a white bucket/white buckets*
kofia nyeupe	*a white hat/white hats*
saa nyeupe	*a white clock/white clocks*

(JI)-MA

The singular prefix of the (JI)-MA noun class is shown in brackets because only a small number of singular nouns actually have a **ji-** prefix: those with single-syllable stems, e.g. **-we**, and those beginning with a vowel, e.g. **-ino**. From a meaning point of view it is quite a mixed class, containing many loanwords. But there are some fairly clear groupings within it, e.g. words for fruit, body-parts, actions, and objects which occur in quantities.

yai	*an egg*	**mayai**	*eggs*
chungwa	*an orange*	**machungwa**	*oranges*
jiwe	*a stone*	**mawe**	*stones*
jino	*a tooth*	**meno**	*teeth*

(Notice that **ji** + **ino** makes **jino**, and **ma** + **ino** makes **meno**.)

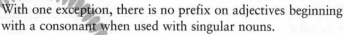

With one exception, there is no prefix on adjectives beginning with a consonant when used with singular nouns.

yai dogo	*a small egg*	mayai madogo	*small eggs*
chungwa dogo	*a small orange*	machungwa madogo	*small oranges*
jiwe dogo	*a small stone*	mawe madogo	*small stones*
jino dogo	*a small tooth*	meno madogo	*small teeth*

The one exception is the adjective **-pya** *new*, which is a single syllable and, although it begins with a consonant, takes a **-ji** prefix to form the two-syllable **jipya**.

Adjective stems beginning with a vowel have the prefix **j-**, rather than **ji-**, when used with singular nouns:

yai jeupe	*a white egg*	jiwe jeupe	*a white stone*

In the English–Swahili half of the dictionary there are a few exceptions to the convention of listing nouns in their singular form only (a plural prefix can be checked, if needed, in the first half of the dictionary). The main exception is the (JI)MA class, whose singulars without **ji-** are sometimes confused with N class nouns; the **ma-** prefix is therefore included.

U

The U noun class can be divided into two sub-groups:

(i) nouns which have a prefix **u-** but do not have a plural form:
   (a) abstract nouns, made from noun or adjective roots:
      utoto (from **-toto**) *childhood*; **uzee** (from **-zee**) *old age*
   (b) words for substances composed of particles which have no function singly:
      unga *flour*; **udongo** *soil*
   (c) names of countries:
      Uganda *Uganda*; **Ureno** *Portugal*

(ii) nouns with a **u-** (or **w-** before a vowel) prefix, which make their plurals with the N prefix in its various forms (see information above on the N class):

ubao	*a plank of wood*	mbao	*planks*
wimbo (u+imbo)	*a song*	nyimbo	*songs*
ukuta	*a wall*	kuta	*walls*

Adjectives used with nouns of group (i) (a) and (b), and the singular nouns in group (ii), have **m-** (or **mw-** before a vowel) as their prefix. Using the adjective **-zuri** good:

utoto mzuri	*a good childhood*
unga mzuri	*good flour*
wimbo mzuri	*a good song*

Adjectives used with the plural nouns of group (ii) take the N class prefixes, like the nouns they describe:

mbao mzuri	*good plants*
kuta nzuri	*good walls*
nyimbo nzuri	*good songs*

PA

The PA class contains only one word, **mahali** *place*, (**pahali** is used in some areas). All its agreements are made with the prefix **pa-**: **mahali pazuri** *a good place*.

KU

The **ku-** prefix makes verb infinitives (see the section on Verbs and sentences below) and these can be used as nouns. Using the verb **-soma** *read*, and **ni** *is*: **Kusoma ni kuzuri.** *Reading is good. To read is good.*

More about adjectives:

Some numbers take the noun class prefix in order to agree with their noun. The exceptions are the words for 6, 7, 9 and 10 and the words for multiples of 10 (20, 30, etc. not shown here) which are of Arabic origin and do not need an agreement prefix:

1	-moja	6	sita
2	-wili	7	saba
3	-tatu	8	-nane
4	-nne	9	tisa
5	-tano	10	kumi

watu wawili	*two people*
miti minne	*four trees*
machungwa manane	*eight oranges*

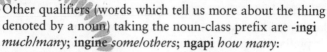

Other qualifiers (words which tell us more about the thing denoted by a noun) taking the noun-class prefix are **-ingi** *much/many*; **ingine** *some/others*; **ngapi** *how many*:

watu wengi (wa + ingi)	*many people*
kiatu kingine (ki +ingine)	*another shoe*
Miti mingapi ?	*How many trees?*

Verbs and sentences

The basis of a Swahili verb is its 'root'. The root carries the meaning of the verb but it cannot be used on its own as a word: e.g. **-som-** *read*. The hyphens show that it takes prefixes at the front and suffixes following it. All verbs of Bantu origin finish with **-a**. Whether or not any special-purpose suffixes (not discussed here) are attached to the verb root, the final **-a** is there.

The verb root + **a** or verb root + suffix(es) + **a** is called the verb stem; **-soma** is the simplest kind of stem. It is also the imperative form of the verb: **Soma!** *Read!*

In the Swahili–English part of the dictionary verbs are shown in their imperative form, so you would look under 's' to find the English meaning of **-soma**. It is crucial to be able to identify the stem of any Swahili verb whose English meaning you want to find. This is not always easy for beginners, because of the prefixes that come in front of the stem.

Verb prefix and tense marker

We shall refer to the first prefix that makes up the verb group as the verb prefix. In the example below it is **a-** *he* or *she* (the context usually makes clear which is meant). The second prefix is the tense marker, indicating the time (past, present, future) of the action:

Verb prefix (subject)	Tense marker (present time)	Verb stem (root + a)
a-	**-na-**	**-soma**
s/he	*present*	*read*

These are joined together as one word: **anasoma** *s/he is reading*; they function as a sentence or part of a longer sentence. Using **-ta-**, future time, and **-li-**, past time, gives us:
atasoma *s/he will read*;
alisoma *s/he read*.

Grammatically, the verb prefix is functioning here as the subject, in its pronoun form.

The M/WA noun class has six verb prefixes:

ni-	*I*	**tu-**	*we*
u-	*`you*	**m-**	*you (pl.)*
a-	*s/he*	**wa-**	*they*

Unasoma?	*Are you reading?*
Ninasoma.	*I am reading.*
Wanasoma.	*They are reading.*

The other noun classes, except U(i), PA and KU, each have two verb prefixes for 'it' and 'they'. These verb prefixes have several functions; as well as representing the subject, they can also function as object pronouns (except for a few of the M/WA verb prefixes, which are different for subjects and objects).

Subjects

In sentences like **anasoma** or **wanasoma** the speaker and hearer(s) know who the verb prefix (the subject) refers to. If the identity of the subject needs to be made clear the subject noun goes in front of the verb group:

Adam anasoma.	*Adam is reading.*
Mtoto anasoma.	*(The) child is reading.*

Objects

In the following sentence **-ki-**, the verb prefix for singulars of the KI/VI class, functions as a pronoun referring to the object 'it', rather than the subject. Notice its position in the verb group – immediately before the verb stem.

Anakisoma.	*S/he is reading it*

Subject	Present time	Obj. pronoun	Verb
a-	-na-	-ki-	-soma

Adding the subject noun we have: **Adam anakisoma.** *Adam is reading it.*

In sentences like this, the object represented by **-ki-** is known to speaker and hearer(s), having probably just been mentioned in the conversation. Sometimes an object needs to be specified, as in the following sentence which could be a reply to 'What is Adam doing?'

    Anasoma kitabu. *He is reading a book.*

If the participants in the conversation know the identity of the book, the object needs to be made definite (like using 'the' in front of a noun in English) by using the object marker as well:

    Anakisoma kitabu. *He is reading the book.*

So in sentences with a named object, using the object pronoun as well as the object noun marks that object as definite, like using 'the' in English.

The infinitive
The infinitive form of the verb, e.g. 'to read' in English, is made by putting the prefix **ku-** in front of the verb stem: **kusoma** *to read*. Using the verb **-penda** *like*, we can make the sentence: **Adam anapenda kusoma.** *Adam likes to read.* (**Kusoma** can mean *reading* as well *as to read*.)

In the English–Swahili half of the dictionary Swahili verbs are given in their infinitive form. The Swahili meaning of *read* is therefore given as **kusoma**. This makes it easy to distinguish between Swahili verbs and nouns. Remember that, in the Swahili–English section, only the verb stem is given, e.g. **soma** *read*.

Preface

This dictionary forms a companion to *Complete Swahili* and is intended to be of equal use to both English and Swahili-speaking people. Although it is a Concise Dictionary, its Swahili section contains all the words the compiler heard during 30 years' residence in East Africa, together with a selection of those taken for her own use from the dictionaries of Krapf, Sacleux, and Madan and the writings of Swahili authors, and a few present-day words not yet in any dictionary. It must be remembered, however, that Arabic words and words from other Bantu languages of the mainland are often introduced into Swahili, and that variations in spelling and pronunciation exist. Guidance on some of these will be found in the alphabetical Notes on the Swahili–English section.

The English vocabulary is based on that used in other *Teach Yourself* dictionaries, adapted to the different circumstances of a tropical country. Its ten thousand words have therefore been well tested and found a satisfactory selection.

The dictionary contains a Concise Grammar of the Swahili language, but much fuller information is given in *Swahili* in this series.

The compiler wishes to thank the African friends who have helped her by answering her queries, providing her with vernacular periodicals, or checking the work to ensure its accuracy.

D.V. Perrott
1965

Reviser's note

I too wish to thank all the friends who have shared their knowledge of Swahili with me, in particular Margaret Kumbuka of the School of Oriental and African Studies, University of London. As well as newspapers, periodicals and novels, I have made use of the dictionaries and other lexicographical sources listed in the Bibliography.

Joan Russell
2010

Bibliography

Bakhressa, Salim K. (1993) *Kamusi ya Maana na Matumizi*, Nairobi: Oxford University Press

Institute of Kiswahili Research (2001) *Kamusi ya Kiswahili-Kiingereza*, Dar es Salaam: University of Dar es Salaam

Institute of Kiswahili Research (1996) *English–Swahili Dictionary*, Dar es Salaam: University of Dar es Salaam

Johnson, F. (1978) *A Standard English–Swahili Dictionary*, Nairobi: Oxford University Press

Johnson, F. (1978) *A Standard Swahili–English Dictionary*, Nairobi: Oxford University Press

Kirkpatrick, Betty (1994) *The Oxford Paperback Thesaurus*, New York: Oxford University Press

Maimu, Musa (1982) *Kamusi ya Wanyama na Nyoka wa Tanzania*, Dar es Salaam: Tanzania Publishing House

Mohamed, M. A. and Mohamed, S. A. (1998) *Kamusi ya Visawe*, Nairobi: East African Educational Publishers

White, T. Hedley and Sorsbie, C. E. (1979) *A Short English–Swahili Medical Dictionary*, London: Churchill Livingstone

Bibliography

Introduction

Swahili is a Bantu language which has incorporated words from many other sources and so Bantuized them that even the speakers do not recognize that they are foreign words. Most have been introduced by Arab and Indian settlers and traders; a few by Portuguese and German colonists, and a large number by English-speakers and through English language media. English and Arabic words are now being increasingly used. Arab introductions are distinctive, but there are also disguised English ones, e.g. **nguo isiyofiti**, *a garment which does not fit*. Most of these foreign words, if nouns, are put into the N and MA classes (see Section 1 in the Concise Grammar).

Bantu words consist of a root, the meaning of which is changed by various prefixes and suffixes, and nouns are grouped in classes according to their prefix. These prefixes affect other words in a sentence, with the result that the word given in a dictionary is frequently obscured by syllables added at the beginning and the end.

The Concise Grammar which follows is intended to summarize the chief points to be remembered in using this dictionary. They are dealt with more fully in another book in this series, *Complete Swahili*, which anyone who has not studied the language is advised to get.

A concise grammar

1 Nouns

Swahili nouns fall into various classes which, for convenience, are usually grouped as shown in the Table of Agreement Prefixes at the end of this Concise Grammar, each class with its singular and plural. These 'concords' are sometimes referred to in Swahili grammar books as 'noun-class agreements' or 'agreement prefixes'; this is what they are called in *Complete Swahili*.

M–WA

The *M–WA class* (e.g. **mtu watu**) is the personal class; with only one or two exceptions all the nouns in it denote human beings. Nouns in other classes take the agreement prefixes of this class if they denote persons or animals.

M–MI

The *M–MI class* (e.g. **mti miti**) consists of the names of things. Trees and plants are in this class.

N

The *N class* (e.g. **njia njia**) contains the names of most animals and some fruits, and a large number of non-Bantu nouns. Most of the Bantu nouns have dropped their initial *n*. As the plural is the same as the singular, N-class nouns are shown in the dictionary with the plural sign (-), denoting that there is no change. The *n* causes changes in some following sounds, and these are given in a note following this section.

KI–VI

The *KI–VI class* (e.g. **kitu vitu**) consists mostly of the names of concrete things. Words belonging to other classes can be brought into this one by a change of their prefix to show smallness or some diminution (e.g. **mfuko**, *a bag*; **kifuko**, *a little bag*). They then take the agreements of this class, unless they denote living beings and take the agreements of Class 1. Where the noun root is a monosyllable, or confusion might occur with another word, the prefix *kiji* is used (e.g. **mto**, *a river*; **kijito**, *a stream*). *Ki* before a vowel other than *i* becomes *ch* and therefore most nouns beginning with *ch* belong to this class.

(JI)–MA

The *(JI)–MA class* (e.g. **yai mayai**) has no singular prefix except before a vowel or monosyllabic root when **ji** is prefixed (e.g. **jicho macho**). Like the N class it contains many non-Bantu words, and there is nothing in the form of the word to show which of the two classes it belongs to. Some words are well established, but others vary, so do not be surprised if you find a word marked (-) in the dictionary used with a MA plural, or vice versa.

Just as nouns can be brought into the KI–VI class to show smallness, so they can be brought into the MA class to show largeness. Then they have no prefix in the singular (unless they require *ji*) and *ma* in the plural (e.g. **mtu watu**, *man, men*; **jitu majitu**, *giant, giants*; **fuko mafuko**, *bag, large bags*).

For more about the N and (JI-)MA classes see Complete Swahili Units 2 and 4 and for largeness and smallness Unit 15.

U

The *U class* (e.g. **uzi nyuzi**) consists of nouns beginning with *u* or, before a vowel, *w*. Most are abstract nouns (e.g. **uzuri**, *beauty*) or names of substances (e.g. **unga**, *flour*) and these, of course, have no plural. The others, with a few exceptions, take the plural of the N class with the usual changes caused by *n*. As the plurals are shown in the dictionary, it is not necessary to remember these, but the U class is a very interesting one, and more can be found about it in *Complete Swahili*, Unit 6.

PA

The *PA class* contains only one word, **mahali**, *place* (found sometimes as *mwahali* or *pahali*) and all its concords are made with the prefix pa. The other agreements given in the table are explained in the note on Place in Section 7.

KU

The *KU class* contains all infinitives used as verbal nouns (e.g. **kuimba**, *singing*). It is not given separately in the Table, but in the last column, under the prefix *ku*, there is a note 'similarly infinitives'. Infinitives begin with *ku*, and when used as nouns, all their concords begin with *ku* or *kw* before a vowel.

Noun prefixes used for adjectives

In the Table of Agreement Prefixes you will see two kinds of prefixes, called there, *Adjective Prefixes* and *Verb Prefixes*. Here we are considering the first kind only.

In the first four classes they are the same as the prefixes of the nouns: *m–wa, m–mi, n–n, ki–vi*. In the MA class there is a singular prefix ji. This is put in brackets, because it is only used when the adjective begins with a vowel. In the U class the singular prefix is *m* for adjectives, with one or two exceptions. Thus, taking the keywords in the Table, and adding the adjective -zuri, *good*, we get **mtu mzuri, watu wazuri; mti mzuri, miti mizuri; njia nzuri, njia nzuri; kitu kizuri, vitu vizuri; yai zuri, mayai mazuri; uzi mzuri, nyuzi nzuri; mahali pazuri; kuimba kuzuri**. As living beings of any class take the agreements of the personal class, the adjectives with words like **ndege**, *bird*; **kipofu**, *blind man*, will be **mzuri** and **wazuri**.

Changes before a vowel

Some changes take place in these prefixes before a vowel, but not all before the vowel *i*:

m	becomes	*mw*
mi	"	*my* in adjectives
ki	"	*ch*
vi	"	*vy*
u	"	*w*
ku	"	*kw*
n	"	*ny*

li, ji, zi drop their vowel, and prefixes ending in *a* amalgamate the *a* with a following *e* or *i* to make *e*.

Changes caused by *n*

Except in a few monosyllables where it forms a separate syllable and takes the stress (e.g. **ńchi**), n only occurs as a prefix before noun stems beginning with **d, g, j** and **z** e.g. **ndege, nguo, njia, nzige**.

Before a vowel **n** becomes **ny** e.g. **nyani**. Before **b** and **v** it becomes **m** e.g. **mbwa, mvua**.

There is no **n** prefix in front of noun stems beginning with the 'voiceless' consonants **ch, f, k, p, s** and **t**.

The one monosyllabic adjective **-pya** has **m** as its prefix when qualifying N class nouns.

Noun suffixes

Two suffixes can be added to nouns.

ji can be suffixed to a noun ending in **a**, formed from a verb, to show habitual action: e.g. **chunga**, *to herd*; **mchungaji**, *a herder*. *ni* changes the noun from denoting a thing to denoting a place, e.g. **mji**, *a town*; **mjini**, *to-the-town*; **hewa**, *the air*; **hewani**, *in-the-air*. These adverbial nouns no longer take the noun class prefixes but the prefixes shown in the table under *Place*. More about them is said in the note on *Place* (Section 7).

2 Adjectives

In English we think of adjectives as words used with a noun, and pronouns as words used without a noun. But if we use these names (for convenience) in Swahili, we class as adjectives the words which take, with a few exceptions, the same prefixes as the nouns. These are (1) descriptive adjectives; (2) numbers; (3) the words **-ingi**, *much, many*; **-ingine**, *some, other*; and **-ngapi**, *how many*. It is easy to remember these three words as they all contain *ng*.

Descriptive adjectives

Bantu languages, including Swahili, have several different ways of expressing adjectival concepts. In Swahili there are a relatively small number of single-word adjectives of Bantu origin; these are shown in the dictionary with a hyphen, e.g. **-zuri,** to indicate that they need an agreement prefix to 'match' their noun. There are also single-word adjectives of non-Bantu origin (mainly from Arabic) which do not take an agreement prefix, e.g. **safi: nguo safi** *clean clothes.*

Many adjectival concepts, which would be expressed in English by single words, are conveyed in other ways:

1 By the use of **-a,** *of,* or **-enye,** *having:* **maji ya moto,** *hot water;* **watoto wenye afya,** *healthy children.*

2 By the use of **bila** or **pasipo,** *without:* **mahali pasipo miti,** *a place without trees,* i.e. *a treeless place;* **mji bila watu,** *an uninhabited town.*

3 By the relative **-liyo,** *which is,* and **-siyo,** *which is not:* **maneno yaliyo kweli,** *true words;* **matendo yasiyo haki,** *unjust actions.* These relatives are used with verbs, e.g. **kitabu kilichopotea,** *the lost book;* **miti isiyofaa,** *useless poles.* As will be seen from the examples, the syllable in italics has to be changed according to the class of the noun described and the appropriate prefix put at the front to show the subject.

Adjectives follow the noun they qualify, except **kila,** *every,* which precedes it. There are no special forms for comparison. **zaidi,** *more;* **kupita,** *to pass;* or **kuliko** can be used: **Ali ni mrefu, lakini Juma ni mrefu zaidi,** *Ali is tall, but Juma is taller;* **Ali ni mrefu kuliko** (or) **kumpita Juma,** *Ali is taller than Juma.*

Numbers

The numbers used in Swahili have a mixture of Bantu and Arabic roots. The Arabic ones do not vary, but the Bantu ones (one, two, three, four, five, and eight) take the adjective prefixes. In the N class, however, the only one changed is **-wili,** *two,* which becomes **mbili.**

The numbers given below are those used in counting; when used as adjectives the six just named must be given prefixes.

1 moja	30	thelathini
2 mbili	33	thelathini na tatu
3 tatu	40	arobaini
4 nne	44	arobaini na nne
5 tano	50	hamsini
6 sita	55	hamsini na tano
7 saba	60	sitini
8 nane	66	sitini na sita
9 tisa (kenda)	70	sabini
10 kumi	77	sabini na saba
11 kumi na moja	80	themanini
12 kumi na mbili	88	themanini na nane
13 kumi na tatu	90	tisini
14 kumi na nne	99	tisini na tisa
15 kumi na tano	100	mia
16 kumi na sita	101	mia na moja
17 kumi na saba	110	mia na kumi
18 kumi na nane	200	mia mbili
19 kumi na tisa (kenda)	250	mia mbili na hamsini
20 ishirini	999	mia tisa tisini na tisa
22 ishirini na mbili	1000	elfu

When the numbers denote order they are formed with **-a**, *of*, with the right prefix: **siku ya kwanza**, the first day; **siku ya pili, ya tatu** ... up to **siku ya mwisho**, the last.

-ingi, -ingine, -ngapi

These are the three other words that take the adjective prefixes; like the other adjectives they follow the noun: **unga mwingi**, *a lot of flour*; **watu wengine**, *other people*; **vitabu vingapi?** *how many books?*

How often? is shown by the word **mara**, *time/s*: **Mara ngapi?** *How often?* **Mara mbili**, *twice*.

3 Pronouns

The lower half of the columns in the Table of Agreement Prefixes at the end of this Concise Grammar shows the verb prefixes (often called pronouns). These look very different from the adjective prefixes, but actually they are the remains of old noun prefixes which have been dropped in Swahili. In other Bantu languages we get **umti**, *the tree*, **imiti**, *the trees*, and *u* and *i* are equivalent to saying *it* and *they* with a verb when referring to the M–MI class. Similarly with the other classes. These prefixes have to be prefixed to the verb whether the subject has been named or not, and also to the other words shown at the side of the table.

Personal pronouns

Before dealing with the other noun classes, we give here those belonging to the M–WA class:

Pronoun	Possessive pronoun	Verb prefix subject	Verb prefix object	*of*
mimi, *I, me*	-angu	ni-	-ni-	
wewe, *you* (one)	-ako	u-	-ku-	
yeye, *he, him*; *she, her*	-ake	a- *or* yu-	-m(w)-	
sisi, *we, us*	-etu	tu-	-tu-	wa
ninyi, *you* (many)	-enu	m(w)-	-wa-	
wao, *they, them*	-ao	wa-	-wa-	

	this	*this* (2)	*that*	*having*	*self*
mimi wewe yeye	huyu	huyo	yule	mwenye	mwenyewe

	anyone	*all*	*which?*	*who* (rel.)	
mimi wewe yeye	ye yote		yupi?	ambaye	

	these	*these* (2)	*those*	*having*	*selves*
sisi ninyi wao	hawa	ha(w)o	wale	wenye	wenyewe

	any	*all*	*which?*	*who* (rel.)	
sisi ninyi wao	wo wote	wote	wapi?	ambao	

Note:

1 *This* (2) is the form used when referring to someone just mentioned.
2 The possessive pronouns are shown with a hyphen because they have to agree with the thing possessed, not with the possessor: **mimi na kitabu changu**, *I and my book*.
3 The verb prefix denoting the subject is the first syllable in a verb (unless the negative *ha* precedes it) and the hyphen shows that it is to be joined on to the verb root with other prefixes. The object prefix comes immediately before the verb root and therefore has syllables joining it on both sides.
4 A few much-used words are frequently joined to a shortened form of the personal pronoun: **mwanangu**, *my child*; **wenzetu**, *our companions*; **babaye**, *his father*, etc.

Possessive pronouns

As the possessive pronouns given above all begin with a vowel, the changes referred to in Section 1 will take place, *u* becoming *w*, etc. So we get **mtoto wangu, watoto wangu; mti wangu, miti yangu; njia yangu, njia zangu; kitu changu, vitu vyangu; yai langu, mayai yangu; uzi wangu, nyuzi zangu; mahali pangu; kuimba kwangu**. In speaking of things, **-ake** is used both for *its* and *their*: **miti na matunda yake**, *trees and their fruits*.

Demonstratives

Swahili has no word for *a* or *the*, but it has three forms of demonstrative where in English we have only two, *this* and *that*. *This* is formed by the prefix preceded by *h* with the same vowel as in the prefix. *That* is formed by the verb prefix followed by *le*. In the Table of of Agreement Prefixes these two words are given for each of the noun classes, so there is no need to repeat them here. The other demonstrative is *this* with its last letter changed to *o*. It is used when someone or something has already been mentioned; **maneno hayo**, for instance, refers to words already written; **maneno haya** to those about to be written.

Relatives

There are two ways of expressing *who, which, when, where*, when these words are used as relative pronouns. One is by the relative pronoun attached to **amba-**, and the other one by the relative pronoun put into the verb. These relative affixes are shown in the the Table of Agreement Prefixes, near the bottom of the columns, and are formed by the verb prefix followed by the same *o* of reference as is used in *this* (2). The **amba** relative is shown above in the section on personal pronouns, and in the other classes it is formed in the same way. The other relative will be explained in the section on Verbs.

The *o* of reference also forms the root of the Swahili words for *all*, referring to the completeness of the thing mentioned, and for *any*: **kitabu chote**, *the whole book*; **vitabu vyote**, *all the books*; **kitabu cho chote**, *any book*.

4 Verbs

To be

As in many other languages, the present tense of the verb *to be* is irregular, and is best taken separately.

Connectives. When *am*, *is* or *are* are merely connectives, **ni** can be used for all the noun classes, or even omitted altogether. In the negative, **si** replaces **ni** and cannot be omitted: **chakula (ni) tayari**, *the food is ready*; **machungwa si mazuri**, *the oranges are not good*. If it is desired to stress the person, the pronominal syllables *ni u yu* are used instead of **ni** for the three persons singular, and *tu m wa* for the plural; with **si** for all persons in the negative: **Tu wageni**, *We are strangers*; **U nani?** *Who are you?* **Si haki**, *It isn't fair*. For things, the verb prefixes are used if necessary.

Place. The place syllables *ko mo po* can be added to the prefixes given above to denote place: **Upo wapi?** *Where are you?* **Nipo hapa**, *I am here*; **Yuko wapi Ali?** *Where is Ali?* **Yumo jikoni**, *He is in the kitchen*. The negative forms with persons are **sipo hupo hayupo hatupo hampo hawapo**. In the other classes *ha* is prefixed: **Kitabu kipo?** *Is the book there?* **Hakipo**, *It is not here*.

Emphasis. **Ndi** (a more emphatic form than *ni*) can be joined to a shortened form of the personal pronouns or to the verb prefixes: **ndimi**, *It is I*; **ndiwe**, *It is you*; **ndiye**, *It is he*; **ndio**, *It is they*. The following verb should have both a relative pronoun and an object one: **Ndicho kitabu nilichokitaka**, *This is the book which I wanted*. These forms are shown in the Table of Agreement Prefixes. Note also the following words in common use: **Ndiyo** (*it is so*) = *Yes*; **Siyo**, *No*; **Ndipo**, *It is there*, or *It is then*; **Ndivyo ilivyo**, *That's how it is*.

Relative. To make the relative the root *li* is used, preceded by the subject prefix of the right class and followed by the relative pronoun. Here are the forms for reference:

Persons:	niliye	tulio	and for	mti ulio, miti iliyo
	uliye	mlio	things:	njia iliyo, njia zilizo
	aliye	walio		kitu kilicho, vitu vilivyo
				yai lililo, mayai yaliyo
				uzi ulio, nyuzi zilizo
				mahali palipo; kuimba kuliko

For negative in all classes substitute *si* for *li*.

To have

Have is expressed in Swahili by *be with*, and what seems to be the present tense of *have* is really I-with, you-with, etc.

affirmative	nina	tuna	negative	sina	hatuna
	una	mna		huna	hamna
	ana	wana		hana	hawana

In other classes the *na* is added to the verb prefix, prefixing *ha* in the negative: **Mti una miiba**, *the tree has thorns*; **Mti hauna miiba**, *the tree has no thorns*. If there is an object the relative pronoun is added at the end: **Una*cho* kitabu changu? Nina*cho*.** *Have you my book? (Yes) I have it.*

The relative is the same as that for *be* followed by *na*. The relative affix is attached to *li* (or *si*) and the object follows the *na*: **watu wasio na watoto**, *people who have no children*. Notice that the relative can refer to the object, instead of the subject: **kitabu *ni*lic*ho* nacho**, *the book which I have (it)*.

The other tenses of to be *and* to have *are conjugated like any other verb, as shown in the next section.*

Verb tenses

The verb as given in dictionaries is found only in the Imperative, e.g. **Tazama!** *Look!* or, preceded by *ku* in the Infinitive, **kutazama**, *to look*. Usually it is preceded by prefixes, in the order: Subject, Tense, Relative, Object, with often a negative *ha* before them. If the verb is reflexive the object prefix is replaced by *ji*. The prefixes given in the Table of Agreement Prefixes serve both for subject and object. Those for persons are slightly irregular, but are all shown in the Table of Verb Tenses at the end of this Concise Grammar.

The tense prefixes are as follows:
Affirmative

  a simple present; **nataka,** *I want*
  na present continuous; **ninataka,** *I am wanting*
  ta future; **nitataka,** *I shall want*
  li past; **nilitaka,** *I wanted*
  ka connective; **nikataka,** *and I wanted*
  ki if, when; **nikitaka,** *if I want*
  nge, ngali, conditional; **ningetaka, ningalitaka,** *if I wanted,*
   if I had wanted.

Negative

  ku past; **sikutaka,** *I did not want*
  ta future; **sitataka,** *I shall not want*
  ja not-yet tense; **sijataka,** *I have not wanted (yet)*
  sipo if-not; **nisipotaka,** *unless I want*
  nge, ngali, conditional; **nisingetaka, nisingalitaka,** *if I did*
   not want, if I had not wanted.

The subject prefixes shown in the Table of Agreement Prefixes are given again in the Table of Verb Tenses which follows it. In the simple present, as the tense prefix begins with a vowel, the subject prefix (verb prefix) will be slightly modified, combining with the **a** as in *of* in the Table of Agreement Prefixes.

In the negative tenses the negative prefix *ha* precedes all the subject prefixes except those for *I* and *you*; here *hani* becomes *si*, and *hau* becomes *hu*.

Tenses without prefixes

The subjunctive, also used as a polite imperative, is formed by the subject prefix followed by the verb with its last sound, if *a,* changed to *e.* In the negative the prefixes remain the same, and the other negative sign *si* precedes the verb: **Nitazame,** *Let me look;* **Usiende,** *Don't go;* **Nifikiri,** *Let me think.*

Verbs borrowed from Arabic end in i *or* u *and the ending does not change.*

A *habitual tense,* used for any time and any person, is made with the prefix *hu:* **husema,** *they say;* **Magari hupita kila siku,** *Vehicles pass every day.* There is no corresponding negative tense.

The negative present is formed by the negative subject prefix, followed by the verb, with its final sound, if *a,* changed to *i:* **Sitaki,** *I do not want;* **Hawafikiri,** *They don't think.*

The object prefix comes immediately before the verb:
Usingali*ni*onyesha kitabu nisingali*ki*taka, *If you had not shown me the book I should not have wanted* it.

The relative

At the end of Section 3 above, there is a description of one way of expressing the relative pronouns *who, which, where, when* using **amba-**. Another way is to put the relative pronoun into the verb group: **a-li-ye-soma**. All the pronouns except the singular of the **M–WA** class (**-ye-**) end in **-o**; they are shown in the Table of Agreement Prefixes, and are also given in Section 4 above.

The table of Verb Tenses at the end of this Concise Grammar shows how to use the relative pronouns with the past, present and future tenses. They follow the tense marker (**-li-, -na-** or **-ta-**) except in the 'simple present', where the tense marker is omitted and the relative pronoun comes at the end: **a-soma-ye**. All this applies to the affirmative only.

In the negative there is one form for all three tenses; the tense marker is replaced by **-si**: **a-si-ye-(ki)-soma**.

Compound tenses can be formed with the past tense of **kuwa** (*to be*) as shown at the bottom of the table. The *ki*-tense given above for *if* and *when* also functions as a present participle, **nikitaka**, *I wanting*.

Infinitive and imperative

The infinitive is preceded by *ku*; to form the negative *to* is put after the *ku*, very often with another *ku*: **kutotaka** or **kutokutaka**, *not to want*. A monosyllabic verb (*see below*) must always have the second *ku*: **kutokuwa**, *not to be*.

The infinitive is a verbal noun and takes the *ku* prefixes as shown in the Table of Agreement Prefixes: **Kusema ni kuzuri, na kutokusema ni kuzuri**, *Speaking is good, and silence is good*.

The imperative is the simplest form of the verb: **Soma**, *read!* In speaking to more than one person *ni* is added and the last letter of the verb, if *a*, is changed to *e*: **Someni!** This change to *e* is usually made in the singular as well if there is an object, and in **leta**, *bring*, even without an object: **Visome**, *Read them (books)*; **Nipe**, *Give me*; **Lete**, *Bring (it)*. There are a few irregular imperatives: **Njoo! Njoni!** from **kuja**, *to come*: **Nenda! Nendeni!** from **kuenda**, *to go*.

The negative subjunctive is used in place of a negative imperative: **Usisome** or **Msisome**, *Do not read*. **Usije**, *Do not come*, etc.

Monosyllabic verbs

There are a few verbs which, without the *ku*, have only one syllable: ku*wa*, *to be*; ku*fa*, *to die*; ku*ja*, *to come*; ku*la*, *to eat*. For ease of pronunciation, these retain the *ku* in the *na*, *me*, and *ta* tenses, in the conditional, and after a relative pronoun: anakuja, *he is coming*; watakuwa, *they will be*; nilichokula, *which I ate*. The *ku* is often retained in the verbs enda, *go*, and isha, *finish*.

Impersonal forms

There is, there are are translated by kuna, negative hakuna: **Kuna maji njiani? Hakuna.** *Is there water on the way?* (*No,*) *there isn't.* For *it*, when used impersonally, the singular of the N class, *i*, is used: **Yafaa tuende**, *It is good that we go*, i.e. *We had better go*; **Haifai kuchelewa**, *It's not good to be late.* Three very common phrases of this kind are: **haifai**, *better not*; **haiwezekani**, *it can't be done*; **haidhuru**, *it doesn't matter*.

There is also the **hu** tense, already mentioned, **husema**, *they say*.

Verb suffixes

The following syllables can be attached to the end of a verb:

je, *how? what?* Ulijuaje? *How did you know?* Asemaje? *what does he say?*

pi, *where?* Wamekwendapi? *Where have they gone?*

ni, plural sign, forming the plural of the imperative. This *ni* can also make a second plural of *you* as an object prefix; in speaking to more than one person the usual object prefix is *wa* (see Personal Pronouns, Section 3) but the singular *ku* can be used with the suffix *ni*: **Nimekuambia**, *I have told you* (*one person*); **Nimekuambieni**, *I have told you* (*many*). Notice that the same change of the *a* to *e* takes place as in the imperative.

po, *ko*, or *mo* can be added to the other tenses of the verb *to be* just as they were to the present tense: **Nitakuwapo**, *I shall be there*; **Vitabu vikiwako**, *If the books are there*; **Hawakuwamo nyumbani**, *They were not in the house*.

For more about verbs consult *Teach Yourself Complete Swahili* or any good grammar.

5 Derivative verbs

Bantu languages have a very interesting and useful way of altering the meaning of a verb by changes at the end. The notes here are to guide readers in the use of the dictionary and to enable them to make out the meaning of verbs of this sort that they meet in their reading. References are given to the relevant units of *Teach Yourself Complete Swahili* for further study if desired.

wa at the end of a verb (except **kuwa**) shows the passive, e.g. **piga**, *to hit*; **pigwa**, *to be hit*; **jibu**, *to answer*; **jibiwa**, *to be answered*; **nunua**, *to buy*; **nunuliwa**, *to be bought*. The apparent irregularities in the last two words are explained in *Teach Yourself Complete Swahili*, Unit 11.

ika or *eka* gives a meaning rather similar to the passive, but instead of thinking of the act and who caused it, we think of the resulting state; e.g. **kikombe kimevunjwa**, *the cup has been broken (by someone)*; **kikombe kimevunjika**, *the cup is broken*; **barua haikusomwa**, *the letter was not read*; **barua haikusomeka**, *the letter was unreadable*. A suffix *na* is sometimes added, and so we get the very common words, **patikana**, *be obtainable*; **wezekana**, *be possible*; **onekana**, *be visible*; **julikana**, *be known*. This form is usually called the stative, and there is more about it in *Teach Yourself Complete Swahili*, Unit 12.

ia or *ea* is a prepositional ending, showing *to, for*, etc., e.g. **leta**, *to bring*; **letea**, *bring to*; **pata**, *to get*; **patia**, *get for*; **toa**, *to offer*; **tolea**, *to offer to*. Notice that in this form the object is the person, not the thing: *Kilete, Bring it (the food)*; *Niletee, Bring-to me*. See *Teach Yourself Complete Swahili*, Unit 4.

sha, za, nya, as well as being ordinary verb endings, often denote the causative form: **anguka**, *fall*; **angusha**, *make fall* (i.e. *drop or break down*); **jaa**, *get full*; **jaza**, *make full, fill*; **pona**, *get well*; **ponya**, *make well, cure*. Causative verbs can be made from adjectives by adding sha: **safi**, *clean*; **safisha**, *make clean*; **imara**, *firm*; **imarisha**, *make firm*. See *Teach Yourself Complete Swahili*, Unit 16.

ana makes a reciprocal verb, denoting *each other* or *one another*: **penda**, *love*; **pendana**, *love one another*; **ona**, *see*; **onana**, *see each other* (i.e. *meet*). See *Teach Yourself Complete Swahili*, Unit 13.

Of course, these derived verbs can also make other forms; e.g. **ponya**, *cure*; the causative form of **pona**, *get better*, can add a stative ending, **ponyeka**, *get cured* or *be curable*; **niletee**, *bring to me*, can make a passive, **niletewe**, *be brought to me*.

Doubling a verb shows either a repeated action, or some modification of it: **Mbona unasitasita?** *Why do you go on hesitating?* **Anajaribujaribu,** *He is trying (but not very hard).*

6 Adverbs

Adverbs, having nothing to do with nouns, do not need any class prefix. There are, however, three adverbial prefixes which help to form adverbs:

vi makes adverbs from adjectives: **vizuri, vibaya, v(y)ema,** etc. It also makes adverbs like **hivi,** *thus;* **vilevile,** *in the same way,* and is used as an adverbial relative in verbs: **hivyo ulivyosema,** *thus as you said.* **ki** used with a noun denotes 'in the manner of': **Simameni kiaskari,** *Stand like soldiers;* **Amevaa kiarabu,** *He is dressed in Arab fashion.*

pa, ku, and *mu* make adverbs of place: **hapa,** *here;* **pale,** *there,* etc. They can also denote time: **papa hapa,** *just then.*

Apart from adverbs made with these prefixes there are a large number without any prefix, showing *how, when,* or *where.* They will all be found in the dictionary. Three of them are really intensifiers: **sana, mno** and (sometimes) **kabisa.** Although the general meaning is *very,* they can be translated in various ways: **kimbia sana,** *run fast;* **shika sana,** *hold tight;* **Umekaa mno,** *You have stayed a very long time.* The reverse is shown by **kidogo,** *a little:* **Yuko mbali kidogo,** *He is a little way off;* **Kazi yake nzuri kidogo,** *His work is fairly good.*

The chief interrogatives are: **lini?** *when?* **wapi?** *where?* **namna gani?** *how?* **kwa nini** or **mbona?** *why?*

7 Place

As we saw, when considering nouns and their classes, there is one Swahili word for *place,* **mahali.** But neighbouring Bantu languages have three words, and probably Swahili did too, in the forms of **patu, kutu, mutu,** each with its own prefixes, roughly denoting *at, to,* and *in.* When the Arabic word **mahali** came into use these three words dropped out, but their prefixes remained. These are shown in the last column of the Table of Agreement Prefixes. When the word **mahali** is used, the *pa* prefixes are used with it; otherwise the *pa* prefixes denote a definite position, or at a place; the *ku* an indefinite one, or to a place; and the *mu* an inside one, in a place. These prefixes form adverbs like **hapa**, *here*; they form the subject of the impersonal verbs *there is* and *there are*, **kuna, pana, mna**; and they are attached to the verb *to be* to show place: **nitakuwapo,** *I shall be there*. But perhaps their most frequent use is with verbal nouns: **Yu***mo* **nyumbani** *mw*ake, *He is in his house*; **Amekwenda shambani kwake,** *He has gone to his farm*. **Amesimama pale mlangoni pake,** *He is standing there at his door*.

Many folk-tales begin '**Hapo zamani palikuwa na mtu**', *Long ago there was a man*.

8 Prepositions and conjunctions

Most of the work that these do in English is done by the prepositional form of a verb, and by the *ka* tense, see sec 4. It is difficult to distinguish prepositions from conjunctions; it is better to look upon them all as words of association.

Many are made from the *a* of association:

a preceded by the class prefix makes *of* **majani ya mti**, *the leaves* of *the tree*. All the forms of *of* are shown in the Table of Agreement Prefixes.

a preceded by *ku* makes **kwa**, *to, from, with, for*, etc.: **Tuende kwa mwalimu,** *Let us go* to *the teacher*; **Barua imetoka kwa nani?** *Who has the letter come* from? **Kata kwa kisu,** *Cut it* with *a knife*; **Nimekuja kwa dawa,** *I have come* for *medicine*. **Kwa** can be combined with the possessive pronouns: **Njoni kwangu,** *Come to me*; **Naomba kwako,** *I ask from you*; **Ulifika kwake?** *Did you get to him?* **Nakwenda kwetu,** *I am going home*; **Kwenu ni mbali?** *Is your home far off?* **Tuende kwao,** *Let us go to their home*.

ya with an adverb forms a preposition: **Weka ndani,** *Put it inside*; **Weka ndani ya nyumba,** *Put it in the house*; **Nipe zaidi,** *Give me more*; **Watu zaidi ya ishirini,** *more than twenty people*.

na can be translated in several ways: **Lete chai na maziwa,** *Bring tea* and *milk*; **Unaitwa na baba yako,** *You are called* by *your father*; **Nenda na Hamisi,** *Go with Hamisi*.

For the introductory *that* we use **kama, ya kwamba,** or **ya kuwa**: **Alisema kama atakuja,** *He said that he would come*.

Kama has other important uses:

if: **Kama akija,** *If he comes*.

whether: **Sijui kama atakuja,** *I don't know whether he will come*.

like: **Nyama ni nzuri leo, si kama ile ya jana,** *The meat is good today, not like yesterday's*.

as: **Fanya kama upendavyo,** *Do it as you like.*

about: **kama mita kumi,** *about ten metres.*

as though: **Si kama (kwamba) aliona mwenyewe,** *It is not as though he had seen it himself.*

Dis-association is shown by:

au or **ama,** *or*: **Nipe chai au maji,** *Give me tea or water.*

wala, *and not, nor*: **Sikumwona wala sikusikia habari zake,** *I didn't see him, nor did I hear about him.*

lakini or **bali,** *but*: **Alikuja lakini sikumwona,** *He came but I did not see him.*

ila or **isipokuwa,** *except*: **Hakuna watu ila mtoto mmoja tu,** *There are no people, except one child.*

Among other important words are **ili,** *in order that*; **kwa sababu,** *because*; **kwa hiyo,** *therefore*; **ingawa,** *although*; **ijapo,** *even if.*

Rather like the introductory words *Well, So, Now,* etc., with which many sentences begin in English, **basi, hata, tena, ikawa** are common in Swahili.

For more about these words see *Teach Yourself Complete Swahili,* Units 3, 4, 7, 10 and 18.

Orthography and pronunciation

Comments are made on this, where necessary, in the following Notes on the Swahili–English section. It should be remembered that Swahili words are stressed on the syllable before the last, and therefore any suffixes move the stress forward: e.g. **kitábu,** *book*; **kitabúni,** *in the book*; **Amekwénda,** *He has gone*; **Amekwendápi?** *Where has he gone?*

Table of Agreement Prefixes

Noun classes	mtu	watu	mti	miti	njia	njia	kitu	vitu
Adjective prefix	m	wa	m	mi	n	n	ki	vi
-zuri *nice*	mzuri	wazuri	mzuri	mizuri	nzuri	nzuri	kizuri	vizuri
-ema *good*	mwema	wema	mwema	myema	njema	njema	chema	vyema
-ingi *much, many*	mwingi	wengi	mwingi	mingi	nyingi	nyingi	kingi	vingi
-ngapi? *how many?*		wangapi		mingapi	ngapi			vingapi
Verb prefix	ni- u- a-	tu- m- wa-	u	i	i	zi	ki	vi
of	wa	wa	wa	ya	ya	za	cha	vya
his, its[1]	wake	wake	wake	yake	yake	zake	chake	vyake
all[2]	wote	wote	wote	yote	yote	zote	chote	vyote
this, these	huyu	hawa	huu	hii	hii	hizi	hiki	hivi
that, those[3]	yule	wale	ule	ile	ile	zile	kile	vile
this spoken of	huyo	hao	huo	hiyo	hiyo	hizo	hicho	hivyo
relative pronoun	ye	o	o	yo	yo	zo	cho	vyo
this is it (s/he)	ndiye	ndio	ndio	ndiyo	ndiyo	ndizo	ndicho	ndivyo
and it (s/he)	naye	nao	nao	nayo	nayo	nazo	nacho	navyo

[1] Similarly -angu, -ako, -etu, -enu, -ao.

[2] Similarly -enye, -enyewe, -o-ote, except in sing. of M-WA class.

[3] Similarly -pi? *which?* except with mahali.

Table of Agreement Prefixes (continued)

Noun classes	yai	mayai	uzi	nyuzi	mahali		
					pa	ku	mu
Adjective prefix	(ji)	ma	m	n	pa	ku⁴	mu
-zuri *nice*	zuri	mazuri	mzuri	nzuri	pazuri	kuzuri	
-ema *good*	jema	mema	mwema	njema	pema	kwema	
-ingi *many*	jingi	mengi	mwingi	nyingi	pengi	kwingi	
-ngapi? *how many?*		mangapi		ngapi	pangapi	kungapi	
Verb prefix	li	ya	u	zi	pa	ku	mu
of	la	ya	wa	za	pa	kwa	mwa
his, its[1]	lake	yake	wake	zake	pake	kwake	mwake
all[2]	lote	yote	wote	zote	pote	kote	m(w)ote
this, these	hili	haya	huu	hizi	hapa	huku	humu
that, those[3]	lile	yale	ule	zile	pale	kule	mle
this spoken of	hilo	hayo	huo	hizo	hapo	huko	humo
relative pronoun	lo	yo	o	zo	po	ko	mo
this is it	ndilo	ndiyo	ndio	ndizo	ndipo	ndiko	ndimo
and it	nalo	nayo	nao	nazo	napo	nako	namo

[1]Similarly -angu, -ako, -etu, -enu, -ao.
[2]Similarly -enye, -enyewe, -o-ote.
[3]Similarly -pi? *which?* except with mahali.
[4]Similarly infinitives.

Table of Verb Tenses

	Present A, NA	Past LI	Future TA
AFFIRMATIVE	ataka — s/he wants	alitaka — s/he wanted	atataka — s/he will want
	atakaye — s/he who wants	aliyetaka — s/he who wanted	atakayetaka — s/he who will want
	anataka — s/he is wanting		
	anayetaka — s/he who is wanting		
NEGATIVE	hataki — s/he does not want	hakutaka — s/he did not want	hatataka — s/he will not want
	asiyetaka — s/he who does not want	asiyetaka — s/he who did not want	asiyetaka — s/he who will not want

Present perfect	KI tense	KA tense
ametaka — s/he has wanted	akitaka — if s/he wants	akataka — and s/he wanted
hajataka — s/he has not yet wanted	asipotaka — if s/he does not want	

HU tense	Subjunctive	Conditional (Present)
hutaka¹ — s/he wants (habitually)	atake — let him/her want	angetaka — s/he would want
	asitake — let him/her not want	asingetaka } hangetaka } — s/he would not want

Conditional (Past)	Imperative	Infinitive
angalitaka — s/he would have wanted	taka } takeni } — want	kutaka — to want
asingalitaka } hangalitaka } — s/he would not have wanted	usitake } msitake } — do not want	kutokutaka — not to want

Compound tenses

alikuwa akitaka } alikuwa hataki } hakuwa akitaka }	s/he was wanting / s/he was not wanting
alikuwa ametaka / alikuwa hakutaka	s/he had wanted / s/he had not wanted

Verb prefixes

CLASS 1 PERSONAL

Subject

AFFIRMATIVE

ni	tu
u	m
a	wa

NEGATIVE

si	hatu
hu	ham
ha	hawa

Object

ni	tu
ku	wa
m	wa

NON-PERSONAL CLASSES

CLASS	SING.	PLUR.
2	u	i
3	i	zi
4	ki	vi
5	li	ya
6	u	zi
7	pa, ku, mu	
8	ku	

*Subject and object prefixes are the same. Prefix **ha** for the negative.*

¹All persons.

28

Swahili–English dictionary

Notes on the Swahili–English section

A is pronounced rather like the *a* in *father*. For the class prefixes used with the possessives **-angu, -ako,** *my, your,* etc. and with **-a** *of* see Section 3 and the Table of Agreement Prefixes. See this Table also for the relative pronouns suffixed to **amba-** (one example is given in the **-amba** dictionary entry). Some words beginning with *a* may be verbs in which the *a* stands for the subject *he* or *she,* e.g. **asema,** *she says;* **atakuja,** *he will come.* These will be found under *s* and *j,* i.e. **sema** and **ja.**

B is sometimes confused with *v* and doublets occur, e.g. **buruga** and **vuruga,** and a word not found under *b* may be looked for under *v,* and vice versa. In using an adjective beginning with *b* with an N-class noun, remember that the *n* changes to *m*; e.g. **nyumba mbovu.**

C on its own is not used in the Swahili alphabet; its place is taken by *k* or *s. ch* is the form the *ki* prefix takes before a vowel.

D is one of the few sounds before which *n* occurs; therefore an adjective beginning with d if used with an N-class noun will take the prefix *n*; e.g. **nyumba ndogo.** *dh* has the sound of the English *th* in *this, with,* etc. It is found in words taken from Arabic, and is often pronounced, or even written as *z.*

E has the sound of the English *a* in *say,* but without the closer sound made in English at the end. **-enu, -etu, -enye,** and **-enyewe** take the verb prefixes, and **-embamba** and the other adjectives the noun prefixes. See the Table of Agreement Prefixes. Note that **-ema** with an N-class noun becomes **njema.**

G is always hard, as in *get.* The soft English *g,* as in *gem,* is shown by *j. gh,* which occurs in a few Arabic words, is a throaty sound, something between *g* and *r.* Many people pronounce it like *g. n* can stand before *g,* and therefore adjectives beginning with *g* prefix *n* with N-class nouns.

H is part of several prefixes which have to be discarded in order to pick out the verb stem. For **ha** as a negative prefix see Place and the final paragraph of Verb tenses, both in Section 4 of the Concise Grammar. For **hu-** as a marker of habitual action see Tenses without prefixes in Section 4. For **ha-, hi-, hu-** as the first syllables of *this* and *these* see Demonstratives in Section 3.

I is pronounced as the English *ee* in *see*. For the agreements of **-ingi** and **-ingine**, see Section 2. *i* is the subject prefix of verbs used with nouns of the N class, e.g. **Nyumba inavuja**, *The house is leaking*; here the second word will be found under *v*.

J Notice the use of the syllable *ji*:
  1 A singular prefix in some (JI)–MA-class nouns, e.g. **jicho**, *an eye*.
  2 A singular prefix denoting largeness, e.g. **jumba**, *a palace* (from **nyumba**).
  3 A reflexive verb prefix denoting *self*: **kuficha**, *to hide*; **kujificha**, *to hide oneself*. In many cases the meaning is slightly changed, e.g. **kujiona**, *to see oneself*, means to be conceited. A selection of these verbs is given in the dictionary, with the *ji* in italics.
  4 As a suffix at the end of a noun it can denote a customary occupation, e.g. **wachezaji**, *the players*.

K enters into many prefixes, which it may be convenient to summarize here, although they are more fully explained in the grammar section.
  ki 1 Noun and verb prefix in the KI–VI class: the verb as well as its subject will begin with *ki*.
      2 Diminutive prefix by which a thing can be made smaller, e.g. **kichupa**, *a little bottle*. Such words will be found in the dictionary in their original form, e.g. **chupa**.
      3 In a verb, coming after the subject prefix, it makes the *if* tense or the present participle: **Akija** *If* or *when he comes*; **Nilikuona ukija**, *I saw you coming*.
  ko refers to place. See 'Place' under To be in Section 4.
  ku 1 A place syllable, see sec. 7 in the Concise Grammar.
      2 The object prefix in a verb, denoting *you*, as in **nili***ku***ona** above.
      3 The infinitive prefix. When the infinitive is used as a noun it takes the *ku* agreements: **Kuja** *kw*ako *ku*menifurahisha sana, *Your coming has made me very happy*.
  ka 1 Although *ki* has taken its place in Swahili, *ka* is the old Bantu prefix for smallness and is sometimes found in Swahili, **katoto**, *a little child*.
      2 Following the subject prefix in a verb, it shows an action subsequent to the previous one; it thus takes the place of *and*: **Alikuja akaniambia**, *He came and told me*.

L is frequently heard as *r* and *r* as *l*, therefore a word not found under one letter should be looked for under the other. *Li* is the verb prefix used with singular nouns of the MA class and so many words beginning with *li* are verbs: e.g. **linauma**, *it hurts*, is the verb **uma**.

M Most of the nouns beginning with *m* belong to the M–WA class if people, and to the M–MI if things. Plural nouns beginning with *mi* are given under their singular *m* or *mw*. Words beginning with *ma* are usually plurals in the MA class: **machungwa**, for instance, will be found in the dictionary as **chungwa**. But some have no singular, e.g. **maji**, *water*; and others are abstract nouns with another form beginning with *u*, e.g. **uasi** or **maasi**, *rebellion*. Any word not found under *ma* should be looked for under *u* or the letter following the *ma*.

   mo and *mu* are place prefixes.

N For *n* as the prefix of the N class, see 'Changes caused by *n*' in Section 1 of the Concise Grammar.

   na, *and, with, by*, is frequently joined to a pronoun in a shortened form: **nami, nawe, naye, nasi, nanyi, nao**, *and I, and you*, etc. At the beginning of a verb it is the prefix of the *-a-* of the simple present tense preceded by **ni**, *I*: **Nataka**, *I want*.

   ni is the subject prefix *I*: **Niende**, *Let me go*; it is also used with all persons and things as a copula: **Chakula ni tayari**, *The food is ready*.

   ny is the form *n* takes before a vowel other than *i*. It must be pronounced like the *ni* in *onion*, e.g. **nyama** is two syllables, **nya-ma**, not *ne-a-ma* or *ni-a-ma*.

   ng' has the sound of *ng* in *singing*; there must be no *g* sound in it, even when it begins a word.

O is pronounced like the French or German *o*, i.e. without the closed sound at the end of English *o*.

P For *pa* as a place prefix see Section 7.

   -pi, *which?* is preceded by a verb prefix: **Mti upi?** *Which tree?* **Miti ipi?** *Which trees?* **Mtu yupi?** *Which man?* It can also be added to the end of a verb to ask *where?* **Wamekwendapi?** *Where have they gone?*

   Note that the monosyllablic verb **pa**, *give*, must always have a personal object, e.g. **Nitawapa fedha**, *I will give* them *the money*. N before *p* becomes *m*, hence we get **nyumba mpya**, *a new house*; in the singular of the MA class, **pya** being a monosyllable, *ji* is prefixed, **neno jipya**, *a new word*.

R occurs only in foreign words, and the nouns in this section belong to the MA or N class. But there is considerable confusion between the Arabic *r* and the Bantu *l*.

S is always pronounced as the *s* in *this*; the sound of the *s* in *these* is written with *z*. Many speakers interpose an *i* between *s* and the following consonant, so we find **stawi** and **sitawi**, *prosper*; others change the *s* to *sh*, and we get **stuka**, **situka**, **shtuka**, all in use for *be startled*.

T *ta* is an Arabic prefix and words with this prefix are frequently found in Swahili. Several of them are in the dictionary. If you find one that is not, take off its *ta* and look for a word of three syllables having the same consonants; this will be the same word in its Swahili form: e.g. **takabali**, **kubali**; **tabaruki**, **bariki**; **tanafusi**, **nafasi**, etc. The syllable *ta* after the subject prefix in a verb shows the future tense.

    th represents the sound of the English *th* in *thin*; its sound in *then* is written *dh*. Both are Arabic sounds and Swahili speakers often replace *th* by *s*, just as they do *dh* by *z*.

U is pronounced *oo* as in tool, without any *y* sound; *yu* in Swahili sounds the same as the English word *you*. The prefix *u* forms abstract nouns from nouns, adjectives, and verbs: **mfalme**, *king*; **ufalme**, *kingdom*; **-chache**, *few*; **uchache**, *fewness*; **kupenda**, *to love*; **upendo**, *love*. It is, of course, impossible to give every abstract noun that could be made in this way, and any that are not found in the dictionary should be looked for under the other abstract prefix *ma* or under the letter following the *u*.

U is also the verb prefix for the singular of the M–MI class, and for *you* (one person), and therefore many words beginning with *u* are verbs. *U* before a vowel becomes *w*.

V *vi* or *vy* usually denotes the plural of the KI–VI class, and nouns such as **vitu** will be found in the singular, under *k*. It is also an adverbial prefix, e.g. **vizuri**, *well*; **vibaya**, *badly*.

W is the form *u* takes before a vowel; **wema**, for instance, is an abstract noun formed from the adjective -ema, *good*.

    wa is the plural prefix of the personal class; nouns beginning with *wa* should be looked for under *m*, and verbs under the root: e.g. **Watu wamefika**: look for **mtu** and **fika**.

    wa is also the root of the verb *to be*; being a monosyllabic verb, it keeps the *ku* of the infinitive in most of its tenses.

Y is the form *i* takes before a vowel, so **ya**, **yangu**, **yako**, etc., are the possessives *of, my, your*, etc., for the plural of the M–MI class, the singular of the N class, and the plural of the MA class: **milima ya Kenya**, *the Kenya mountains*; **nyumba yangu**, *my house*; **mayai yako**, *your eggs*. **ya** is also the subject and object prefix for the MA class.

ye, a shortened form of **yake** or **yeye**, is attached to the end of some words: **nduguye**, *his brother*; **baadaye**, *after that*; **ndiye**, *it is he*, etc. For the personal prefix *yu* see sec. 3 in the Concise Grammar.

Z is sometimes heard for the Arabic *dh*: as in **dhahabu**, *gold*. **Za, zi** and **zo** are concords of nouns in the N-class plural.

A

-a of
-a kwanza first
-a mwisho last
-a pili second
abiri to travel as a passenger
abiria(-) a passenger
abirisha to convey as passenger
abudu to worship; abudiwa be worshipped

adibisha to train in good manners
adili righteous; just
adilisha to teach right conduct
adimika be scarce
adimu rare; unobtainable
adui(ma) an enemy
afa(ma) a calamity; ill-omened person
afadhali preferable; preferably

afadhali

Better, of one object, course of action, etc.

Shule hii ni afadhali.	*This school is better/preferable.*
Afadhali umwambie.	*You had better tell him.*
Ni afadhali kuegesha hapa.	*It's preferable to park here.*

acha to leave; give up; achwa, be left
achama to open mouth wide
achana to leave one another; diverge
achari (-) chutney
achia to leave to
achilia to forgive; achiliwa be forgiven
achisha maziwa to wean a child
ada(-) a fee
adabu(-) good manners
adha(-) trouble
adhabu(-) punishment
adhama(-) honour; glory
adhana(-) Muslim call to prayer
adhibika; adhibiwa be punished
adhibisha; adhibu to punish
adhimisha to honour
adhini to call to prayer (*Muslim*)
adhuhuri midday

afikiana to make an agreement
afisa(ma) an officer
afisi(-) *see* ofisi
Afrika Africa
afu, afua(-) deliverance from calamity
afua to deliver; save
afya(-) health
afyuni(-) opium; morphia, morphine
aga to take leave of
agana to say goodbye; to make an agreement
agano(ma) an agreement
Agano Jipya the New Testament
Agano la Kale the Old Testament
aghalabu usually; mainly
agia to befit; to suit
agiza to order; direct; agizwa be ordered
agizo(ma) directions
agua to divine; predict; aguliwa be predicted

ahadi(-) a promise
ahera(-) place of future life
ahidi to promise; ahidiwa be promised
ahidiana to promise one another
ahirisha to postpone
aibika be disgraced
aibisha to put to shame
aibu(-) shame
aidha moreover; next
aidini iodine
aili to blame
aina(-) kind; species
ainika be specified
ainisha to classify; distinguish
aiskrimu ice-cream
ajabu(ma) a wonder; wonderfully
ajali(-) fate; accident
ajili sake; kwa ajili ya because of
ajiri, ajirisha to hire for work; ajiriwa be employed
ajizi(-) slackness
aka to work as a mason
akali a few
-ake his; hers; its
akiba(-) reserve; store
akidi(-) a quorum
akili(-) mind; intelligence; clever idea
akina relations; connections
akina mama the women-folk
akina sisi people like us
-ako your/s
akrabu(-) the hands of a clock or watch
Ala! an exclamation of surprise (emphasize la)
ala(-) tool; utensil
ala(ny) a sheath
alama(-) a mark; sign
alasiri(-) afternoon

alfabeti(-) alphabet
alfajiri(-) before dawn
Alhamisi Thursday
alika, alisha 1 to click; crackle; 2 to invite; summon
aljebra algebra
Allah God
almari(-) a chest of drawers
almaria(-) braid; embroidery
almasi(-) a diamond
ama either; or
amali(-) action; occupation
amana(-) pledge; deposit
amani(-) peace
amara(-) urgent business
amari(-) cable
amba- who; which; vitu ambavyo things which
amba to abuse
ambaa to skirt; avoid
ambata to stick to
ambatana to stick together
ambatisha to cause to adhere
ambia to tell; say to; ambiwa be told
ambika to bait a trap
ambilika be approachable; affable
ambua to peel off; ambuka to come off
ambukiza to infect; to transmit a disease
ambukizo(ma) infection
ami, amu paternal uncle
amia to guard crops from birds; amiwa be guarded
amini to believe; aminiwa be believed
-aminifu faithful
aminika be trusted
aminisha to entrust
amka to awake
amkia, amkua to greet

amplifaya(-) an amplifier
amri(-) command; authority
amriwa be ordered
amsha 1 to awaken someone;
  2 activate
amua to arbitrate; judge;
  amuliwa be judged
amuru to command
amwa to suck the breast;
  amwisha to suckle
ana he has
ana kwa ana face to face
-anana soft; gentle
anasa(-) luxury; pleasure
anatomia anatomy
andaa, andalia to prepare;
  jiandaa to make oneself ready
andaa meza to set/lay a table
andaliwa be ready
andama to follow; **andamwa**
  be followed by
andamana to follow in
  procession
andazi(ma) a sweet bun;
  doughnut
andika 1 to set in order; set the
  table; **2** to write; to enrol
andikia to write to; **andikiwa**
  be written to
andiko(ma) something written
anga(-) the sky; light
angaa, angaza to shine; give
  light
angahewa the atmosphere
angalia to pay attention; take
  care; **angaliwa** be taken care of
-angalifu careful; attentive
angama to hang in mid-air
angamia to perish
angamiza to destroy
-angavu clear; shining
angaza to give light
angika to hang up; **angikwa** be
  hung up

-angu my; mine
angua to throw down; hatch
  eggs; **anguliwa** be taken
  down; hatched
anguka to fall; be derailed
anguko(ma) a fall; a ruin
angusha to throw down; make
  fall
angusho(ma) destruction
anika put out to dry; **anikwa**
  be put out
ankra(-) invoice
anua to take in, from rain, etc.
anuka to clear up (*weather*)
anwani(-) the address
anza to begin
anzisha to start off; institute;
  anzishwa be started off
-ao their/s
apa to take an oath
apisha to put on oath
apiwa be sworn to
apiza to curse
apizo(ma) a curse
arabuni(-) a deposit; guarantee
ardhi(-) soil; ground
ari(-) eagerness; self-respect
arifu to inform; **arifiwa** be
  informed
aroba four
arobaini forty
arusi(-) a wedding; **maarusi** the
  bridal couple
asali (-) honey; syrup
asante thank you
asherati(-) fornication;
  profligate
ashiki(-) strong desire
ashiria to make a sign to;
  ashiriwa be signalled to
asi to disobey; rebel
asili (-) origin; nature
asilia genuine; original
asilimia(-) a percentage**

askari(-) a soldier
askofu(ma) a bishop
aspirini(-) aspirin
asubuhi(-) morning
asumini *see* **yasmini**
atamia to sit on eggs
athari(-) a mark; blemish
athiri to mark; mar
Ati! *also* **Eti!** an excl. to attract
　somebody's attention or
　express surprise
atika to plant out
atua to split; crack; **atuka** be
　cracked
au or
aua to survey; inspect; **auliwa**
　be surveyed
aula important; better
auni(-) help
awali(-) the beginning; first
awamu a presidential term of
　office
aya(-) a verse; paragraph
ayari(-) a cheat; a rogue
azali without beginning; eternal
azima 1 to borrow; lend;
　2 a charm
azimia, azimu to intend;
　azimiwa be intended
azimio(ma) intention; plan
aziri to disparage publicly
azizi(-) a treasure; excellent

B

baa(ma) 1 disaster; plague;
　2 public bar
baada ya after
baadaye afterwards
baadhi some
baba(-) father
baba mkubwa; baba mdogo
　paternal uncle
babaika to babble

babaiko(ma) meaningless talk
babaisha to cause confused
　speech
babata to tap lightly
babu(-) grandfather; **babu(ma)**
　ancestor
babua to strip off with fingers
babuka be disfigured
badala(-) a substitute
badala ya instead of
badili, badilisha to change;
　exchange
-badilifu changeable; unstable
badilika; badiliwa be changed
badiliko(ma) change
bado not yet; still
bafta(-) thin white calico
bafu(-) a bath; shower
bagua to separate; segregate;
　baguliwa be separated
bahari(-) the sea
baharia(ma) a sailor
bahasha(-) envelope
bahashishi a tip; gratuity
bahati(-) luck; chance
bahati nasibu a lottery
bahatisha to guess; take a
　chance
bahili(-) a miser; miserly
baina ya between; among
bainika be clear; manifest
bainisha to show clearly
baisikeli(-) a bicycle
baki(ma) remainder
baki to remain over
bakiza to leave over
bakora(-) a walking-stick
bakuli(-) a basin
balaa(ma) a calamity
balehe to reach puberty
bali but; on the contrary
balozi(ma) a consul;
　ambassador
balungi(ma) a grapefruit

bamba to hold; arrest;
  bambwa be arrested
bana to squeeze; hold by
  pressure
banda(ma) a barn; shed
bandari(-) a harbour
bandi(ma) stitching
bandia(-) a doll
bandika to attach; stick on;
  bandikwa be stuck on
bandua to strip off; **banduliwa**
  be stripped off
banduka to get detached from
bangi(-) cannabis; hemp;
  marijuana
bangili(-) a bangle
bango a poster; placard
banika to fix in a spit
banja to crack nuts
bano(ma) a bracket (in writing)
banzi(ma) spit for roasting
bao(ma) 1 board for game or
  divination; **2** goal; points
bapa(ma) a broad flat surface
bara(-) a continent; mainland
Bara Hindi India
barabara(-) 1 main road;
  2 exactly right

baridi(-) cold, coolness
bariki to bless: **barikiwa** be
  blessed
barizi to hold a reception;
  attend a council
barua(-) a letter
barua pepe email
baruti(-) gunpowder; cordite
basbasi(-) mace, from dried
  nutmeg husk
bashiri 1 to predict; **2** bring
  news; **bashiriwa** be
  announced; predicted
basi well! That's all!
basi(ma) a bus
bastola(-) a pistol
bata(ma) a duck
bata la bukini a goose
bata mzinga a turkey
bati(ma) galvanised iron sheets
batiki(-) batik cloth and clothes
batili, batilisha to annul; **batilika**
  be annulled; cancelled
batili invalid; worthless
batiza to baptize
batobato(ma) coloured
  markings
bawa(ma) a wing
bawaba(-) a hinge

---

barabara(-)

The two different meanings have different stress patterns.
With the *main road/highway/motorway* meaning, **bárabára** is
stressed on the first and third syllables. **Barábara** (sometimes
barába), meaning *exactly right, absolutely correct, accurate* is
stressed on the second syllable.

---

barafu(-) ice
baraka(-) blessing; prosperity
baraste(-) a highway
baraza(-) verandah; council
  house

bawabu(ma) a doorkeeper
-baya bad
bayana certainty
beba to carry on back (*child*);
  bear cobs (*maize*)

beberu(ma) a he-goat; a strong man

bega(ma) shoulder

behewa(ma) 1 inner courtyard; roof terrace; **2** compartment of train

bei(-) price

bekua to parry

bemba to cajole; persuade

bembeleza to soothe

benchi(-) a bench; pew

bendera(ma) a flag; banner

benibeni askew; awry

benki(ma) a bank (*financial*)

benuka to bulge; protrude

beseni(ma) a wash basin

beti(-) 1 small leather pouch; **2** verses of a song or poem

betri(-) a battery (*radio, torch, etc.*)

beza to scorn

-bezi disdainful

bia(-) 1 co-operation; **2** beer

biashara(-) commerce

bibi(-) grandmother; lady

bibi arusi(ma) a bride

Biblia Bible

bibliografia(-) a bibliography

-bichi unripe; uncooked; damp

bidhaa(-) merchandise

bidi to be obligatory; **imenibidi** I feel bound to

bidii(-) energy; effort; **jibidiisha** to exert oneself

biga(ma) earthenware beer-pot

bihaya humility; respect

bikari(-) drawing compasses

bikira(ma) a virgin; the hymen

bikiri to deflower; **bikiriwa** lose virginity

bila without

bilashi in vain

bilauri(-) a glass; tumbler

bima(-) insurance

bin son of

binadamu son-of-Adam; a human being; **(elimu ya-)** anthropology

binafsi private

binamu(-) a cousin

bindo(ma) a fold of loincloth used as a pocket

bingwa(ma) an expert

binti(ma) daughter

biriani(-) a highly spiced meat and rice dish

birika(ma) kettle; tank

biringani(ma) an aubergine

bisha to knock; oppose

bishana to wrangle

bisi popcorn

bisibisi(-) a screwdriver

biskuti(-) a biscuit

bitana(-) thin lining material

-bivu ripe

biwa(ma) a rubbish heap

bizari(-) curry powder; spices for curry

bizimu(-) a buckle; brooch

blanketi(ma) a blanket

boboka to blurt out

bofulo(-) bread

boga(ma) a pumpkin

bohari(ma) a warehouse

bokoboko a mashy substance

bokoka to come off (*as handle*)

boma(ma) a fort; local government office

bomba(ma) a pump; pipe; hydrant

bomoa to break down; **bomolewa** be broken down

bomoka to collapse

bomoko(ma) a demolished building

bonde(ma) a valley
bonge(ma) a lump; ball of string, etc.
bonyea to sink in; be dented
bonyeza to press in; dent
bopa be soft; sink in
bopo(ma) a soft place; mud-hole
bora fine; excellent
boriti(ma) thick pole; beam; joist
boronga to bungle
borongo(ma) spoilt work
boti(-) any small, powered boat
-bovu rotten; worthless
brashi(-) a paintbrush
breki(-) the brakes of a vehicle
bua(ma) stem of maize, millet, etc.
buba yaws
bubu(ma) a dumb person
bubujika to bubble out
bubujiko(ma) a bubbling-up
buburushana to scuffle
budi a way out; alternative;
  sina budi I must
buibui(-) 1 a spider;
  2 woman's covering cloak
buku-nyika(-) a gerbil
bukua to ferret out scandal
buldoza(-) a bulldozer
bulula a tap
buluu blue
bumba(ma) a lump; cluster of bees, etc.
bumbuaza to confuse; perplex
bumbuazi(-) perplexity;
  helpless confusion
bumburuka be startled; rush off
bumburusha to startle, frighten away
bunda(ma) a parcel; bale

bundi(ma) an owl
bunduki(-) a gun
bungu(ma) a boring insect
bungua to bore holes in wood, grain, etc.
bunguka be worm-eaten
buni(-) coffee berries
buni to compose; make up;
  buniwa be invented;
  imaginary
burashi(-) a brush
bure 1 free of charge; 2 useless
burudani(-) relaxation
burudika be refreshed
burudisha to cool; refresh
burudisho(ma) relaxation
buruga to stir up
buruji(-) a small trumpet
burura to drag
busara(-) prudence; acumen;
  shrewdness
bustani(-) a garden
busu to kiss
butu blunt
buu(ma) a chrysalis; larva
buyu(ma) calabash
bwaga to throw down; bwaga
  moyo throw off cares; rest
bwana(ma) master; gentleman
bwana arusi(ma) bridegroom
bwawa(ma) swamp; bog
bweha(-) a jackal
bweha-masikio(-) a bat-eared fox
bwelasuti(-) a boilersuit;
  overalls
bweni(-) a dormitory; hall of residence
bweta(-) small box

CH

For prefix ch *see Sec. 1 in the Concise Grammar*
cha of
cha 1 to dawn; 2 to reverence

chacha to ferment; go sour
chachari(ma) restlessness
chachatika to tingle
-chache a few; not much
-chafu dirty
chafua to soil; mess up;
  chafuliwa be messed up
chafuka be in disorder
chafuko(ma) muddle; disorder
chafya a sneeze; **piga chafya** to
  sneeze
chaga to do vigorously; be
  prevalent
chagiza be insistent; pester
chagua to choose; vote for;
  chaguliwa be chosen
-chaguzi critical; fastidious
chai(-) tea
chakaa to grow old; wear out;
  fray
chakacha to rustle; a women's
  dance
chakarisha to make a rustling
  noise
chaki(-) chalk
chakula(vy) food
chakura to scratch the
  ground
chale(-) incisions; tribal marks
chali flat on back
chama(vy) a society; political
  party; **wanachama** members
chama cha ushirika(vi) co-
  operative society
chambega on the shoulders
chambo(vy) bait
chambua to clean cotton,
  vegetables, etc.
chamchela a whirlwind
chamshakinywa breakfast;
  first food of the day
chana to comb hair; to split
  leaves for plaiting
chandalua(vy) mosquito net

chane(-) slit leaves for plaiting
-changa young
changa 1 to chop up; **2** to
  collect (*money, etc.*)
-changamfu cheerful; outgoing
changamka be cheerful
changamsha enliven
changanua to separate;
  analyse
changanya to mix
changanyiko(ma) a mixture
changarawe(-) grit; gravel
chango(-) contribution; levy
chango(vy) hook; peg
changu(-) a type of salt water
  fish
changua to dismember
chanikiwiti light green
chanja(-) 1 a rack for storage;
  2 to cut; vaccinate; inoculate;
  chanjwa be vaccinated;
  inoculated
chano(vy) a wooden tray
chanua to put forth leaves; to
  flower
chanuo(-) a comb
chanyata to slice up; wash
  carefully
chanzo(vy) a beginning
chapa(-) a mark; print; **piga
  chapa** to print
chapua to speed up; **chapua
  miguu** stamp; walk quickly
chapuchapu! Hurry up!
chapukia be well flavoured
chapwa insipid
charaza do with vigour or skill
chatu(-) a python
chawa(-) a louse; lice
chaza(-) an oyster
checha to cut into slices
cheche(-) spark; small piece
chechemea to limp
cheka to laugh; laugh at

chekecha to sieve
chekecheke(-) a sieve
chekelea to smile
chekesha to amuse
cheko(ma) a roar of laughter
chekwa in large quantities
chelewa be late
cheleza to keep overnight
chelezo(vy) a raft; buoy
chembe(-) a grain
chemchemi(-) a spring of water
chemka to bubble up; boil
chemsha to boil
chemsha bongo(-) a puzzle
chenezo(vy) a measuring line
chenga a dodge; **piga chenga** to dodge
chengechenge small bits; grains
chengeu(vy) lampshade
chenza(ma) tangerine orange
cheo(vy) size; measure; rank
chepe(ma) an uncouth person
chepechepe moist; soggy
cherehani(-) a sewing machine
-cheshi amusing
chetezo(vy) a censer
cheti(vy) a certificate; brief note
cheua to eructate; chew the cud
cheza to play
chezacheza be loose-fitting
chezea to play with; to mock; **chezewa** be mocked
chicha(-) grated coconut
chimba to dig; **chimbika** be dug
chimbo(ma) a pit; quarry
chimbua to dig out
chimbuka to appear
chimbuko(ma) a pit; source
chimvi ill-omened person or animal

chini on the ground; **chini ya** under; below
chinja to slaughter
chipua, chipuka to sprout
chipukizi(ma) young plant
choa(-) ringworm
chocha to prod
chochea 1 to provoke; **2** build up a fire
choka to get tired
chokaa(-) lime; whitewash
chokaa laini grouting for floor and wall tiles
chokoa to poke out
chokochoko(-) discord
chokoza to provoke
-chokozi annoying
choma to stab; to burn; **chomwa** be stabbed; burnt **choma kabisa** to incinerate **chomeka** to stick into
chombo(vy) 1 any kind of utensil; **2** sailing vessel; spacecraft
chomoa to draw out
chomoza to burst forth
chonga to cut to shape
chongea to slander; **chongewa** be slandered
chongelezo(ma) talebearing
chongo one-eyed
chongoa cut to a point
chongoka be sharp, jagged
chonyota to smart
choo(vy) 1 cess-pit, lavatory; **2** faeces
chopi limping
chopoa pull out; snatch away
chopoka let slip
chora to engrave; draw; **chorachora** to scribble
choroa(-) an oryx
choroko(-) small peas
chosha to fatigue; **-a kuchosha** dreary; tiresome

chota take up little by little

chotara(-) a person of mixed race

choto(ma) small amount

-chovu tiring

chovya to dip; immerse; **chovywa** be immersed

choyo greed

chozi(ma) 1 a tear-drop; **2** a sunbird

chubua to graze the skin

chubuka be grazed

chubuko(ma) a raw place

chuchu(-) a teat; a nipple

chuchumia to reach up to

chuguu(ma) an ant-heap

chui(-) a leopard

chuja to filter; strain; **chujwa** be strained

chujio(-) a strainer

chujo(-) the strained product

chujuka to fade

chuki hatred; resentment

chukia to hate; dislike; **chukiwa** be disliked

chukiza to inspire aversion; **chukizwa** be offended

chukizo(ma) a disgusting thing

chukua to carry; **chukuliwa** be carried

chukuana to agree together; be relevant

chukuliana bear with one another

chukuza to share a load; take turns to carry something

chuma(vy) iron, steel; – **cha pua** steel

chuma 1 to gather flowers or fruit; **2** to gain by trade

chumba(vy) a room

chumvi(-) salt

chuna to skin; flay

chunga 1 to look after; shepherd; **2** to sift

-chungu bitter

chungu(vy) cooking pot

chungu(-) 1 an ant; **2** a heap

chungua, chunguza to scrutinize

chungulia to peep at; inspect carefully; **chunguliwa** be scrutinized

chungwa(ma) an orange

chunusi acne

chuo(vy) 1 post-secondary school institution for education or training; **2** a Koranic school; **3** a religious book written in Arabic script

chuo kikuu(vy) a university

chupa to jump down

chupa(-) a bottle

chupi pants; briefs

chura(vy) a frog

churuzika to trickle away

chuuza to trade

chwa to set (*sun*)

chwea, chwelewa be overtaken by dark

---

chwa

This is a monosyllabic verb so the infinitive prefix **ku-** must be attached except after the -ki-, -ka- and -ku- tenses and the relative pronoun. In **kumekuchwa** *the sun has set* the first ku- is one of the three place and time adverbial agreement prefixes used as the subject prefix.

D

daawa(-) a lawsuit
dada(-) sister; **dadiye** his sister
dadisi be inquisitive
dafina(-) treasure
daftari(-) account book;
  register, etc.
dafu(ma) a young coconut
dagaa(-) a small fish, like
  whitebait
dai to claim; **jidai** to claim
  falsely
dai(ma) a claim
daima constantly; **-a daima**
  perpetual
daiwa be sued
daka(ma) a recess
daka to pounce on; catch
dakika(-) a minute
dakiza to interrupt; contradict
dakizo(ma) an objection;
  contradiction
daktari(ma) a doctor

-danganyifu crafty
danganyika be deceived
danganyo(ma) a deception
danguro(ma) a brothel
daraja(ma) a bridge; steps; rank
daraka(ma) responsibility
darasa(ma) a class; classroom
dari(-) a ceiling; flat roof
darubini(-) telescope;
  microscope; binoculars
data data; written information
dau(ma) dhow
dawa(-) medicine; **dawa ya
  viatu** shoe polish
dawati(ma) a desk
dayosisi(-) a diocese
debe(ma) large oil tin
deka to be conceited
dekeza to spoil a child
dekua to bring down with one
  blow
dema(-) a fish-trap
demani(-) end of south
  monsoon; lee-side

---

daktari(ma)

A fully-qualified medical practitioner, rather than a local
healer or dispenser of traditional remedies, for which **mganga**
is used. **Mganga** is also sometimes used interchangeably with
daktari, but for clarity it can be qualified in some way, e.g.
mganga wa hospitali. An alternative to daktari is **tabibu(ma)**.

---

dakua to let out a secret
daladala(-) a private bus
  (*Tanzania*)
dalali(-) an auctioneer; broker
dalasini(-) cinnamon
dalili(-) a sign; symptom
damu(-) blood
danga to scoop up carefully
danganya to deceive;
  danganywa be deceived

dengu(-) lentils
deni(-) a debt
dereva a driver
desturi(-) a custom
dhabihu(-) a sacrifice
dhahabu(-) gold
dhahiri evident
dhaifu weak
dhalimu unjust
dhalimu(ma) a tyrant

dhamana(-) surety; bail
dhambi(-) sin
dhamini to guarantee
dhamiri(-) conscience
dhana(-) a supposition
dhani to think; suppose
dhanio(-) an assumption; working hypothesis
dhara(-) harm
dharau(-) contempt; scorn
dharau to despise; **dharauliwa** be despised
-dharaulifu discourteous
dharuba(-) a blow
dhati(-) free will; determination
dhihaka(-) ridicule
dhihaki to ridicule; **dhihakiwa** be ridiculed
dhihirisha to show clearly; **dhihirika** be clear
dhiki(-) distress
dhikika to be hard pressed
dhili to humiliate **dhiliwa** be humiliated
dhili(-) mean condition
-dhilifu mean; insignificant
dhoofika to lose strength
dhoofisha to weaken; waste away
dhoruba(-) a storm
dhulumu to treat unjustly; oppress; **dhulumiwa** be oppressed
dhuru to harm; **dhurika** be harmed
dia(-) *see* **fidia**
dibaji(-) a preface; preamble
didimia to sink down
didimisha to force down
digidigi(-) a dik-dik
dimbwi(ma) a pool
dini(-) religion
diplomasia the diplomatic service
dira(-) a mariner's compass
diriki to be in time to
dirisha(ma) a window
disko(-) a disco/discotheque
divai(-) wine
diwani(ma) a councillor
dizeli diesel fuel
doa(ma) a blotch; stain
dobi(ma) a laundryman/woman
dodoki(ma) a loofah
dodosa to interrogate
-dogo small; minor; ancillary
dokeza to hint
dokezo(ma) a hint
dola a nation; country; government
dona, donoa to peck at
dondakoo diphtheria
dondoa to pick up bit by bit; make a selection
dondoo(ma) selections; anthology
dondoro(-) a steinbok
donge(ma) a lump; ball of thread, etc.
donoa to peck; strike (*snake*)
doria(-) a patrol
dosari(-) a blemish
dua(-) a petition; prayer
duara(-) a circle; wheel
dubu(-) a bear
dubwana(ma) a monster
dudu(ma) large insect
duduka be pock-marked
dufu insipid
dugi blunt
dugika be blunt
duka(ma) shop
dukiza to eavesdrop
duma(-) a cheetah
dumaa be stunted; stupid
dume(ma) a male animal

dumisha to cause to continue
dumu to continue; persevere
dunduliza to save up
dungu(ma) raised platform for bird scarers
duni inferior
dunia(-) the world
dunisha to underrate; despise
dutu(ma) a wart, pimple, etc.
duwaa be dumbfounded

E

eafomu(-) an air letter; air-form
Ebu! *see* **Hebu!**
eda(-) wife's period of mourning
edashara eleven
egama to lean
egamia to lean on
egemea *see* **tegemea**
egesha to park a vehicle
eka(-) an acre
-ekundu red

elezo(ma) explanation
elfeen two thousand
elfu a thousand
elimisha to educate; **elimika** be educated
elimu(-) knowledge; science
-ema good; benign
-embamba narrow; thin
embe(ma) a mango
enda to go
endeka be passable
endekeza to adapt; put right; spoil a child
endelea to continue; progress
endesha to drive
enea be spread out; be sufficient
eneo(ma) area
eneza to spread abroad; measure; fit
enezi(ma) distribution
engua to skim off
-enu your/s
-enye having
-enyeji indigenous; local

-enyeji

With **M-WA** class prefixes this means *resident/s* (see the mwenyeji entry). With the ki- prefix, it means *in the manner of*: **ngoma za kienyeji** *local drums*; **vyungu vya kienyeji** *locally-made pots*.

---

elea 1 be intelligible; **2** to float
eleka to carry on back or hip
elekea be inclined to; be probable
-elekevu quick to learn
elekeza to show the way; direct
eleleza to follow a pattern
elewa to understand
eleza to explain

-enyewe self
Enyi! You!
enzi might; dominion
epa to avoid
epea to miss the mark
-epesi 1 quick; **2** light in weight; **3** easy
epua to take pot off heat
epuka to avoid; **epukwa** be avoided

-erevu cunning
eropleni(-) aeroplane
Et! *see* Ati!
-etu our/s
eua to purify ceremonially
-eupe white
-eusi black
Ewe! You there!
ezeka to thatch; ezekwa be thatched
ezua to take thatch off

F

fa (kufa) to die
faa be useful; proper
fadhaa(-) dismay; neurosis
fadhaika be troubled
fadhaisha to disquiet
fadhili(-) a favour
fadhili do a kindness to
fafanisha, fafanua to liken to; make clear
fafanua to make clear; paraphrase
fafanuka be clear
fafanusha to explain; make clear
fagia to sweep; fagiwa be swept
fagio(ma) a broom
fahali(ma) a bull
fahamika be comprehensible
fahamisha to inform; remind
-fahamivu intelligent
fahamu(-) consciousness
fahamu to know; understand
faharasa an index
fahari(-) splendour
fahirisi(-) table of contents
faida(-) profit
faidi to profit from
faini(-) a fine

falaki astronomy
fali(-) augury of good or bad luck
familia family
fanaka(-) prosperity; success
fanana to resemble
fananisha to compare
fanikiwa to prosper
fanusi(-) a hand lamp
fanya to do; make
fanyika be done; be doable
fanyiza to make
fara level measure
faradhi(-) obligation
faragha(-) seclusion; faraghani in private
faraja(-) consolation
faraka(-) a division
farakana be estranged
farakano(ma) a sect
farasi(-) a horse
fariji to console; farijika be comforted
fariki to die (*of humans*)
farisi expert; capable
fasaha, fasihi elegant in speech or writing; literature
fasiki(-) an immoral person
fasiri to interpret; translate; fasiriwa be translated
fataki(-) fireworks; crackers, etc.
fatiha opening of the Koran; prayer for the dead
faulu to succeed
fedha(-) silver; money
fedheha(-) shame
fedheheka be put to shame
fedhehesha to put to shame
feli 1 an act; 2 a misdeed
fenesi(ma) jakfruit
ficha to hide; fichwa, fichika be hidden

fidhuli insolent
fidi to ransom
fidia(-) a ransom
fifia to fade
figa(ma) one of three stones supporting a cookpot over a fire
figo(ma) a kidney
fika to arrive
fikara(-) meditation
fikia to reach, overtake
fikicha to crumble; rub
fikichika be friable
fikiliza to bring about
fikira(-) reflection
fikiri to consider; **fikiriwa** be considered
fikirisha to make one think
fikisha help someone to arrive
filamu a film; movie
filimbi(-) a whistle; pipe
filisi to ruin
filisika to go bankrupt
fimbo(-) a light stick
finga to protect by charms
fingirika, fingirisha to roll along
fingo(ma) a charm
finya to pinch; make too narrow
finyana be shrivelled; wrinkled
finyanga to make pots
finyo(ma) a narrow place; a crease
fisadi(ma) a corrupt person; seducer
fisha to kill
fisi(-) a hyena
fisidi to corrupt; seduce
fitina(-) discord
fitini, fitinisha make discord
fiwa be bereaved
foka to burst out; boil over

fora(-) a success; a win
forodha The Customs
frasila(-) a measure *c.* 16 kg.
fua 1 to wash clothes; **2** to work in iron; **3** to husk coconuts
fuata to follow; **fuatwa** be followed
fuatana to accompany
fuatisha to copy
fuawe(-) an anvil
fudifudi (to lie) face downwards
fudikiza turn upside down
fufua to revive
fufuka to come to life
fuga to keep livestock
fugo(ma) stock-keeping; animal given in payment
fuja to bungle; waste
fujo(ma) mess; disorder; affray
fukara(-) a destitute person
fukarika become poor
fukarisha make poor
fukia 1 to fill in a hole; **2** to give out smoke
fukiza to fumigate; burn incense
fukizo(ma) vapour; fumes
fuko(ma) 1 an excavation; **2** a mole
fukua to dig out; **fukuliwa** be dug out
fukuto(ma) sweat
fukuza to drive away; **fukuzwa** be driven away
fukuzana to chase one another
fukuzano(ma) a persecution
fulana(-) vest
fulani a certain person or thing
fuliza, fululiza to keep on doing; continue
fuma to weave; knit

fumania

fumania to take in the act;
  fumaniwa be caught doing
fumba to close; mystify

funzo(ma) instruction
-fupi short; low
fupisha to shorten

---

fumba

This means to close by bringing two parts or two related items together e.g. **kufumba macho**, *to close the eyes*. (To refer to closing doors, tying up parcels, etc. use **funga**.) *Fumba* also means to mystify or to use language in a clever way so as to obscure meaning.

---

fumbata to grasp
fumbo(ma) a dark saying; mystery
fumbua to unclose; reveal
fumua to unravel; unpick
fumukana to disperse
funda 1 to pound; 2 to gulp; 3 to instruct
fundi(ma) a craftsman
fundika to make a knot
fundisha to teach
fundo(ma) a knot
funga to fasten ; to fast; fungwa be fastened
funganya, fungasha to pack
fungate(-) seven days honeymoon
fungu(ma) 1 a portion; 2 a sandbank; heap; 3 a group
fungua to unfasten; open; funguliwa be opened
funguka to come undone
funguvisiwa(ma) an archipelago
funika to cover; funikwa be covered
funo(-) a red duiker
funua to uncover; reveal
fununu(-) a rumour
funza(ma) maggot; jigger
funza to instruct

fura to swell; effervesce
furaha(-) joy
furahi be pleased; furahiwa be made happy (by something)
furahisha to delight
furika to overflow
furiko(ma) a flood
furufuru(-) confusion
furukuta be restless
furushi(ma) a bundle
futa 1 to wipe; obliterate; 2 to unsheathe
futika to stick into belt, etc.
futua to pull out
fuu, fuvu(ma) empty shell; the skull
fuzi(ma) shoulder
fuzu to succeed; win
fyata to put between legs; fyata ulimi control your tongue
fyatua let off a gun or trap
fyatuka go off suddenly
fyeka to cut down bush
fyeko(ma) cleared space for cultivation
fyoa to reap by cutting
fyonza to suck

G

gaagaa to roll from side to side

gadi(ma) a prop

gadimu to prop; shore up;
  gadimiwa be propped up

gaidi(ma) a bandit

gamba(ma) bark; scale

gambusi(-) a lute-like musical
  instrument

ganda(ma) shell; pod; skin of
  fruit

ganda to coagulate; freeze

gandama be frozen;
  coagulated

gandamia adhere to

gandamiza to press; compress

gando(ma) crab's claw

gandua to pull away; rescue

ganga to mend; heal

gango(ma) a splint; splice

gani? what kind of?

ganzi(-) numbness; **kufa ganzi**
  go numb

gao(ma) a handful

gari(ma) a wheeled vehicle

gari-moshi(ma) a train

gati(-) landing-stage

gauni(ma) a dress

gawa, gawanya to divide;
  gawiwa be divided

gawia, gawanyia give a share to

gawio(ma) 1 a talent; **2** a
  dividend

gazeti(ma) magazine;
  newspaper; journal

gegedu(-) a cartilage

gego(ma) a molar tooth

gema to tap (for rubber, palm
  wine, etc.)

genge(ma) precipice; ravine

-geni strange; **-a kigeni** foreign

gereji(ma) a garage

gereza(ma) a prison

gesti(ma) a guest house; cheap
  hotel

-geugeu changeable

geuka, geuza to turn round;
  change

ghadhabika be very angry

ghadhabu(-) anger

ghafilika be taken unawares

ghafula suddenly;
  unexpectedly

ghairi to change one's mind

ghairi ya without

ghala(-) store-room

ghali scarce; expensive

ghalika to rise in price

ghamu(-) grief

gharama(-) expense

gharika(-) a flood

gharikisha to inundate

gharimia to bear the expense of

ghasi to disturb

ghasia(-) disturbance

ghiliba rivalry

ghilibu get the better of

ghofira(-) absolution

ghorofa a floor; storey

ghoshi to adulterate

ghuba(-) a gulf

gia(-) the gears of a vehicle

gidamu(-) a shoelace

gilasi(-) a tumbler;
  wine glass

giza(-) darkness

globu(-) an electric light bulb

goboa to break off; strip off

godoro(ma) a mattress

gofu(ma) a ruined building

gogo(ma) a log

gogota to tap

goigoi lazy; useless

golikipa(ma)

golikipa(ma) a goalkeeper
gololi(ma) a marble
goma to go on strike
gomba, gombana to quarrel
gombea to compete for; dispute
gombeza to reprimand
gombo(ma) leaf of a book
gome(ma) bark; shell
-gomvi bad-tempered
gonga to knock
gongana to collide

-gumu hard; difficult
guna to grunt; show discontent
gundi(-) adhesive gum; glue
gundua to catch unawares; startle; **gunduliwa** be come upon unexpectedly
gunga to keep a taboo
gunia(ma) a sack
guno(ma) grumbling
gunzi(ma) a maize cob
gurudumu(ma) a wheel

---

gongana

This is the reciprocal form of **-gonga**. Used with a plural subject: **Magari yaligongana usiku**. *The vehicles collided at night*. Used with a singular subject and **na** following the verb: **Trekta iligongana na lori**. A tractor collided with a truck.

---

gongo(ma) a cudgel; crutch; hockey stick
gongomea to nail up; **gongomewa** be nailed up
gota to tap
goti(ma) a knee; **piga magoti** kneel down
grafu(-) a graph
gubeti(-) a prow
gubika to cover; **gubikwa** be covered
gubua to uncover
gudi(ma) a dock
gudulia(ma) a large jar
gugu(ma) a weed; (*in pl. form*) undergrowth
gugu maji(-) waterweed
gugumia to gulp down
gugumiza to stutter
guguna to gnaw
gumba sterile; (*of land*) infertile; **kidole gumba** the thumb

gusa to touch **guswa** be touched
gusika be touchable
guta to shout
gutu(ma) a stump
gutua to startle; **gutuka** be startled
gwaride military parade

H

See **H** *in the preceding Notes*
haba few; very little
habari(-) news; **habari za** about
hadaa to cheat; **hadaiwa** be cheated
hadaa(-) trickery
hadhara(-) a meeting; in front of
hadhari(-) caution
hadhari be cautious; **Jihadhari!** Look out!

hadi until; up to
hadithi(-) a story
hadithia to narrate; hadithiwa be told
hafifu insignificant
hai alive
haiba *also* heba attractiveness of character or demeanour
haidhuru it doesn't matter
haini(-) a traitor; to betray
haja(-) need; request
hajambo s/he is well
haji(-) pilgrimage to Mecca
haki(-) justice; right; -a haki just
hakika(-) certainty
hakikisha to make sure
hakimu(ma) a judge
hakuna no; there is not
halafu afterwards
halaiki(-) a crowd
halali lawful
halalisha to legalize
hali state; U hali gani? How are you?
halifu to rebel against; disobey
halisi genuine; truly
halmashauri(-) a council
halzeti olive oil

hama to move away; hamia to move to
-hamaji migratory
hamaki to get angry suddenly; quick temper
hamali(ma) a porter
hamamu(-) public baths
hame(ma) a deserted village
hamira(-) yeast
hamisha to move people; banish
hamsini fifty
hamu(-) a yearning; desire

hanamu oblique; sloping edge
handaki(ma) a trench
hangaika be anxious; distressed
hangaiko(ma) anxiety
hangaisha make anxious
hani to condole with
hapa here
hapahapa just here
hapana no; there is not
hapo there; then
hara to have diarrhoea
hara damu to have dysentery
-harabu destructive
haraka(-) haste
harakisha to hustle; make up for lost time
haramia(ma) bandit; pirate
haramu prohibited; unlawful
harara(-) body heat; hot temper
hari(-) heat
-haribifu destructive
haribika be spoilt; broken down
haribu to destroy; spoil
harimisha to excommunicate; declare illegal
harimu(ma) forbidden persons or things
hariri(-) silk
harisha to cause diarrhoea; purge
harufu(-) odour
hasa especially
hasara(-) loss; damage
hasira(-) anger
hasiri to damage; hasiriwa be damaged; incur loss
hata until; up to; hata kidogo not at all
hatamu(-) a bridle
hatari(-) danger

hati(-) a document; **hati ya maombi** application form

hatia(-) guilt

hatima(-) end; **hatimaye** finally

hatirisha to endanger

hatua(-) a step; pace

hawaa(-) strong desire

hawa, hao these (people, animals)

haya(-) modesty; shyness

haya, hayo these

hayawani(-) a beast

hazama(-) a nose ornament

hazanati a clinic

hazina(-) treasury

Hebu! Hi there! (*not a greeting*)

hedaya(-) a costly gift

hedhi(-) menses

hekaheka shouts of encouragement

hekalu(ma) temple

hekaya(-) a legend

hekima(-) wisdom

helikopta a helicopter

hema(-) a tent; **piga hema** pitch a tent

hema to pant for breath

hemera to search for food

heri(-) happiness **Kwa heri** Goodbye

heroe(-) a flamingo

heroini heroin

herufi(-) a letter (*alphabet*)

hesabia consider to be

hesabu(-) accounts; arithmetic

hesabu to count; **hesabiwa** be counted

heshima(-) honour; respect

heshimu to honour; **heshimiwa** be honoured

hewa(-) air

hiari(-) choice; free will **-a hiari** voluntary

hiari yako just as you like

hidi to convert; **hidiwa** be converted

hifadhi a reserve; to preserve **hifadhiwa** be preserved

hifadhi ya kisiasa political asylum

hifadhi za nyaka(-) archives

hii, hiyo this (one)

hiji to go on pilgrimage

hiki, hicho this (one)

hila(-) craftiness

hili, hilo this (one)

hima(-) haste; quickly

himaya(-) protection

himidi to praise (*God*); **himidiwa** be praised

himili to bear; support

himiza to urge haste

hini, hinisha to withhold from

hirizi(-) a charm; amulet

hisa(-) a share; portion

hisani(-) kindness

Hispania Spain

hitaji to need; **hitajiwa** be needed

hitilafiana be different

hitilafu(-) difference; blemish

hitimu to finish education

hivi, hivyo these; thus

hizi disgrace

hizi, hizo these

hodari brave; capable

hodi May I come in? *Ans.* **karibu**

hodhi to collect together

hofia be afraid for

hofu(-) fear

hohe hahe utterly destitute

hoi in a bad state

hoja(-) subject under discussion; question; polemic
hojaji(-) a questionnaire
hoji to interrogate
hojiana to discuss
homa(-) fever
homa ya kuhara enteric fever
homa ya mafua influenza
honga to bribe; pay toll
hongera congratulations
hongeza extort payment
honi(-) a vehicle horn

humu in here
hundi(-) a cheque
hundi ya posta(-) a postal order
huria, huru free
huruma(-) compassion; sympathy
hurumia show mercy to
husiana be relevant
husika to apply to; be concerned with
husu to concern

---

husu

This means *concern* in the sense of *relate to, involve*, e.g. **Kitabu hiki kinahusu siasa.** This book concerns politics. **Haiwahusu.** *It doesn't concern them.* **Mtoto yule ananihusu; ni mjukuu.** *That child is related to me; he's a grandchild.*

---

hori(-) 1 a creek; 2 a manger
hospitali(-) a hospital
hoteli(-) a hotel
hotuba(-) a sermon; speech
hua(-) a kind of dove
huba(-) love; friendship
hubiri to preach
hudhuria to attend a meeting
hudhurio(ma) attendance
huduma(-) service; ministry
huenda perhaps
huisha to give life to
Hujambo? Are you well?
huko there; **huko nyuma** meanwhile
huku here
hukumu(-) judgement
hukumu to judge; **hukumiwa** be judged
hulka(-) human condition, characteristics, etc.
huluku to create
humo in there

husuda(-) envy
husudu to envy; **husudiwa** be envied
hususa special; especially
hutubu to preach
huu, huo this (one)
huyu, huyo this (*person, animal*)
huzuni(-) grief
huzunika be grieved
huzunisha to grieve

I

iba to steal
ibada(-) worship
ibia to rob; **ibiwa** be robbed
ibilisi(ma) 1 a devil; evil spirit; 2 wrongdoing
idadi(-) a number; **bila idadi** uncountable
idara(-) a department (*e.g. of ministry, business, university, etc.*)

idhini(-) permission
idhini, idhinisha to sanction; authorize
Idi(-) Muslim festival
iga, igiza to imitate
igizo(ma) imitation; dramatization
ijapo although
ijara(-) wages
Ijumaa Friday
ikiwa if
ikiza to lay across
iktisadi(-) economy
ila except; **ilakini** but
ila(-) a flaw
ilani(-) a notice; proclamation
ile that one
ili in order that
iliki cardamom
imamu mosque leader; imam
imani(-) faith; morale
imara firm; stable
imarisha make firm; reinforce
imba to sing
imla dictation
inama; inamisha to bend down
inda(-) spite
ingawa although
-ingi many; much

ingia hasira to feel angry
ingia hofu to be frightened
ingia kutu to be rusty
-ingine some; other
ingiza to admit; put in
ini(ma) the liver
Injili the Gospel
inshallah God willing
inua to lift up; **inuliwa** be lifted up
inuka to get up
inzi(ma) a fly
ipi? which?
isha to finish; be finished; Muslim late evening prayers
ishara(-) a sign; signal
ishi to live
ishilio(ma) stopping point
ishirini twenty
ishiwa na to have none left
isipokuwa unless
Issa Jesus
ita to call; **itwa** be called
itika to answer a call
itikadi an ideology
itikio(ma) a response
iva to get ripe; be well cooked
iwapo if

---

iwapo

Although this is a 'tenseless relative' verb-form, literally meaning *when/where it is* its function is that of a conjunction meaning *if/supposing/when*, with a similar function to kama, e.g. **Iwapo atakuja mpe barua.** If he comes give him the letter.

---

ingia to enter; **ingiwa** be entered
ingia baridi to become cold
ingia furaha to feel happy
ingia giza to get dark

J

ja (kuja) to come
jaa(-) a rubbish heap
jabali(ma) rocky prominence
jadi(-) lineage

jadili to cross-question
jadiliana to debate
jadiliano(ma) a debate
jagi(-) a jug
jaha(-) good fortune
jahazi(ma) a dhow
jaji(ma) a judge
jalada(-) a book cover
jali to heed; respect
jalia to grant; **jaliwa** be granted
jalidi to bind a book
jamaa(-) family; relatives
jamala(-) courtesy; elegance
Jamani! an excl. to friends to alert them to your news
jambazi(ma) a ruffian
jambia(-) Arab dagger
jambo(mambo) a matter; something; **Jambo!** a greeting
jamhuri(-) a republic
jamii(-) a group; community of people
jamii to have sexual intercourse
jamvi(ma) a plaited mat
jana yesterday
jando(-) circumcision rites
jangwa(ma) desert
jani(ma) a leaf
janibu(-) an area of a country or town

jaribu to try; test; **jaribiwa** be tested
jaribu(ma) trial; temptation
jasho(-) sweat; **toka jasho** to perspire
jasiri to venture; **-jasiri** daring
jasisi to spy
jasusi(ma) a spy
jawabu(ma) an answer; a matter
jaza to fill
jazi to bestow on
je? well? **–je?** how?
jedwali(-) a table (*statistical, multiplication*)
jehanum hell
jela(-) prison
jemadari(ma) a commanding officer
jembe(ma) a hoe
jeneza(-) a bier
jenga to build; **jengwa** be built
jengo(ma) a building; building materials
jeraha(ma) a wound
jeruhi to wound; **jeruhiwa** be wounded
jeshi(ma) an army
jeshi la anga(ma) an airforce
jeuri(-) violence; an outrage
jia to come to; **jiwa** be visited

jia and jiwa

Jia is the prepositional form of the verb -ja *come* and means *come to, come for*, e.g. Mgeni alitujia jana. *A visitor came to us yesterday.* Jiwa is the passive form of -ja: Tumejiwa. *We have visitors* (literally we have been come to).

-janja cunning; devious
japo although
jaribio(ma) an experiment; test
jaribosi metal foil

jibini(-) cheese
jibu to answer; **jibiwa** be answered
jibu(ma) an answer

jicho (macho) an eye
For prefix **JI** *see* **J** *in the Notes*
*ji*endesha be automatic
*ji*fanya to pretend
*ji*fungua to give birth
*ji*funza to learn
*ji*gamba to brag
*ji*hadhari take care
jihadi(-) jihad; a holy war
*ji*hini to abstain from
*ji*husisha na to identify with
  (somebody)
jiji(ma) a city
jike (majike) female animal
jiko (meko) cooking place
jikoni kitchen
*ji*kwaa to stumble
jimbo(ma) province; county
jina(ma) a name; noun
jinai(-) a crime
-jinga stupid; ignorant
jini(ma) a genie
jino (meno) a tooth
jinsi how
*ji*nyima to deny oneself
jinzi(-) jeans
jiografia geography
*ji*ona be vain
jioni evening
*ji*patia to acquire
jipu(ma) an abcess; a jeep
jirani(ma) neighbour
*ji*sifu to boast
*ji*stahi have self-respect
*ji*suka to balance oneself
jitahidi to make an effort
*ji*tanguliza put oneself forward
*ji*tegemea be self-reliant
jitihada(-) an effort
jitu(maijitu) a giant
*ji*uzulu to abdicate
*ji*vuna to boast; *ji*vunia pride
  oneself on

jiwe (mawe) a stone
jogoo(ma) a cock
johari(-) a jewel
joho(ma) a robe
joka(ma) a huge snake; dragon
joko(ma) a kiln
jongea, jongeza to move along
jongoo(ma) a millipede
jopo(-) an advisory or expert
  panel
jora(ma) a bale of cloth
joto heat
jozi(-) a pair
jua(ma) the sun
jua to know; juliwa be known
juana to know one another
juha(-) a mentally handicapped
  person
juhudi(-) zeal
jukumu(ma) a duty;
  obligation
jukwaa(ma) a stage;
  scaffolding
julikana be known
julisha to make known
juma(ma) a week
Jumamosi Saturday
Jumanne Tuesday
Jumapili Sunday
Jumatano Wednesday
Jumatatu Monday
jumba(ma) a hall; large
  building
jumba la makumbusho(ma) a
  museum
jumba la starehe
  community/social centre
jumbe(ma) a local leader;
  courier; messenger
jumla(-) the total
jumlisha to add up
jumuiya(-) a society;
  association

juta to regret
juto(ma) remorse
juu up; above; **juu ya** over;
  down from; concerning
juujuu superficially
juzi(ma) day before yesterday
juzijuzi recently
juzu be fitting; behove

K

kaa to sit; stay; live

kabla (ya) before (*time*)
kaburi(ma) a grave
kadamnasi in front of
kadha various; such-and-such
kadha wa kadha (kwk) etcetera
  (etc.)
kadhalika likewise; na
  kadhalika (n.k.) et cetera
  (etc.)
kadhi(ma) a Muslim judge
kadiri, kadirisha to evaluate;
  kadiriwa be estimated
kadiri(-) amount; moderation

---

kaa

When used with the meaning *be sitting down* -kaa takes the
-me- tense, with present reference to a state, e.g. **Watoto**
wamekaa. *The children are sitting down/seated.*
When it means *be living in a place* (with present reference)
-kaa takes the -na- tense: **Wanakaa Kisumu.** *They are living*
in Kisumu.

---

kaa(ma) charcoal; coal; embers
kaa(-) a crab
kaakaa(ma) roof of mouth
kaanga to fry; **kangwa** be fried
kaango(-) a frying pan
kaba to press, throttle; **kabwa**
  be throttled
kabari(-) a wedge
kabati(ma) a cupboard
kabichi(-) a cabbage
kabidhi to entrust to;
  kabidhiwa be entrusted with
-kabidhi economical; miserly
kabidhi(-) charge; guardianship
kabila(-) tribe
kabili to face towards
kabiliana to confront one
  another
kabisa absolutely; entirely

kadiri ya about
kafara(-) a sacrifice
kafi(ma) a paddle
kafiri(ma) an infidel
kaga to protect by charms
kago(ma) a protective charm
kagua to inspect; audit;
  kaguliwa be inspected
kahaba(ma) a prostitute
kahawa coffee (*after grinding*)
kahawia brown
kaidi to contradict; be
  obstinate; **-kaidi** obstinate
kaimu(ma) an agent; a deputy
kaka(ma) elder brother
kakakaka in a hurry
-kakamizi stubborn
kakamua to struggle to do
  something

kakao(-) cocoa

kakara struggling; wrestling

kakawana(ma) a strong, well built man

kalafati to caulk (*seams of wooden boat*)

kalamka be quick witted

kalamkia to outwit; **kalamkiwa** be outwitted

kalamu(-) pen; pencil

kale old times; **-a kale** old; **-a kikale** old-fashioned

kale na kale for ever and ever

kalenda(-) a calendar

-kali sharp; fierce; severe

kalika, kaliwa be inhabited

kalisi(-) 1 calcium; 2 a chalice

kama to squeeze; milk

kama 1 as, like; 2 if, whether; 3 that; 4 about

kamari(-) gambling

kamata to seize; **kamatwa** be seized

kamba(-) 1 rope; 2 shellfish; 3 honeycomb

kambi(-) a camp

kambo step-; **baba wa kambo** stepfather

kame arid

kamera(-) a camera

kamia to extort by threats

kamili, -kamilifu perfect; complete

kamilika be completed, perfected

kamilisha to complete, make perfect

kamio(ma) threatening demands

kampuni(ma) a company

kamsa(-) an alarm

kamua to squeeze; **kamuliwa** be squeezed

kamusi(-) a dictionary

kamwe never; not at all

kana to deny

kana kwamba as if

kanda to knead

kandika to plaster; **kandikwa** be plastered

kandiko(ma) clay for plastering

kando aside; **kando ya** beside

kanga(-) 1 women's garment; 2 a guinea-fowl

kanikana be deniable

kaniki dark cotton material

kanisa(ma) a church

kansa cancer

kanuni(-) a rule; principal

kanusha to refute; disown

kanya to forbid, rebuke

kanyaga to trample on; tread; **kanyagwa** be trodden on

kanzu(-) men's garment; a cassock

kao(ma) dwelling-place

kapi(ma) a husk of maize, rice, etc.

kaptura(-) shorts

karafuu(-) cloves

karaha(-) disgust

karakana(-) a factory

karama(-) a gracious gift

karamu(-) a feast

karanga(-) groundnuts; peanuts

karani(ma) a clerk

karata(-) playing cards

karatasi(-) paper

karibia to move near

karibiana to converge

karibisha to welcome; **karibishwa** be welcomed

Karibu! Come in!

karibu near; nearly; soon

karimu generous; magnanimous

karipia to rebuke; **karipiwa** be rebuked

karipio(ma) a reprimand

kariri to repeat, recite

karne(-) a century

karoti(-) a carrot

kasa(-) a turtle

kasa less by; **kasa robo** three-quarters

kaseti(-) a cassette

kasha(ma) a box; storage chest

kashifa(-) slander; libel

kashifiwa be slandered

kashifu to slander

kasi with force

kasia(ma) an oar

kasidi intentionally

kasirika to be angry

kasirisha to anger

kasisi(ma) a priest

kaskazi(-) north wind; the hot season

kaskazini the north

kasoro less by; a blemish

kasuku(-) a parrot

kaswende(-) syphilis

kata(-) a ladle

kata to cut; to decide; **katwa** be cut

kata hukumu to pronounce judgement

kata kiu to quench thirst

kata njia to take a short cut

kata shauri to make a decision

kata tamaa to despair

kataa final; decisive

kataa(-) a section; a part of

kataa to refuse; disown **kataliwa** be refused

katani(-) sisal

kataza to forbid; **katazwa** be forbidden

katazo(ma) a prohibition

katheta(-) a catheter

kati, katikati in the middle

kati ya between, among

katiba(-) a constitution (*political*)

katibu(-) a secretary

katika in; out of; off

-katili cruel

katiza to cut short

katua to polish; **katuliwa** be polished

kauka to get dry

kauli(-) expressed opinion

kauri(-) a cowrie shell; china

kausha to dry

-kavu dry

kawa(-) a plaited dish cover

kawaida(-) custom; usage

kawia to delay

kawilisha to detain

kawisha to get into arrears

kayamba (-) a rattle

kaza to fasten firmly; emphasize; **kazwa** be emphasized

kazana to make a united effort

kazi(-) work

-ke female

kefu, kifu(-) sufficiency

kekee(-) a drill

kelele(ma) uproar; shouting

kemea to rebuke; **kemewa** be rebuked

kemia chemistry

kenda nine

kengele(-) a bell; **piga kengele** to ring

kengeua to turn from the right way

kera to irritate, worry

kereketa to irritate

kerezo(-) a lathe

kero(-) importunity
kesha to stay awake; keep watch
kesho tomorrow
kesho kutwa day after
 tomorrow
kesi(-) a lawsuit
keti to sit down
For prefix **KI** *see* **K** *in the*
 Notes
ki it is
kiada carefully; distinctly
kiaga(vi) a promise
kiambaza(vi) a partition wall
kianga sunshine
kiangazi the hot season
kiapo(vi) an oath
kiarabu Arabic
kiasi an amount; a rate;
 moderation; **-a kiasi**
 temperate
kiatu(vi) shoe
kiazi(vi) a potato
kibaba(vi) an old grain
 measure *c.* ½ litre
kibali acceptance; favour
kibanda(vi) a shed; hut
kibandiko(vi) anything stuck on
kibanio(vi) a stapler; stapling
 machine
kibano(vi) tweezers, pincers,
 vice, etc.
kibanzi(vi) splinter
kibao(vi) slate; shelf, board
kibarua(vi) a casual labourer
kiberiti(vi) a match; sulphur
kibeti(vi) a dwarf
kibibi(vi) a small, sweet
 pancake
kibiongo(vi) a hunchbacked
 person
kibla(-) the direction of Mecca;
 place in mosque where the
 imamu stands

kibofu(vi) bladder
kiboko(vi) a hippopotamus
kibonyeo(vi) a dent
kibuhuti perplexity
kiburi(-) pride
kiburudisho(vi) anything
 refreshing
kibuyu(vi) a calabash
kibweta a small box
kicha(vi) bunch (*of palm leaf
 strips, vegetables, keys, etc.*)
kichaa insanity
kichaa cha mbwa rabies
kichaka(vi) a bush; copse
kichefuchefu nausea; travel
 sickness
kicho awe
kichochoro(vi) alley; passage
kichomi(vi) a stabbing pain
kichuguu(vi) an anthill
kichwa(vi) the head
kidadisi(vi) a questionnaire
kidato(vi) a secondary school
 class/form
kidevu(vi) chin
kidhi to grant; satisfy; **kidhiwa**
 be granted
kidimbwi(vi) a pool
kidingapopo dengue fever
kidogo a little; **kidogo kidogo**
 gradually
kidokezi(vi) a clue
kidole(vi) a finger; toe; **kidole
 gumba** thumb
kidole(vi) cha shahada the
 forefinger
kidonda(vi) an ulcer
kidonge(vi) a pill; small lump
kidudu(vi) small insect
kiegemeza(vi) an easel
kielekezo; kielelezo(vi)
 directions; pattern
kielezi(vi) an adverb

kifaa(vi) a tool; utensil
kifaduro whooping cough
kifani(vi); kifano(vi) something similar
kifaranga(vi) a chick
kifaru(vi) a rhinoceros
kifichifichi stealthily
kificho(vi) concealment
kifijo(vi) applause
kifiko(vi) arrival
kifimbo(vi) a baton
kifo(vi) death
kifu as if dead; like a corpse
kifua(vi) the chest; chest complaint
kifudifudi prostrate
kifundo(vi) a knot
kifungo(vi) a button; fastening
kifungoni in prison
kifunguakinywa(vi) breakfast
kifuniko(vi) a lid
kifupi briefly
kifurifuri brimming over
kifusi(vi) debris
kigae(vi) a piece of broken pot; a roofslate
kigaga(vi) a scab
kigegezi seasickness
kigego(vi) an ill-omened child or animal
-a kigeni unusual
kigeugeu changeableness
kigingi(vi) a tethering-peg; tent-peg; flange
kigoda(vi) a three-legged stool
kigongo(vi) a hump
kigosho(vi) a deformed arm
kigugumizi stammering
kigwe(vi) braid, cord, etc.
kiherehere anxiety
kihori(vi) a dinghy
kihoro great grief

Kiingereza the English language; **-a kiingereza** English
kiingilio(vi) an entrance fee
kiini(vi) inner part; kernel
kiini(vi) cha yai an egg yolk
kiinimacho jugglery; magic
kiitikio(vi) a refrain; response
kijana(vi) a youth
kijani green
kijicho envy; malice
kijidudu(vi) a germ; microbe
kijiji(vi) a village
kijiko(vi) a teaspoon
kijitabu(vi) a pamphlet
kijiti(vi) a small stick; peg
kijito(vi) a brook
kijivu grey
kijumba(vi) a small compartment; a cell
kijumbe(vi) a go-between
kikaango(vi) a frying pan
kikaka a rush, hurry
kikao(vi) position; place of residence
kikapu(vi) plaited basket
-a kike female
kikiki firmly
kikisa to perplex
kiko(vi) 1 a tobacco pipe; 2 an elbow (also **kiwiko**)
kikoa(vi) co-operation; a team
kikoi(vi) a man's sarong
kikokotoo(vi) a calculator
kikombe(vi) a cup
kikomo(vi) an end
kikosi(vi) a band; a troop
kikuku(vi) a bracelet
kikumbo(vi) a shove
kikuza-sauti microphone
kila every
kilabu (see **klabu**)
kilaji food

kile that (one)
kilele(vi) a peak; tree-top
kilele(vi) barafu an ice-cap
kilema(vi) a lame person
kilemba(vi) a turban
kileo(vi) an intoxicant
kilima(vi) a hill
kilimi uvula
kilimo agriculture
kilindi(vi) deep water
kilio(vilio) a mourning; lamentation
kilo(-) a kilogram
kiluwiluwi(vi) a tadpole; mosquito larva
kima(-) 1 a monkey; 2 price
kima(vi) cha uzazi a birthrate
kimaada genuine
kimacho alert
kimbia to run from
kimbilia to run to
kimbilio(ma) a refuge
kimbiza to drive away; **kimbizwa** be driven away
kimbunga(vi) typhoon
kimelea(vi) a parasite
kimetameta(vi) a sparkling light
kimia network; trellis
kimo height
kimu to provide for
kimulimuli(vi) firefly
kimwa be put out; be sulky
kimwondo(vi) meteor
kimya silence; silently
kina *same as* **akina**
kina(vi) 1 depth; 2 rhyme
kinaganaga in detail; point by point
kinai to be 1 satisfied; 2 surfeited
kinaisha to satisfy; to nauseate
kinanda(vi) a stringed instrument

kinara(vi) a candlestick
kinaya(-) self-sufficiency
kinda(ma) a young bird or animal
kinena(vi) the groin
kinga to ward off; guard; **kingwa** be protected
kinga(-) an obstruction
kingalingali flat; face downwards
kingama to lie across; to block
kingi much
kingine another
kingiza to protect; ward off
king'ora(-) an alarm bell; a siren
kinu(vi) a mortar for pounding grain; grinding mill
kinubi(vi) a Nubian harp
kinundu(vi) a knob
kinyaa filth; disgust
kinyago(vi) a carving
kinyemi something good
kinyesi excrement
kinyevu humidity
kinyonga(vi) a chameleon
kinyongo ill-feeling; **kwa kinyongo** unwillingly
kinyozi(vi) a barber
kinyume the contrary; backwards; an antonym
kinywa(vi) mouth
kinywaji(vi) a beverage
kinza, kinzana to oppose; obstruct
kioja(vi) a marvel
kiolezo(vi) a pattern; sample
kiongezo(vi) an addition; adjunct
kiongozi(vi) a leader; guide
kionyo(vi) a taste
kionyo(vi) a hint
kioo(vi) glass; mirror
kipa see **golikipa**

kipaji(vi) a gift
kipaku speckled
kipande(vi) a piece
kipandio(vi) step; rung
kipatanisho a reconciling gift
kipatasi(vi) a bradawl
kipawa(vi) 1 a gift **2** a ladle
kipengee(vi) a side-path;
subterfuge
kipenyo(vi) an opening;
diameter
kipenzi(vi) darling; favourite
kipeo(vi) the highest point;
maximum
kipepeo(vi) butterfly
kipete(vi) a hasp
kipimio(vi) a scale to measure
with
kipimo(vi) measurement
kipindi(vi) a period of time
kipindupindu cholera
kipini(vi) a nose ornament
kipipa(vi) a keg; cask; small
barrel
kiplefti(-) a roundabout
kipofu(vi) a blind person
kipokeo by turns
kipuli(vi) an earring
kipunguo deficiency
kipunguzi discount
kipunjo slyly
kipupwe the cool season
(June–August)
kipuri(vi) a spare part
kipusa(vi) rhino horn; a young
girl
kiraka(vi) a patch; spot
kiri to acknowledge
kiriba(vi) water-skin
kirihi to abhor
kirimu be generous to
kiroboto(vi) a flea
kisa(vi) story; report

kisahani(vi) a saucer; a
disk/disc
kisamvu cooked cassava leaves
-a kisasa modern; up to date
kisasi revenge
kisawe(vi) a synonym
kisha then; afterwards
kishaufu(vi) a trinket
kishawishi(vi) an incentive
kishenzi uncivilized (*abusive*)
kishimo(vi) burrow; small hole
kishindo(vi) a shock
kisi, kisia to estimate; **kisiwa**
be estimated
kisigino(vi) heel; elbow
kisima(vi) a well
kisio(ma) estimation
kisirani(-) misfortune
kisiwa(vi) island
kisodo(vi) a tampon
kisogo(vi) back of head; **kupa
kisogo** turn the back on
kisonono gonorrhoea
kisu(vi) knife
kisua(vi) a garment
kisukuku(vi) a fossil
kisulisuli giddiness
kisura a pin-up
Kiswahili the Swahili language
kita to stand firm; fix firmly
kitabu(vi) a book; **kitabu cha
ramani** an atlas
kitakia(vi) a pad
kitalu(vi) a fenced enclosure;
a flowerbed
kitambaa(vi) a cloth; material
kitambo a short period
kitana(vi) a comb
kitanda(vi) a bed
kitanga(vi) 1 palm of hand;
2 pan of scales; **3** plaited mat
kitani linen; flax
kitanzi(vi) a loop

kitasa(vi) a lock
kitefutefu sobbing
kitembe a lisp
kitendawili(vi) a riddle
kitenzi(vi) a verb
kithiri to increase
kiti(vi) a seat; **mwenye-kiti** chairman/woman
kitisho(vi) a threat
kito(vi) a jewel
kitokono(vi) the coccyx
kitoto(vi) an exceptionally small baby
kitovu(vi) the navel; a hub
kitoweo(vi) side dish eaten with main dish
kitu(vi) an object; a thing
kitubio(vi) a penance
kituko(vi) feeling of fear; alarm
kituliza(vi) maumivu a painkiller
kitumbua(vi) a rice bun
kitumbuizo(vi) a lullaby
kitundu(vi) a cage
kitunguu(vi) an onion
kitunguu(vi) saumu garlic
kituo(vi) a resting place; pause
kituo(vi) cha basi a bus stop
kituo(vi) cha ndege an airport
kituo(vi) cha petroli a petrol (USA gas) / filling station
kituo(vi) cha polisi a police station
kiu thirst
kiumbe(vi) a created thing; human being
kiume male
kiunga(vi) suburb
kiungo(vi) 1 a joint; 2 spice
kiuno(vi) the waist
kiunzi(vi) framework
kivimbe(vi) a swelling
kivivu lazily

kivuko(vi) a ford
kivuli(vi) a shadow; shade
kivumbi commotion
kivumi a rumour; reputation
kivumishi(vi) an adjective
kivutio(vi) an attraction (*e.g. for tourists*)
-kiwa solitary; desolate
kiwambo(vi) a screen; anything stretched over a frame
kiwanda(vi) 1 a factory; 2 an omelette
kiwango position in life; corresponding duty
kiwanja(vi) a plot of ground
kiwasho irritation; inflammation
kiwele(vi) an udder
kiwete(vi) a lame person
kiwi dazzle
kiwiko(vi) wrist; ankle
kiwimbi(vi) a ripple
kiyama(vi) the resurrection of the dead (in Islam)
kiyoga(vi) mushroom; toadstool
kiyowe(vi) a scream
kizazi(vi) a generation
kizibo(vi) a cork; stopper
kizibuo(vi) a corkscrew
kizimba(vi) a coop; hutch
kizinda(vi) the hymen
kizingiti(vi) the threshhold
kizio(vi) hemisphere
kiziwi(vi) a deaf person
kizuizi an impediment
kizuka(vi) an apparition
kizunguzungu dizziness
klabu(-) club; bar
kliniki(-) a clinic
k.m. (kwa mfano) e.g.
ko kote anywhere; wherever
kobe(ma) a tortoise

kochi(-) a couch; sofa
kochokocho abundantly
kodi(-) 1 tax; rent; **2** telephone area code
kodi, kodisha to rent, let
kodini codeine
kodolea macho to stare, glare at
kofi(ma) the open hand; **piga kofi** to slap; **piga makofi** to clap
kofia(-) hat; cap
koga(-) 1 mould; blight; **2** to show off
kohoa to cough
kojoa to urinate
kokota to drag along; **kokotwa** be dragged
-kokotevu dilatory
kokwa(-) stone of fruit; nut
kolea be well-seasoned
koleo(ma) tongs; forceps
koleza to season food
koma to come to an end
komaa be full-grown; ripe
komamanga(ma) a pomegranate
komba to hollow out; **kombwa** be hollowed out
kombe(ma) a large dish or bowl; challenge cup
kombe(-), kome(-) kinds of seashells
kombeo(ma) sling for throwing stones
kombo(ma) 1 scraps of food; **2** malformation
komboa to redeem; **kombolewa** be redeemed
komea to bolt, bar a door; **komewa** be barred
komeo(ma) bolt or bar
komesha to bring to a stop
komoa to unbar; **komolewa** be unbarred

kompyuta(-) a computer
komwe(-) seeds used as marbles
konda to get thin
kondakta(ma) a conductor (*e.g. on train*)
konde(ma) 1 the fist; **2** a field
kondomu(-) a condom
kondoo(-) a sheep; **kikondoo** meekly
konga to grow old
kongoa to extract nails
kongoja to walk feebly; **ji̯kongojea** walk with a stick
kongoka to come apart
kongolea to take to pieces
kongomea to put together; nail up
kongosho(-) the pancreas
-kongwe old, worn out
konokono(-) a snail
kontena(-) a freight container; kiosk made from a container
konyeza give covert sign; wink
konzi(ma) a fist; fistful
koo(ma) 1 throat; **2** a breeding animal
kopa to borrow
kope(ma) 1 a loan; **2** eyelids and lashes
kopesha to lend
kopo(ma) a tin; can
korija(-) a score
korodani(-) a testicle
-korofi evil-minded
koroga to stir
korokoni a lock-up
koroma to snore; grunt
korongo(-) a flamingo
korongo(ma) 1 a heron; **2** a gully
korosho(ma) a cashew nut
korti(ma) lawcourt

kosa(ma)

kosa(ma) a fault; mistake; foul play (*sport*)
kosa to fail; err; go without something
kosana to disagree
kosea to make a mistake
kosekana be missing
kosesha to lead astray
kotekote everywhere
koti(ma) a coat
kovu(-) a scar
kua to grow (*of humans and animals*)
kuba(-) a vaulted roof; dome
kubali to agree to
kubalika be acceptable; **kubaliwa** be accepted
-kubwa large; great
kucha(ma) a claw
kucha(-) sunrise; **kuchwa** sunset
kufuli(-) a padlock
kufuru to blaspheme
kuhani(ma) Jewish priest
kuku(-) a hen
kulabu(-) a hooked instrument; hook
kule there
kulia the right (*side/direction*)
kuliko than
kulungu(-) bushbuck
kumba, kumbana to push, jostle
kumbatia to embrace; **kumbatiwa** be embraced
Kumbe! an exclamation of surprise
kumbi(-) initiation rites
kumbikumbi(-) flying ants
kumbuka to remember
kumbukumbu a memory
kumbukumbu(-) brief notes
kumbusha to remind
kumbusho(ma) a reminder; souvenir

kumi ten
kuna to scratch; grate
kuna there is; there are
kundaa be stunted
kunde(-) cow-peas
kundi(ma) a flock; group
kunga(-) confidential teaching
kungugu(-) mist, fog
kungumanga(-) a nutmeg
kunguni(-) a bug
kunguru(ma) a crow
kung'uta to winnow
kung'uto(ma) a sifting tray
kungwi(ma) instructor at initiation rite or marriage
kuni(-) firewood
kunja to fold; **kunjwa** be folded
kunjamana to be wrinkled, creased
kunjo(ma) wrinkle; crease
kunjua to unfold; smooth out; **kunjuliwa** be unfolded
-kunjufu genial
Kunradhi/Kumradhi Excuse me
kunyanzi(ma) a wrinkle; crease
kupe(-) cattle tick
kupua to shake off; throw off
kupuka to rush off
kura a vote; **piga kura** to vote
Kurani the Koran
kuro(-) a water-buck
kurunzi(-) searchlight; electric torch
kurupua to startle (*esp. an animal*)
kusanya to collect; **kusanywa, kusanyika** be collected
kusanyiko(ma) an assembly
kushoto the left side
kusi the south monsoon; **kusini** the south
kusudi(ma) intention; **kwa kusudi** intentionally

kusudi, kusudia to intend;
  kusudiwa be intended
kuta to come upon
kutana to meet
kutano(ma) a meeting
kuti(ma) a coconut leaf
kutibamaungo physiotherapy
kutu rust; tarnish
kutwa all day
-kuu great; -kuukuu worn out
kuume the right side
kuvu(-) mould; mildew
kuwa to be; kuwapo to be
  present
kuwadi(ma) a procurer
kuwili two-sided
kuza to enlarge; exalt
kuzimu place of the dead
kuzuia mimba a contraceptive
kwa to; by; with; for
kwa heri goodbye
kwa hiyo therefore
kwa kuwa, kwa sababu
  because
Kwa nini? Why?
kwaa to stumble; trip over
kwajuka to fade; get spoilt
kwama to get jammed
kwamba that
kwangua to scrape
kwani why? because
kwanza first; at first
kwapa(ma) armpit; kwapani
  under the arm
kwapua to snatch
Kwaresima Lent
kwaruza to grate; graze
-kwasi wealthy
kwata(-) drill; parade
kwatua to clean; kwatuka be
  clean and tidy
kwaza cause to stumble
kwazo(ma) a stumbling block

kwea to go up
kwekwe(-) weeds
kweli truth; true
kwenu your (pl.) home
kwenye towards; to
kwetu our home
kweza to raise
-kwezi climbing
kwikwi(-) a hiccup

L

la! No; not so!
la (kula) to eat; liwa be eaten
laana(-) a curse
laani to curse; laaniwa be cursed
labda perhaps
ladha(-) flavour
lafudhi intonation
laghai to cheat
laghai(-) a charlatan; a cheat
-laghai dishonest
lahaja(-) a dialect; patois
Lahaula! an excl. of surprise
  together with shock and/or
  grief
laiki what is fitting; be fitting
laini smooth; soft
lainika be softened
lainisha make smooth, soft
laiti! if only!
laki go to meet; lakiwa be met
lakini but; however
lala to sleep; lie down
lalamika to cry for mercy
lalamiko(ma) an appeal for
  mercy
lamba to lick; lambwa be licked
lami(-) tar; tarmac; asphalt
landrova(-) a land rover
lango(ma) gate; large door
laumiwa be blamed
laumu to blame
lawama(ma) reproach; blame

laza to lay down; **lazwa** be laid down
lazima(-) necessity; obligation

levuka to get sober
levya to intoxicate
lewa to get drunk

---

lazima

The verb following this can be in the infinitive or the subjunctive: (**Ni**) **lazima kufunga mlango.** *It is necessary to lock the door.* (**Ni**) **lazima uondoke mapema.** *You must set off early.*

Using the subjunctive (which requires a subject) strengthens the obligatory implication of the verb.

---

lazimika, lazimiwa be obliged to
lazimisha to compel; necessitate
lazimu be obligatory
lea to bring up a child
legalega be loose; rickety
legea be negligent; loose
-legevu slack; lazy
legeza to loosen
lehemu to weld
lemaa be disfigured; maimed
lemaza to cripple; maim
lemea to burden; **lemewa** be burdened
lemeza to oppress
lenga 1 to aim; to pinpoint; **2** to slice
lengelenge(ma) a blister
lengo(ma) aim
lenzi(-) a lens
leo today
lepe(ma) drowsiness
leso(-) handkerchief; scarf; patterned cloth
leta to bring; fetch; **letwa** be brought
letea to bring to; **letewa** be brought to

leza(-) laser
lia to utter a sound; to cry
licha not only; in spite of
lika be eatable
likiza to give leave; send away
likizo(-) vacation; holiday
lile that (one)
lilia to weep for; **liliwa** be wept for
lima to plough; hoe; **limwa** be ploughed
limau(ma) a lemon
limbika to wait till ripe; **limbikwa** be waited for
limbuka to enjoy the first fruits
limbuko(ma) first fruits
linda to guard; **lindwa** be guarded
linga put together for comparison
lingana to match
linganisha to compare and rectify
linganya to harmonize
lini? when?
lipa to pay; **lipwa** be paid
lipiza to exact payment
lipizo(ma) a forced payment
lipo(ma) a payment; recompense

lipu(-) plaster; **piga lipu** to plaster a wall
lipuka to flare up; explode
lisha to feed; graze; **lishwa** be fed
lita(-) a litre
liwa be eaten
liwaza to console
liwazo(ma) consolation
Lo! an excl. of fatigue or wonder
loga to bewitch; **logwa** be bewitched
logoa to remove a spell
londea to hang around hoping for something; cadge
lori(ma) a lorry; truck
lowa, lowana to get drenched
loweka, loweza put to soak
lozi(ma) an almond
lugha(-) language
lukemia leukaemia
lulu(-) a pearl
lungula to extort money; blackmail

M

For prefix **ma** *see* **M** *in the notes*
maabara(-) a laboratory
maadamu while; as
maadili honourable conduct
maafa disaster
maafikano, maagano an agreement
maagizo commands; directions
maaguzi predictions
maakuli diet
maalum special
maamkio, maamkizi greetings
maamuzi arbitration
maana(-) the meaning; the reason; because

maandalio preparations
maandamano a procession
maandazi confectionery
maandiko writings
maangalizi watchfulness
maanguko a fall
maanisha to denote
maarifa knowledge
maarufu well known
maasi rebellion
maawio ya jua sunrise
maazimio intention
mabaya evil
mabishano contention
mabomoko ruins
maburudisho recreation
machachari disturbance
machafuko disorder
machela(-) a hammock; stretcher
macheo sunrise
machinjioni(-) an abattoir
macho eyes
machozi tears
machukio sulkiness
machungani pasture
mada(-) a topic
madaha gracefulness; **-enye madaha** attractive
madahiro elegance
madai claims
madaraka responsibility
madhahabu(-) altar
madhali while; seeing that; since
madhara harm
madhehebu customs; sect; denomination
madhubuti reliable
madhumuni intention
madini(-) metal
madoadoa mottling; spots
maegesho(-) a car/coach/lorry park

maelekeo tendency
maelezo explanation
maendeleo progress
maenezi distribution
mafaa utility
mafiga (pl. of **figa**) the stones supporting a pan or pot over a fire
mafua a cold
mafuatano a following together
mafundisho, mafunzo teaching
mafunjo(-) papyrus; reeds
mafuriko overflow; flood
mafuta oil; fat
mafya fire-stones
magadi soda
magendo(-) illegal trading; black market
mageuzi fluctuations
magharibi the west; Muslim prayers at sunset
magofu ruins
magomvi(-) quarrelling
magugu weeds
mahabusi a prisoner
mahakama(-) a law court
mahali a place; **mahali pote** everywhere
mahame a deserted place
maharagwe kidney beans
mahari(-) marriage payment; bridewealth
maharimu close relations (*forbidden marriage*)
mahindi maize
mahiri skilful
mahitaji needs
mahususi special
maili(-) mile
maisha life
maishilio livelihood
maiti(-) corpse
maizi to know; understand
majadiliano debate

majaliwa things granted by God
majani grass; leaves
maji water
majilio(-) arrival; coming
majilisi(-) a reception room
majira season; ship's course
majisifu boasting
majivu ashes
majivuno boasting
majonzi grief
majusi(ma) astrologer
majuto remorse
majuzi recently
Maka Mecca
makaa fuel; embers
makaburini cemetery
makala(-) a written article
makali the sharp edge of knife
makamasi a cold
makamu deputy; Vice-; Acting-
makaribisho welcoming
makatazo an embargo; prohibition
makazi a residence; a settlement
makelele noise; shouting
makinda young birds
makini(-) serenity; calm
makokoto pebbles
makopa dried cassava
maksai a castrated animal
maktaba a library
makubaliano(-) a consensus
makufuru blasphemy
makumbi(-) coir (*from coconut husks*)
makuruhi offensive
makusudi on purpose; purposing
makutano a crowd
makuti coconut leaves for thatching
makuu 1 good qualities; **2** self importance
malaika(-) 1 angel; **2** soft down

malaji diet
malalamiko supplication
malale sleeping-sickness
malalo, malazi sleeping
  accommodation
malango initiation teaching
malaria (homa) malaria
malaya a prostitute
malezi upbringing
mali(-) wealth; property
malihai(-) wildlife
malimbuko firstfruits
malimwengu worldly affairs
malipo recompense; payment
malisho pasture
maliwato(-) a bathroom
maliza to finish
malkia(-) queen
mama(-) mother
mama mkubwa, mama mdogo
  maternal aunt
mamba(-) a crocodile
Mambo! an informal greeting
  to a friend
mambo affairs; difficulties
mamlaka(-) authority
manati(-) a catapult
mandari(-) a picnic
mandhari(-) a scene; view
manjano turmeric; yellow
manowari(-) battleship
manufaa usefulness; useful
  things
manukato perfume
manyoya feathers; **(ya kondoo)**
  a fleece
manyunyu a shower

manza(-) litigation
manzili state of life
maombezi intercessions
maombi petitions
maongezi conversation
maongozi guidance; guidelines
maono feelings
mapaa roof
mapambazuko dawn
mapangilio rotation (*crops*)
mapatano agreement
mapatilizo retribution
mapato receipts; income
mapema early
mapendezi pleasing things
mapenzi love
mapigano fighting
mapindi windings
mapinduzi(-) a coup;
  revolution
mapokeo tradition
mapokezi(-) a reception
  desk/counter/area
maponea livelihood
maporomoko ya ardhi landslide
maporomoko ya maji waterfall
maporomoko ya theluji
  avalanche
mara(-) a time; at once
mara moja once; at once
maradhi sickness
maradufu double
marahaba (*answer to greeting*)
  thank you
marashi perfume
marehemu(-) the departed

··

marehemu

See the entries for **rehema** and **rehemu**. **Marehemu** is used to
refer to a deceased person, or as a title preceding a deceased
person's name: **Nilimwona marehemu wiki jana tu.** I saw the
deceased only last week. **Marehemu Abdulaziz alikuwa ni
mwenye huruma.** The late A. was a kind-hearted person.

··

marejeo return
Marekani the USA
marekebisho(-) repair(s)
marhamu ointment
maridadi well dressed; smart; elegant; stylish
maridhawa plentiful
marijani(-) coral
marika contemporary in age, initiation, etc.
marimba(-) a xylophone; thumb piano
marisaa shot
marufaa(-) a lectern
marufuku forbidden
marumaru(-) marble
masafa(-) distance
masalio, masazo leftovers
masamaha forgiveness
mashairi poetry
mashaka troubles
mashapo dregs; residue
mashariki the east
masharubu(-) a moustache
mashindano competition; match
mashine a machine
mashtaka accusation
mashua(-) a boat
mashudu dregs; residue
mashuhuri renowned
masihara(-) a joke
masika(-) the rainy season
masikilizano agreement
masikitiko regrets
masilahi reconciliation
masimulizi a story; news
masingizio slander
Masiya Messiah
masizi soot
maskani dwelling place
maskini poor, miserable
masurufu outlay; expenses
masuto open accusations

matako buttocks
matakwa wants
matamko, matamshi pronunciation
matamvua fringe
matandazo(-) a mulch
matandiko bedding

matanga days of mourning
matangazo proclamation; advertisement
matata trouble
matatizo problems
matatu(-) a privately owned bus (Kenya)
matayarisho preparation
mate saliva
mateka plunder, captives
matembezi a stroll, trip; visting; touring
matengenezo arrangements
mateso sufferings
mateteo, matetezi arguments in lawsuit
matilaba(-) motive
matoke(-) cooked bananas
matokeo sequel; result
matope mud
matubwitubwi mumps
matukano abuse
matumaini hope
matumbo entrails
matusi abuse; cursing
mauaji massacre
maudhui(-) content; subject-matter
mauguzi medical treatment
maujudi what is to be expected
Maulana Lord
maulizo interrogation
maumbile created state; nature
maumivu pains
maungo limbs

mauti(-) death
mavi excrement
mavu(-) a hornet
mavuno the harvest
mawaidha and so on;
 furthermore; advice
mawe stones; weights
mawese palm oil
mawindo prey from hunting
mazao crops; produce
mazigazi optical illusion;
 mirage
maziko a funeral
mazingaombwe magic,
 jugglery
mazingira environment
mazingira sikizi acoustics
mazingiwa a blockade
maziwa milk
mazoea habits
mazungumzo conversation
For prefix **M** *see* **M** *in the Notes*
mbaazi(-) pigeon-peas
mbalamwezi moonlight
mbali far; mbalimbali different
mbamia(-) okra plant
mbandiko(mi) anything stuck
 on
mbano(mi) pincers; vice etc.
mbao(-) planks, timber
mbarika(mi) a castor-oil tree
mbashiri(wa) a soothsayer
mbata(-) copra
mbavu(-) ribs; side; mbavuni
 alongside
mbawa(-) wings
mbayuwayu(-) a swallow
mbega(-) colobus monkey
mbegu(-) seeds
mbele (ya) in front (of); before
mbeleko(-) child's carrying
 cloth
mbembe(wa) a smooth-
 tongued man; seducer

mbenuko(mi) a bulge;
 protrusion
mbezi(wa) a scornful person
mbigili(mi) a thornbush
mbili two
mbilikimo a pygmy
mbingu(-) the sky
mbinguni heaven
mbini(wa) a forger
mbinja(-) a whistle; piga
 mbinja to whistle
mbinu(-) a method
mbinuko(-) a bulge;
 protuberance
mbio(-) running; piga mbio to
 run
mbishi(wa) an argumentative
 person
mbiu(-) a proclamation
mbizi(-) a dive; piga mbizi to
 dive
mboga(-) vegetables
mbogo(-) a buffalo
mbolea(-) manure
mbona? why? (*with surprise
 or displeasure*)
mboni(-) the pupil of the eye;
 eyeball
mbu(-) mosquito
mbuga(-) a low-lying grassy
 plain;
mbuga(-) ya wanyama a game
 park
mbuga(-) ya taifa a national
 park
mbugi(-) small bells
Mbunge(Wa) a Member of
 Parliament
mbung'o(-) tsetse fly
mbuni(-) an ostrich
mbuni(mi) coffee bush
mbuyu(mi) baobab tree
mbuzi(-) a goat

mbwa(-) a dog

mbwa(-) jike a bitch; female dog

mbweha(-) a jackal; fox

mcha Mungu, mchaji a God-fearing man

mchaguo(mi) an election

mchaguzi(wa) an elector; a fastidious person

mchai(mi) tea-bush; lemon-grass

mchakacho(mi) a rustling

mchana(mi) daytime; **mchana kutwa** all day

mchanga sand

mchanganyiko(mi) a mixture

mchango(mi) a worm

mchawi(wa) a sorceror

mche(mi) a seedling

mchele(mi) husked rice

mchemraba(mi) a cube

mchenza(mi) tangerine tree

mcheshi(wa) an entertaining person; an extrovert

mchezo(mi) a game

mchi(mi) a pestle

mchicha(mi) spinach

mchikichi(mi) an oil palm

Mchina(Wa) a Chinese person

mchirizi(mi) a gutter

mchokoo(mi) a pointed stick

mchokozi(wa) an annoying person

mchongelezi(wa) a tale-bearer

mchoro(mi) engraving; scribble

mchukuzi(wa) a porter

mchumba(wa) fiancé, fiancée

mchungaji(wa) shepherd; herder

mchunguzi(wa) an inquiring person; a reseacher; an investigator

mchungwa(mi) an orange tree

mchuuzi(wa) a trader

mchuzi(mi) gravy; sauce

mchwa termites

mdahalo(mi) debate; discussion

mdai(wa) claimant; **mdaiwa(wa)** defendant, debtor

mdakizi(wa) an eavesdropper

mdalasini(mi) a cinnamon tree and its bark

mdeni(wa) a debtor

mdhalimu(wa) an unjust oppressor

mdhamini(wa) a sponsor; guarantor

mdomo(mi) a lip; beak

mdudu(wa) an insect

mdukizi *see* **mdakizi**

mdukuo(mi) a poke; nudge

mdumu(mi) a can; mug; jug

mdundo(mi) a drumming

mea to grow (*plants*)

mechi(-) a match (*e.g. football*)

mega to break a piece off

meka to grow

meko (pl. of **jiko**) a cooking place; fireplace

meli(-) a ship

mema good things

memeteka to sparkle

mende(-) cockroach

meneja(ma) a manager

meno teeth (*see* **jino**)

menya to peel; shell

meremeta, metameta, *see* **memeteka**

methali a proverb; saying

metorolojia(-) meteorologist

meya(ma) a mayor

meza(-) 1 a table; **2** to swallow

mezani dining room

mfadhili(wa) a benefactor

mfadhiliwa(wa) a beneficiary

mfalme(wa) a king
mfano(mi) an example; parable
mfanya(wa) a doer
mfanya magendo(wa) a smuggler
mfanyakazi(wa) a worker
mfanyi(wa) *see* **mfanya**
Mfaransa(Wa) a French person
mfasiri(wa) a translator, interpreter
mfenesi(mi) a jakfruit tree
mfereji(mi) a ditch
mfidhuli(wa) an insolent person
mfiko(ma) range; reach
mfinyango(mi) a pottery figurine
mfinyanzi(ma) a potter
mfitini(wa) a mischief-maker
mfiwa(wa) a bereaved person
mfo(mi) a torrent
mforsadi(mi) a mulberry tree
mfu(wa) a dead person
mfuasi(wa) a follower; an adherent
mfugaji(wa) farmer (livestock)
mfuko(mi) 1 a bag; **2** a fund
mfulizo, mfululizo(mi) a series
mfumbi(mi) a water channel
mfumi(wa) a weaver
mfumo(mi) a system
mfumo(mi) mtandao a network
mfungwa(wa) a prisoner
mfuo(mi) a furrow
mfupa(mi) a bone
mfuto(mi) 1 abolishment; **2** plain, undecorated work
mgambo(mi) a proclamation
mganda(mi) a sheaf
Mganda(Wa) a Ugandan person
mganga(wa) a doctor; healer
mgawo(mi) a dividing; distribution
mgemi(wa) a tapper for palm wine

mgeni(wa) a stranger; guest
mghalaba(-) commercial competition
mgodi(mi) a mine (*e.g. gold, diamond*)
mgogoro(mi) an obstacle
mgomba(mi) a banana plant
mgomvi(wa) a quarrelsome person
mgongano(mi) a collision; knocking together
mgongo(mi) the back
mgonjwa(wa) a sick person
mgono(mi) a fish trap
mgoto(mi) a tapping, beating
mguu(mi) a leg; foot
mgwisho(mi) a fly switch
Mhabeshi(Wa) an Ethiopian person
mhadhara(mi) a lecture
mhadhiri(wa) a lecturer
mhakiki(wa) a reviewer (*e.g. for newspaper, journal, etc.*)
mhamahamaji(wa) a nomad
mhamaji(wa) an emigrant
mhamiaji an immigrant
mhandisi(wa) an engineer
mharabu(wa) a vandal
mhariri(wa) an editor
Mheshimiwa the Honourable
mhifadhi(wa) a conservationist; conservator; warden
mhifadhi wa nyaraka an archivist
mhimili(mi) a support
mhindi(mi) a maize plant
Mhindi(Wa) an Indian person
mhisani(wa) a kind person; benefactor
Mhispania(Wa) a Spanish person
mhitaji(wa) a person in need
Mholanzi(Wa) a Dutch person

Mhosa(Wa)

Mhosa(Wa) a Xhosa person
mhubiri(ma) a preacher
mhudumu(wa) a minister, servant
mhuni(wa) a hooligan
mhunzi(wa) a blacksmith
mhusika(wa) a character in a play or novel; protagonist
mia a hundred
miayo yawning; **kupiga miayo** to yawn
mifugo livestock
mihindi maize
mila(-) traditional customs
milele eternity; for ever
milenia(-) a millennium
milia striped
miliki to rule over; **milikiwa** to be ruled
milioni million
milki(-) dominion
mimba(-) pregnancy
mimbari(-) pulpit
mimi I, me; **mimi mwenyewe** I myself
mimina to pour out
miminika to be poured out; to overflow
minajili because of
minghairi without, except
mintarafu concerning
minya to squeeze out
miongoni mwa among
Misri Eygpt
mithali *see* **methali**
mithali ya like; as if
mithilisha to compare
miunzi whistling
mivuo bellows
miwani spectacles
mizani scales for weighing
mizungu clever ruses
mjadili(wa) a debater

mjakaranda(mi) a jacaranda tree
mjakazi(wa) a female slave
mjamzito(wa) a pregnant woman
mjane(wa) widow; widower
mjanja(wa) a cunning person
mjasiri(wa) a venturesome person
mjasusi(wa) a spy
mjeledi(mi) a whip
mjengaji(wa) *also* **mjenzi** a builder
Mjerumani(Wa) a German person
mjeuri(wa) a violent man
mji(mi) town; village
mjinga(wa) foolish, ignorant person
mjomba(wa) uncle
mjukuu(wa) grandchild
mjumbe(wa) delegate
mjusi(wa) a lizard
mjuvi(wa) an impudent person
mjuzi(wa) an experienced, sagacious person
mka(wa) a spouse
mkaaji(wa), mkaazi(wa) a resident
mkaguo(mi) an audit; inspection
mkaguzi(mi) an inspector; auditor
mkahawa(mi) a café; a bar
mkaidi(wa) an obstinate person
mkale(wa) an ancestor
mkamba bronchitis
mkanda(mi) a belt
mkandaa(mi) a mangrove
mkangazi(mi) a mahogany tree
mkanju(mi) a cashew-nut tree
mkano(mi) a denial
mkarafuu(mi) a clove tree

mkarimu(wa) a generous person
mkasa(mi) an event
mkasi(mi) scissors
mkataa final
mkataba(mi) a contract
mkate(mi) bread; a loaf
mkatili(wa) a cruel person
mkato(mi) a deduction
mkazo(mi) force; emphasis
mke(wa) wife; mkewe his wife
mkebe(mi) a tin
mkeka(mi) a plaited mat
Mkenya(Wa) a Kenyan person
mkesha(mi) a vigil
mkia(mi) a tail
mkichaa(wa) a mentally disturbed person
mkimbizi(wa) a runaway
mkingamo(mi) an obstacle
mkinzani(wa) an obstructionist
mkiwa(wa) a friendless person
mkoa(mi) a district; region
mkoba(mi) a wallet
mkogo(mi) showing off
mkojo(mi) urine
mkoko(mi) a mangrove
mkoma(wa) a leper
mkomamanga(mi) a pomegranate tree
mkondo(mi) current
mkonga(mi) elephant's trunk
mkonge(mi) a sisal plant
mkongwe(wa) very old person
mkono(mi) arm, hand
mkoo(wa) a slattern; hooligan
mkorofi(wa) a villain
mkorosho(mi) a cashew-nut tree
mkosaji(wa) a sinner
Mkristo(wa) a Christian
mkubwa(wa) a superior
mkufu(mi) a chain

mkuki(mi) a spear
mkuku(mi) keel of ship
mkulima(wa) cultivator; farmer
mkunga(wa) a midwife
mkungu(mi) a hand/stem of bananas
mkungumanga(mi) a nutmeg tree
mkunjo(mi) a fold, crease
mkurugenzi(wa) a leader; director
mkutano(mi) a meeting
mkuu(wa) chief person
mkwaju(mi) a tamarind tree
mkwaruzo(mi) a scraping; trail of snake
mkwe(wa) an in-law
mlafi(wa) a greedy person
mlamchwa(wa) an anteater
mlango(mi) door, gate
mlango(mi) wa mto an estuary
mle in there
mlegevu(wa) a slack person
mlemavu(wa) a disabled person
mlevi(wa) a drunkard
mlezi(wa) a child's nurse
mlia(mi) coloured stripe
mlima(mi) mountain, hill
mlimaji(wa) a cultivator
mlimau(mi) lemon tree
mlimbiko(mi) a saving-up
mlimbuko(mi) using for first time after waiting
mlimwengu(wa) inhabitant of the earth
mlinda(wa) mlango a goalkeeper
mlingoti(mi) a mast, pole
mlinzi(wa) a guard; keeper
mlio(mi) a cry; a sound
mlipaji(wa) a payer
mlipuko(mi) an explosion
mlipwaji(wa)a a payee
mlowezi(wa) a colonial settler

mlozi(mi) an almond tree
mlozi(wa) a sorceror
mlungula(mi) blackmail
mluzi(mi) whistling
Mmarekani(Wa) an American/US person
mmea(mi) plant; vegetation
mmomonyoko (wa udongo) (*soil*) erosion
mnada(mi) an auction sale
mnadi(wa) auctioneer
mnafiki(wa) hypocrite
mnajimu(wa) an astrologer
mnamo about
mnanasi(mi) pineapple plant
mnara(mi) a tower; minaret
mnazi(mi) a coconut tree
mndimu(mi) a lime tree; (*fruit*) ndimu(-)
mng'aro(mi) brightness
mngoja(wa), mngojezi(wa) a guard, keeper
mno exceedingly
mnofu(mi) boneless, lean meat
mnong'ono(mi) a whispering
mnukio(mi) a sweet smell
mnuko(mi) a bad smell
mnunuzi(wa) a buyer
mnyama(wa) an animal
mnyamavu(wa) a silent person
mnyang'anyi(wa) a robber
mnyenyekevu(wa) a humble person
mnyofu(wa) an upright person
mnyonge(wa) a sick, weak person
mnyoo(mi) a worm
mnyororo(mi) a chain, fetters
moja one; moja moja one by one; moja kwa moja straight on
mojawapo one of
Mola Lord God

moma(-) a puff adder
momonyoa to erode
momonyoka be eroded
moshi(-) smoke
mosi one
mota(-) motor; engine
motisha(-) motivation; to motivate
moto(mi) fire; heat
moyo(mi) the heart; morale
mpagazi(wa) a porter
mpaji(wa) a generous giver
mpaka(mi) a boundary
mpaka until; up to; as far as
mpangaji(wa) a tenant
mpango(mi) a plan
mpanzi(wa) a sower
mpapai(mi) a pawpaw tree
mparuzi(wa) careless worker
mparuzo(mi) rough work
mpasi(wa) a grasping, avaricious person
mpasua(wa) mbao a sawyer
mpasuko(mi) a crack; split
mpatanishi(wa) reconciler
mpayukaji(wa) a gossiper
mpekuzi(wa) a prying person
mpelekwa(wa) one sent out
mpelelezi(wa) a spy; a detective
mpendwa(wa), mpenzi(wa) a loved one
mpenyezi(wa) a smuggler
mpenyezo(mi) illicit entry; bribe
mpera(mi) a guava tree
mpiga kura voter
mpigaji(wa) ngoma a drummer
mpigaji(wa) picha a photographer
mpiko(mi) pole for carrying load
mpimaji(wa) a surveyor

mpindano(mi) cramp
mpinduzi(wa) a revolutionary
mpingo(mi) ebony
mpini(mi) a handle
mpinzani(wa) an opposer
mpira(mi) rubber
mpishi(wa) a cook
mpita njia(wa) a passerby
mpokea(wa) wageni *see*
  mpokeaji
mpokeaji(wa) a receptionist
mpomoko(mi) an anti-climax
mpotevu(wa) a wasteful person
mpotovu(wa) an unprincipled
  person
mpumbavu(wa) a fool
mpunga(mi) rice before
  husking
mpungate(mi) a prickly pear
mpurukushani(wa) a slipshod
  worker
mpwa(wa) nephew, niece
mpweke(wa) solitary person
mraba(mi) square
mradi(mi) intention; a project
mrama(mi) rollling motion
mrembo(wa) well-dressed
  person
mrengu(mi) an outrigger
Mreno(Wa) a Portuguese
  person
mrija(mi) reed; pipe
Mrima East African coast
mruko(mi) a jump; a flight
Mrumi(Wa) an Ancient Roman
Mrusi(Wa) a Russian person
msaada(mi) help
msafa(mi) line; row
msafara(mi) a large group of
  people; party; entourage
msafiri(wa) a traveller
Msahafu Koran
msahaulifu(wa) a forgetful
  person

msaidizi(wa) a helper
msaka(wa) a trapper; hunter
msala(mi) 1 a closet; lavatory;
  2 a prayer mat
msalaba(mi) a cross; crucifix
msaliti(wa) a traitor
Msalkheri! an afternoon and
  evening greeting
msamaha forgiveness
msamiati(-) vocabulary
msanaa(wa), msanii a skilled
  craftsman
msarifu(wa) a bursar
msasa(mi) sandpaper
msemaji(wa) a fluent speaker
msenge(wa) a homosexual
mseto a mash; purée
mshahara(mi) wages; salary
mshairi(wa) a poet
mshale(mi) an arrow
mshangao(mi) astonishment
msharasi(mi) an awl
mshari(wa) an evil-minded
  man
mshaufu a showy, frivolous
  person
mshauri(wa) a counsellor; a
  mentor
mshazari slanting
mshenga(wa) an intermediary;
  go-between
mshikaki(mi) a kebab
mshindaji(wa), mshindi(wa)
  winner
mshinde(wa) loser
mshindo(mi) noise; bang
mshipa(mi) muscle; vein
mshipi(mi) belt; sash
mshiriki(wa) a sharer;
  communicant
mshoni(wa) tailor
mshono(mi) sewing
mshtaki(wa) accuser; plaintiff

mshtakiwa(wa) the accused; defendant

mshtuko(mi) a jerk

mshuko(mi) descent

mshumaa(mi) candle

mshupavu(wa) an intrepid, obstinate man

msiba(mi) misfortune; grief

msichana(wa) an unmarried girl

msikiaji(wa) a hearer

msikiti(mi) a mosque

msikivu(wa) an attentive, compliant person

msimamizi(wa) a supervisor; foreman/woman

msimu(mi) a season

msimulizi(wa) a narrator

msindani(wa) competitor

msingi(mi) building foundation; **shule ya-** primary school

msiri(wa) a confidant

msisimko(mi) excited feeling

msitu(mi) bush; woodland

msomaji(wa) a reader

msongano(mi) a crowd

msongamano(mi) a crush; a jam

msonge(mi) a round house

msonobari(mi) a pine/fir tree

mstaarabu(wa) a civilized person

mstadi(wa) a skilled worker

mstari(mi) a line; row

mstatili(mi) a rectangle

mstiri(wa) a concealer

msufi(mi) a kapok tree

msukosuko(mi) a disturbance

msuluhishi(wa) a peacemaker; intermediary

msumari(mi) a nail

Msumbiji Mozambique

msumeno(mi) a saw

msusi(wa) an expert in plaiting women's hair

mswada(mi) a manuscript; play/film script

mswaki(mi) a toothbrush

mtaa(mi) a district within a town or city

mtaalamu(wa) an expert; specialist

mtafiti(wa) a researcher

mtahini(wa) an examiner

mtahiniwa(wa) a candidate for an examination

mtai(mi) a scratch

mtaimbo(mi) a crowbar

mtaji(mi) financial capital; funds; liquid assets

mtajo(mi) a mention

mtalaa(mi) a curriculum

mtalii(wa) a tourist

mtama(mi) millet

mtambaa(mi) a creeper; liana

mtambatamba(wa) a boastful person

mtambo(mi) a spring; machine; mechanism

mtambuu(mi) a betel plant

mtandao(mi) a network

mtangatanga(wa) a loiterer

mtangazaji(wa) a presenter (*e.g. TV*)

mtangulizi(wa) leader; pioneer

mtanguo(mi) abolishment

mtani(wa) a familiar friend; a joking partner

Mtanzania(Wa) a Tanzanian person

mtaro(mi) a drainage channel

mtatizo(mi) an entanglement

mtawa(wa) a devout person

mtawala(wa) a ruler

mtazamaji(wa) a spectator

mtazamo(mi) a viewpoint; opinion

mtego(mi) a trap
mteja(wa) a customer; client
mtekaji(wa) a marauder
mtelemko(mi) a downward slope
mtembezi(wa) a walker; gadabout
mtemi(wa) local leader
mtendaji(wa) active person; a doer
mtende(mi) date palm
mtengenezaji(wa) a worker; builder
mtepetevu(wa) a slack, lazy person
mteremeshi(wa) a genial, friendly person
mteremo(mi) comfort; cheerfulness
mtesa(wa) a persecutor
mteswa(wa) a victim
mteteaji(wa) an advocate
mtetemeko(mi) earthquake
mteteo(mi) the cackle / clucking of a hen
mteule(wa) a chosen person
mteuzi(wa) a fastidious, critical person
mti(mi) a tree; stick; wood
mtihani(mi) an examination
mtii(wa) an obedient person
mtindi(mi) buttermilk; cream; yoghurt; beer
mtindo(mi)a sort; style; **-wa nywele** hairstyle
mtini(mi) a fig tree
mtiririko(mi) trickling; gliding; trail of snake
mto(mi) 1 river; **2** pillow
mtoa(wa), mtoaji(wa) a giver
mtongozi(mi) a seducer
mtopetope(mi) a custard-apple tree

mtoro(wa) a truant; runaway
mtoto(wa) a child
mtribu(wa) a musician
mtu(wa) a person
mtulinga(mi) the collar-bone
mtulivu(wa) a quiet person
mtumba(ma) a bundle; bale
mtumbwi(mi) dug-out canoe
mtume(mi) an apostle; prophet
mtumishi(wa) a servant
mtumwa(wa) a slave
mtungaji(wa) an author
mtungi(mi) a waterpot
mtungo(mi) an essay
mtupa(mi) fish poison
mtupo(mi) a throw
mtutumo(mi) distant rumbling
muda period
muhanga(-) an ant-bear; aardvark
muhimu important; urgent
muhina nose-bleeding
muhindi(mi) maize plant
muhogo(mi) cassava
muhtasari a syllabus; summary; note
muhula a period of time
muhuri a seal; **tia muhuri** to seal, confirm
mujibu what is fitting
muktadha(mi) a context; situation
mulika to give light to
mume(wa) husband
mumo; mumu just in here
mumunya to suck; munch; mumble
mumunyika to be friable
mundu(mi) a scythe
Mungu(mi) God; a god
Mungu wangu! Good heavens!
murua elegant; refined
mustarehe repose; comfort

musuli(-) a muscle
Muumba Creator
muundo(mi) a structure
muungano(mi) a merger; union
muwa(mi) sugarcane
muziki(-) music
mvazi(wa) a well-dressed man
mvi(-) grey hair
mvinje(mi) a casuarina tree
mvinyo wine; spirits
mviringo(mi) a circle
Mvita Mombasa
mvivu(wa) an idler
mvua(-) rain
mvuke(mi) vapour; gas
mvuko(mi) a ford
mvulana(wa) boy; youth
mvumbuzi(wa) a discoverer
mvunaji(wa) a reaper
mvungu(mi) a cavity
mvurugo(mi) a muddle
mvuto(mi) pulling; persuasion; attraction
mvuvi(wa) a fisherman
mwadhini(wa) a muezzin
mwaga to pour away
mwagika to be spilt
mwaguzi(wa) a soothsayer
mwaka(mi) a year
mwakilishi(wa) a representative
mwako(mi) a blaze
mwali(w) a virgin bride
mwali(mi) a ray; a flame
mwaliko(mi) a summons
mwalimu(w) a teacher
mwamba(mi) a rock
mwamuzi(wa) a referee; judge
mwana(w) a child; **mwanangu** my child
mwanaanga(w) an astronaut
mwanachama(w) member of a society
mwanadamu(w) human being

mwanafunzi(w) a pupil; student
mwanakondoo(w) a lamb
mwanamaji(w) a sailor
mwanambuzi(w) a kid
mwanamke (wanawake) woman
mwanamume (wanaume) man
mwanamwali (wanawali) maiden
mwananchi(w) citizen
mwanariadha(w) an athlete
mwanasheria(w) lawyer
mwandikaji(wa) a writer
mwandiko(mi) handwriting; script
mwandishi(wa) wa habari a journalist; reporter
mwanga, mwangaza(mi) light
mwanga(wa) wizard
mwangalizi(wa) a caretaker; guardian
mwangamizi(wa) a destroyer
mwangavu(wa) an intelligent person
mwangwi(mi) echo
mwanya(mi) a gap
mwanzi(mi) bamboo; cylinder
mwanzi(mi) wa pua a nostril
mwanzo(mi) the beginning; **mwanzoni** at first
Mwarabu(Wa) Arab
mwaridi(mi) a rose tree
mwasherati(w) an adulterer
mwashi(wa) a mason
mwasi(wa) a rebel
mwasisi(wa) a founder
mwatuko(mi) crack; crevice
mwavuli(mi) an umbrella
mweleka wrestling; **kushindana mieleka** to wrestle
mwelekeo(mi) a trend; tendency

mwembe(mi) a mango tree
mwendeleo(mi) a continuum
mwendo(mi) movement; speed
mwenendo(mi) conduct
mwenge(mi) a firebrand
mwenye(w) possessor of
mwenyeji(w) householder;
host; local resident
mwenyewe(w) the owner;
him/herself
Mwenyezi Almighty
mwenzi(w) companion;
mwenzangu my companion
mwewe(-) a hawk; kite
mwezi(mi) moon; month;
mwezi mwandamo new
moon
mwiba(mi) a thorn
mwigaji(wa) imitator; actor
mwigo(mi) a copy
mwiko(mi) 1 a spoon;
2 a taboo
mwili(mi) body
mwimbaji(wa) a singer
mwinamo(mi) a slope
mwindaji(wa) a hunter
Mwingereza(Wa) a British
person
mwingiaji(wa) an entrant;
candidate
mwingilio(mi) an entry
mwingine(w) someone else;
another
mwinuko(mi) an elevation; hill
mwisho(mi) the end;
mwishowe ultimately
Mwislamu(Wa) a Muslim

mwitu(mi) forest
mwivi(we), mwizi(we) a thief
mwivu(wa) a jealous person
mwoga(wa) a coward
mwokaji(wa) a baker
mwokozi(wa) saviour
mwombaji(wa) a beggar;
down-and-out
mwombezi(wa) intercessor
mwongo(wa) a liar
mwongofu(wa) a converted
person
mwongozo(mi) a directive;
guidelines; official guidance
mwovu(wa) an evil person
mwuaji(wa) a murderer
mwuguzi(wa) a sick-nurse
mwujiza(mi) a miracle
mwungano, mwungamano(mi)
unification
mwungwana(wa) a gentleman
mwuzaji(wa) a salesman
Myahudi(Wa) a Jewish person
myeyusho(mi) a solution;
melting
Myunani(Wa) an ancient Greek
mzabibu(mi) grape vine
mzaha(mi) joking; ridicule
mzalendo(wa) a patriot
mzalishi(wa) a midwife
mzaliwa(wa) a native of a
place; an original inhabitant
mzao(wa) offspring
mzazi(wa) a parent
mzee(wa) an old person;
village elder

mzee(wa)

As well as the meaning of *elderly person* mzee is also used by
adults to refer to a parent: **Wazee wawili (ni) wagonjwa sana.**
Two old people are very ill. **Nakaa pale kwa wazee.** *I live
over there with my parents.*

mzeituni(mi) olive tree
mzembe(wa) careless, idle person
mzigo(mi) a load; luggage
mzima? Are you well? *Ans:* mzima
mzimu(mi) spirit of dead person
mzinga(mi) a beehive; a cannon
mzingo(mi) a bend (*in a road, river, etc.*)
mzinzi(wa) an adulterer
mzio(mi) an allergy
mzishi(wa) a burier
mzizi(mi) a root
mzoga(mi) a dead animal
mzuka(mi) sudden apparition
Mzulu(Wa) a Zulu person
mzungu(mi) clever device; something wonderful
Mzungu(Wa) a European person
mzunguko(mi) a going-round; turning-round

N

For prefix N *see* N *in the Notes*
na 1 and; 2 by; 3 with
naam yes
nabii(ma) a prophet
nadhari(-) choice
nadharia(-) a theory
nadhifisha to tidy
nadhifu tidy; neat
nadhiri(-) a vow; weka nadhiri make a vow; ondoa nadhiri fulfil a vow
nadi to announce; hold a sale
nadra unusual
nafaka(-) corn
nafasi(-) spare time; opportunity
nafisika be eased
nafsi(-) self; person; personality
nafuu(-) 1 improvement; 2 (bei) cheap; low

nahodha(ma) ship's captain
naibu(-) a deputy
naibu(ma) delegate; Acting-
najisi to defile
nakala(-) a copy; an offprint
nakawa sound; good looking
nakili(-) a copy; to copy
nakshi(-) carving; decoration
nama be flexible
namba(-) a number
nami and I, *see page 25*
namna(-) sort; pattern
namua to disengage
nanasi(ma) a pineapple
nane eight
nanga(-) an anchor
nani? who?
nasa to trap; snare; naswa be caught
nasaba(-) lineage
nasibu to trace lineage; jinasibu to claim relationship
nasibu(-) chance; kwa nasibu unintentionally
nasua to take out of trap
nata to adhere; be sticky
nauli(-) fare
nawa to wash hands or face
nazi(-) coconut
ncha(-) tip; point
nchi(-) country
ndama(-) a calf
ndani inside
ndara(-) sandals; flip-flops
ndege(-) a bird; omen; aeroplane
ndevu(-) beard
ndiga(-) root eaten in famine
ndimi it is I *(emphatic)*
ndimi *see* ulimi
ndimu(-) a lime
ndipo then
ndivyo thus
ndiyo yes; it is so
ndizi(-) banana

ndoa(-) marriage
ndoana(-) fish hook
ndoo(-) bucket
ndoto(-) a dream; **kuota ndoto** to dream
ndovu elephant
ndubi(-) an outrigger
ndugu(-) brother; relative; friend
ndui(-) smallpox
neema(-) favour; grace of God
neemeka to be comfortably off
neemesha to provide well for
nema, nemesha to bend
nemsi(-) good reputation
nena to speak
Nenda! Go!
-nene thick; fat
nenea to speak against
nenepa to get fat (person)
nenepesha to fatten
neno(ma) word
nepa to sag
neva(-) a nerve
ng'aa to shine
ng'akia to snarl (dog)
ngalawa(-) a dug-out canoe
ngama(-) ship's hold
ng'ambo(-) the far side (river etc.)
ngamia(-) a camel
ng'amua to realize
ng'ang'ania to pester
ngano 1 wheat; 2 a tale
ngao(-) a shield
-ngapi? How many? **Saa ngapi?** What time is it?

ngariba(-) a circumciser
ng'arisha, ng'ariza to polish; shine
ngawa(-) a civet cat
ngazi(-) ladder; stairs
nge(-) scorpion
ngiri(-) wart-hog
ngisi(-) cuttlefish
ng'oa to uproot
ngoa jealousy
ngofu(-) a fish roe
ngoja to wait, wait for; **ngojewa** be waited for
ng'oka be uprooted; come out
ng'olewa be pulled out
ngoma(-) drum; dance
ng'ombe(-) cow; cattle
ngome(-) a stronghold
ng'onda(-) sundried fish
ng'ong'a to buzz
ngono sexual intercourse
ngozi(-) skin; leather
nguchiro(-) a mongoose
ngumi(-) fist; **pigana ngumi** to box
nguo(-) clothes; material
nguru(-) a kingfish
nguruma to growl; rumble
ngurumo(-) load roar; thunder
nguruwe(-) a pig
nguvu(-) strength; power
nguzo(-) a pillar; strong pole
ngwe(-) small plot of ground
ni is; are; I am

ni

This is used to identify the subject, e.g. **Ni punda milia.** *It's a zebra.* **Lwesya ni mhunzi.** *Lwesya's a blacksmith.* It is also used to describe the subject: **Mti huu (ni) mbovu.** *This tree is rotten.*
Ni is not used for referring to the subject's location (use **yupo**, etc.).

nia(-)

nia(-) intention; to resolve
nidhamu(-) discipline
nikaha(-) marriage
ning'inia to dangle; sway
nini? what? **kuna nini?** what's the matter? **kwa nini?** why?
ninyi you
nira(-) a yoke
nishani(-) a medal; badge
nishati (k.m. ya jua) energy
njaa(-) hunger
njama(-) confidential discussion
nje outside
njema! Good!
njesi(-) a hinge
njia(-) a road; way
njiwa(-) a dove
njoo, njoni Come here!
njozi(-) a vision
njuga(-) ankle bells for dancing
njugu(-) groundnuts/peanuts
n.k. (na kadhalika) etc.
nne four
noa to sharpen; **nolewa** be sharpened
nomino a noun
nona to get fat (*animals*)
nondo(-) a moth
nonesha to fatten
nong'ona, nong'oneza to whisper
nongwa(-) a grudge
-nono fat (*animals*)
noti(-) a banknote
nta(-) wax
nufaika to prosper
nuia to intend
nuka to smell (*bad*); **nukia** to smell (*sweet*)
nukilia, nukiliza to follow a scent
nuksi(-) a mischievous action; bad luck

nukta(-) a second; a dot; full-stop
nuna to sulk; grumble
nundu(-) a hump
nungu(-) a porcupine
nung'unika to grumble
nunua to buy; **nunuliwa** be brought
nurisha to show light
nuru light
nusa to smell something
nusu half
nusura almost
nusurika to be succoured in time of trouble
nusuru to succour
nya to rain; urinate
nyakua to snatch; **nyakuliwa** be snatched away
nyama(-) meat; animal
nyamaa, nyamaza to be quiet
-nyamavu silent
Nyamaza! Be quiet!
Nyamazeni! Be quiet, all of you!
nyamazisha to silence
nyambua to pull to pieces; **nyambuka** to fall to pieces
nyangalika a what's-its-name
nyang'anya to seize; rob; **nyang'anywa** be robbed of
nyangumi(-) a whale
nyani(-) a baboon
nyanya(-) 1 a tomato; **2** a grandmother
nyanyasa to annoy
nyara booty
nyaraka(-) historical documents
nyasi(ma) grass; reeds
nyati(-) a buffalo
nyatia to creep up to
nyauka to dry up; wither

nyayo(-) footprints; track
nyemelea to stalk; nyemelewa
  be taken by surprise
nyenya to ply with questions
nyenyekea to act humbly
-nyenyekevu humble
nyesha to rain; to send rain
nyeta be hard to please
nyigu(ma) a hornet
nyika(-) dry grassland
nyima to withhold from
-nyimivu stingy
nyinyirika to glide along
nyoa to shave; nyolewa be shaved
-nyofu upright
nyoka to be straight;
  straightforward
nyoka(-) a snake
nyonga(-) the hip
-nyonge weak; mean
nyongea rickets
nyongeza(-) an increase;
  supplement; increment;
  addendum
nyongo bile; bitterness
nyonya to suck the breast
nyonyesha to suckle; lactate
nyonyoa to pluck out
  (feathers, hair)
nyonyoka to fall out
nyonyolewa be plucked
nyonyota to drizzle
nyosha to stretch out
nyota(-) a star
nyote you all; ninyi nyote all of
  you
nyoya(ma) feather; wool
nyuki(-) a bee
nyuma behind
nyumba(-) a house; nyumbani
  at home
nyumbu(-) a wildebeest; gnu
nyumbuka be elastic; be flexible

nyundo(-) a hammer
nyuni(-) a bird
nyunya to drizzle
nyunyiza to sprinkle
nyusi eyebrows
-nyuzinyuzi fibrous
nywa to drink; nywewa be
  drunk; evaporate
nywea to shrink, shrivel
nywele(-) hair
nywesha to give drink to
nzi wa chooni(-) a bluebottle
nzige(-) locust

O

oa to marry (man); olewa be
  married (woman)
ofisa uhamiaji(ma) immigration
  officer
ofisa wa jela(ma) a prison
  officer
ofisi(-) an office
oga to bathe
ogelea to swim
ogesha to bathe someone
ogofya to frighten
ogopa to be afraid
oka to bake
okoa to save; okoka, okolewa
  be saved
okota to pick up; okotwa be
  picked up
oksijeni oxygen
ole woe; ole wangu! woe is
  me!
olewa see oa
oleza to copy a pattern
omba to ask; beg
ombea to intercede for
omboleza to lament
omekeza to pile up
omo(ma) forepart of ship

omoa to break up; dig up; **omolewa** be dug up
ona to see; feel; discern; infer
onana to meet
ondoa to take away; **ondolewa** be taken away
ondoka to go away
ondokeo(ma) departure
ondoleo(ma) removal; forgiveness
onea to oppress; **onewa** be oppressed

operesheni(-) a medical operation
opoa to draw out; rescue; **opolewa** be rescued
orodha(-) a list; an inventory
orofa(-) see **ghorofa**
-ororo soft; delicate
osha to wash; **oshwa** be washed
osheka be washable
ota 1 to grow; **2 ota ndoto** to dream; **3 ota jua** to bask

---

ota

Meaning (1) applies to plant life, e.g. **Mihogo inaota vizuri.** *The cassava is growing well.*

Although it is not used for the overall growth of humans and animals it is used for 'sprouting' growth in humans, e.g. of teeth, nails, hair: **Mtoto hajaota meno.** *The child hasn't yet cut (any) teeth.*

---

onekana be seen; be evident
ongea to talk; converse
ongeza to increase; **ongezwa, ongezeka** be increased
ongezewa to receive an increase
ongezo(ma) an increase
ongoa to guide aright; **ongolewa** be guided
ongoka be converted
ongoza to direct
onja to taste; **onjwa, onjeka** be tasted
ono(ma) feelings
onya to warn; **onywa** be warned
onyesha to show
onyeshano(ma) an exhibition
onyo(ma) a warning
-o-ote any (one/thing)

otamia to sit on eggs
-ote all; the whole
otea to lie in wait for
oteo(ma) an ambush
otesha 1 to grow plants; **2** to cause a dream
overoli(-) overalls
-ovu wicked
ovu(ma) evil
ovyo just anyhow
oza 1 to marry (*parents, priest*); **2** to go bad

P

*For prefix **PA** see Sec 7. in the Concise Grammar*
pa of
pa to give to; **pewa** be given
paa(-) small gazelle

paa(ma) a roof

paa 1 to ascend; **2** to scrape

paaza to lift up

pacha(ma) a twin

pachapacha exactly alike

pachika to insert between two things

pafu(ma) a lung

pagawa be possessed

pahali *see* **mahali**

paja(ma) thigh; **pajani** on the lap

paji(ma) forehead

paka(-) cat

paka 1 to smear on; **2** to fix boundary

pakacha(ma) plaited fruit basket

pakana be adjacent

pakata to hold in the lap

pakia to embark passengers or cargo

pakiza to load

pakua to unload; dish up food

pale there; **pale pale** just there; just then

palikuwa na there was

palilia to hoe up weeds

pamba to decorate; **pambwa** be decorated

pamba(-) cotton

pambana to meet in conflict

pambanisha to bring together; contrast

pambanua to separate; distinguish between

pambanya to browbeat

pambazua to make clear

pambazuka to dawn

pambizo(ma) margin; periphery

pambizoni(mwa mji) suburbs

pambo(ma) adornment

pamoja together; **pamoja na** with

pana there is; there are

-pana wide; flat

pancha(-) a puncture

panda(-) 1 a crosspiece; fork; **nija panda** crossroads; **mti wa panda** a forked stick; **2** a trumpet; **piga panda** blow a trumpet

panda 1 to mount; climb **2** to sow; plant

pande(ma) a block; large piece

pandikiza to plant out

pandikizo(ma) seedlings; planting out

pandio(ma) steps for climbing

pandisha to raise

panga(ma) a large bush knife

panga 1 to arrange; **2** to rent; **3** to cohabit

panganya to stack

pangilia to alternate; interpose

pangilio(ma) interposition; rotation

pangisha to let/rent out accommodation

pango(ma) cave; den

pangusa to dust; flick something off; **panguswa** be dusted

panua to widen; **panuliwa** be widened

panuka to get wider

panya(ma) rat

panzi(ma) grasshopper

pao(-) roofing poles; iron rods

papa(-) a shark

papa 1 to palpitate; **2** be porous

papa hapa just here; just then

papai(ma) a pawpaw/papaya

papara(-) haste

papasa to stroke; grope about; caress

papasi(ma) fever-tick

papatika to flutter

papi thin laths; upapi a lath

papo(ma) palpitation

papura to claw something to pieces

paraga to swarm up a tree

pareto pyrethrum

paruparu roughly

paruza to graze; be rough

pasa to concern; behove; imenipasa it is my duty

Pasaka Easter

pasha cause to get; pasha habari inform; pasha moto warm up

pasi(-) an iron; piga pasi to iron

pasipo without

pasisha to inflict

pasiwa be liable for

pasua to tear; split; saw; operate on

pasuka to burst; be torn; split

pata to get

pata(-) a hinge

patana to agree

patanisha to reconcile

patanisho(ma) reconciliation

patasi(-) a chisel

patikana be obtainable; be caught

patiliza to punish; visit on

pato(ma) an acquisition; revenue

patwa to be seized by; kupatwa mwezi be eclipsed

paua to roof a house

paya, payuka to talk foolishly; be delirious

payo(ma) foolish talk

paza see paaza

pazia(ma) a curtain

peke alone; peke yangu by myself; -a pekee; -a peke yake unique; lonely

pekecha to drill a hole; peketeka be drilled

pekesheni(-) investigation

pekua to scratch the ground

-pekuzi inquisitive

peleka to send; take; pelekwa be sent

pelekea to send to

peleleza to investigate

pemba to hook down; outwit

pembe(-) 1 horn; tusk; ivory; 2 an angle; corner

pembea to oscillate

pembea(-) a swing; see-saw; to swing

pembeza to set swinging; to rock

penda to love; like; pendwa be loved

pendana to love one another

pendeka be popular

jipendekeza to ingratiate oneself

pendeza to please

pendo(ma) love

penga to blow the nose

pengine sometimes; another time or place

pengo(ma) a gap; notch

penya to penetrate

penye at

penyeka to be penetrable

penyeza to introduce by stealth; to bribe

penzi(ma) desire; will

pepea to wave; fan

peperuka be blown away

peperusha to blow away

pepesa to blink

pepesuka to stagger

pepeta to winnow

pepo(-) a disembodied spirit

peponi paradise; heaven

pera(ma) guava
peremende(-) sweets
pesa money
peta to bend round
petana, petemana be bent into a circle
pete(-) a ring
petroli petrol (*USA* gas)
peupe an open place
-pevu mature
pevuka be fully developed
pewa to receive; *see* **pa**
pezi(-) fin of fish
-pi? who? which? what?
pia all; also
pia child's top
picha(-) a picture; photograph; **piga picha** to photograph
piga to hit; beat; **pigwa** be beaten
piga chapa to print
piga chenga to dodge; to dribble with a ball
piga hema to pitch a tent
piga hodi to knock at the door
piga magoti to kneel
piga ngoma to beat a drum
piga simu to telephone
pigana to fight
pigano(ma) a battle; fight
pigilia to ram concrete floors; hammer
pigo(ma) a blow
pigo la moyo heartbeat
pika to cook; **pikwa** be cooked
pikipiki(ma) 1 stick thrown to knock down fruit; **2** a motorcycle
pilau pilau/pilaff
pili two; **-a pili** the second; **kwa pili** the other side
pilipili(-) pepper
pilipili hoho red pepper

pilipili kichaa cayenne pepper
pima to measure; weigh; test; **pimwa** be measured
pimika be measurable
pinda to bend; fold
pindi(ma) a curve
pindika be bent
pindo(ma) a hem
pindua to turn upside down
pinduka be overturned
pinduli(ma) a pendulum
pinga to obstruct; **pingwa** be thwarted
pingamana be in opposition
pingamizi(ma) an obstacle
-pingani obstructive
pingo(ma) a barrier; door-bar
pingu(-) handcuffs
pipa(ma) a barrel
pisha to allow to pass
pishi(-) a grain measure *c.* 2¼ litres
pita to pass; go on; exceed
pitika be passed; be passable
pitisha to make pass; make way for
pito(ma) a path
plau(-) a plough
po pote anywhere; wherever
poa to get cool; feel better
podo(ma) an arrow quiver
-pofu blind
pofu(-) an eland
pofua, pofusha to blind; **pofuka** get blind
pogo lopsided
pogoa to lop; prune; **pogolewa** be pruned
pokea to receive; **pokewa** be received
pokeo(ma) a tradition; custom
pokeza to hand over
pokezana to take turns

pokonya to take by force
-pole gentle; pole! a
　condolence
polepole slowly; gently
polisi(ma) a policeman
pombe beer
pomboo(-) a dolphin; porpoise
pona to get well
ponda to crush by pounding;
　pondwa be crushed
pondo(ma) a punting pole
pongeza to congratulate
pongezi congratulations
ponya to cure
ponyeka be curable
ponyoka to slip away
ponyosha to let fall
pooza be paralysed; be dull,
　lifeless
popo(-) a bat
popotoa to wrench
popotoka be strained
pori(ma) treeless plain; scrub
poromoka to descend with a
　rush
poromosha to shower down
posa to ask in marriage;
　poswa be courted
posho(-) rations
posta(-) post office
pota to twist; make string
pote everywhere
potea to get lost
-potevu wasteful
poteza to lose; misuse
potoa to distort, spoil
-potofu wrongheaded
potoka be crooked; perverted
potosha to pervert; lead astray
povu(-) froth; scum
poza to cool; heal
pua(-) nose
-pujufu shameless

pukupuku full to overflowing
pukusa 1 to shower down;
　2 strip maize off cob
pukuso a congratulatory
　present
pukutika to fall off in showers
puliza to blow on; blow up
puma to throb
pumbaa(ma) relaxation
pumbaa 1 be foolish; 2 be
　relaxed
pumbaza 1 make a fool of;
　2 take the mind off
pumbu(-) a testicle
pumu asthma
pumzi(-) breath
pumzika to rest
punda(-) donkey
punda milia(-) zebra
punde a little
punga to wave; to exorcize
punga pepo to drive out a
　devil
punga upepo to have a change
　of air
pungia mkono to wave to;
　beckon
pungua, punguka to get less
-pungufu deficient
pungukiwa na be short of
punguza to make less
punja to cheat; defraud
punje(-) a grain of corn
pupa(-) over-eagerness
purukusha to treat with
　contempt
purukushani(-) wilful
　negligence
puuza to treat lightly; talk
　nonsense; jipuuza play the fool
-puuzi silly; flippant
pwa to dry up; ebb
pwani the coast

pwaya be loose-fitting
pwelea to run aground;
  pwelewa be aground
pwewa be dried up; hoarse
pweza(-) cuttlefish
pwita to throb
-pya new

rai, rairai to flatter; cajole
raia(-) citizen; subject
raika be cajoled
rais(ma) a president
rakaa(-) Muslim prayers with
  bows
rakibu to mount; ride

-pya

This is the only monosyllabic adjective stem. Although it begins with **p** it takes the prefix **m-** when qualifying N class nouns (N class nouns and their adjectives beginning with **p** or any other 'voiceless' consonant normally have no N prefix): **nguo mpya** *new clothes* **kompyuta mpya** *a new computer.*

R

rabsha(-) brawling
radhi goodwill; **omba radhi** ask
  forgiveness
radi(-) thunderclap; **piga radi** to
  thunder

Ramadhani Muslim month of
  fasting
ramani(-) a map
rambaza to cruise about for
  fish
rambirambi an expression of
  condolence for bereavement

---

rambirambi(-)

A word of condolence, always used in the plural (N class) to someone who has recently been bereaved. It is sometimes heard as **mbirambi. Rambirambi zako.** *Condolences to you.* **Tulikwenda kutoa rambirambi kwa wafiwa.** *We went to give our condolences to the bereaved people.*

---

rafiki(-) friend
rafu(-) shelf
raha(-) rest; happiness; comfort
rahisi cheap; easy; light
rahisika to get cheaper, easier
rahisisha to cheapen; make
  easier; make light of
rai(-) 1 opinion; reflection;
  2 ability

ramisi to amuse oneself
ramli(-) divination
ramsa(-) merrymaking; a fair
randa to show off; to dance
randa(-) carpenter's plane; **piga
  randa** to plane
rangi(-) colour
rarua to tear; pull apart;
  raruka, raruliwa be torn

rasi(-) a promontory; cape; peninsula
rasilmali assets; capital
rasmi official
ratiba(-) a timetable
ratibu, ratibisha to arrange; **ratibika** be in order
ratili(-) a pound (*weight*)
raufu gentle
ree(ma) ace of cards
-refu long; tall; high; deep
refusha to lengthen
rehani(-) a pledge; a mortgage; **weka rehani** to pawn
rehema(-) mercy
rehemu to pity
rejareja retail
rejea to return; refer to
rekebisha to put right; assemble; repair
reli(-) railway
remba to decorate
rembo(ma) ornament
rembua to disfigure
riadha athletics
riahi flatulence
riba(-) interest; **kula-** money-lending
ridhaa(-) agreement; contentment
ridhi to please; content; **ridhika** be satisfied
ridhia to approve
ridhisha to satisfy
rika(ma) a contemporary; **rika moja** same age
ringa to put on airs; be conceited
ripota(-) reporter
ripoti(-) a report
risasi a bullet; **tia risasi** to solder
risiti(-) a receipt

rithi to inherit
riwaya(-) a novel
riziki(-) livelihood; daily needs
robo a quarter (*of a whole*)
robota(ma) bundle; bale
roho(-) soul; spirit
ropoka to talk nonsense
roshani(-) balcony
ruba(-) a leech
rubani(ma) a pilot
rudi to return; to punish; to shrink
rudisha to give back; send back
rudishiwa to receive back
rudufiwa be doubled
rudufu to double
rufaani(-) legal appeal
ruhusa(-) permission
ruhusiwa be permitted
ruhusu to permit
ruka to jump; fly
ruko(ma) a leap; flight
rungu(ma) a knobbed stick; knobkerrie
rusha to throw
rusho(ma) a throw
rushwa(-) a bribe; **kula rushwa** to take bribes
rutuba(-) moisture; fertility
rutubisha to improve the soil
ruzuku to supply food and other needs

S

saa(-) an hour; a clock; watch
saba seven
sababu(-) reason; **kwa sababu** because
sabahi to make morning visit
sabini seventy
sabuni(-) soap
saburi(-) patience; to be patient

sadaka(-) a religious offering
sadifu correct; exact; to turn out to be correct; to happen at the same time (as another event)
sadiki to believe; **sadikiwa** be believed
sadikika be believable
sadikisha to convince
safari(-) a journey
safi 1. clean, pure 2. correct, orderly

saili to question: **sailiwa** be questioned
saka to hunt; to trap
sakafu(-) concrete floor or roof
sakama to stick fast
saki to fit tight
sakifu to make concrete floor etc.; **sakifiwa** be concreted
sakini to settle in a place
sakitu(-) hoar-frost
sala(-) a prayer
Salaam! Peace!

safi

(1) **Watoto wamevaa nguo safi.** The children are wearing clean clothes.

(2) (Reply to informal greeting) **Habari za kazi?** How's work? **Safi bwana!** OK mate!

It can also mean *honest, sincere, straightforward*: **Moyo wake ni safi.** *He is honest/sincere.*

safihi be arrogant; rude
safina(-) Noah's ark
safiri to travel
safirisha to send on a journey
safisha to clean
safu(-) a row; line; **safu-safu** in rows
safura(-) hookworm disease
saga to grind; **sagwa, sagika** be ground
sahani(-) plate; dish
sahau to forget; **sahauliwa** be forgotten
-sahaulifu forgetful
sahaulisha to cause to forget
sahihi(-) signature; attestation; correct
sahihisha to correct; attest
saidia to help; **saidiwa** be helped
saidiana to co-operate

saladi(-) a salad
salama(-) peace; safety
salamu(-) greetings
sali to pray
salia to remain over
salimu to greet; **salimiwa** be greeted
salisha to lead prayers
saliti to betray; **salitiwa** be betrayed
sama to stick in the throat
samadi(-) manure
Samahani! Sorry!
samaki(-) a fish
samani(-) furniture
samawati sky-blue; azure
sambaa be scattered about
sambamba alongside
sambusa(-) a samosa
samehe to forgive; **samehewa** be forgiven

samli ghee (*clarified butter*)

sana very; very much

sana to forge knives, hoes, etc.

sanaa(-) art; craft

sanamu(-) a statue; photograph; picture

sanda(-) a shroud

sandali(-) sandal-wood

sandarusi(-) resin

sanduku(ma) box; chest

sanifu standard e.g. standard Swahili

sanii to make with skill; invent

sanjari in a convoy

sarafu(-) a coin

sarakasi(-) a circus

sare equality between two things; a draw

sarifu to use words grammatically

sarufi grammar

sasa now; **sasa hivi** at once

sataranji(-) the game of chess

saumu(-) a fast

sauti(-) sound; voice

sawa equal; alike

Sawa! Right! Fine! OK!

sawazisha to make equal

sawia just then

sayansi science

sayari(-) a planet

saza to leave over

sazo(ma) remainder

sebule(-) living room; foyer

sedeka be of long duration

sega(ma) honeycomb

sehemu(-) portion; fraction

Selisiasi Celsius

sema to say; speak; **semwa** be said

sembuse much less; much more; let alone

semeka to be utterable

semezana to talk together

senea be blunt

seng'enge(-) fencing wire

sengenya to backbite; **sengenywa** be spoken ill of

sensa a census

sentensi(-) a sentence

senti(-) a cent

sentigredi centigrade

sentimeta(-) a centimetre

seremala(ma) carpenter

serikali government

seta to mash

setiri to conceal

Shaabani month before Ramadhani

shaba copper

shabaha(-) 1 target; aim; **2** likeness

shabihi to resemble

shada(-) a string of beads; bunch; cluster, etc.

shahaha(-) 1 the Muslim creed; **2** a university degree

shahamu(-) fat; grease

shahawa semen

shahidi(ma) a witness; martyr

shairi(ma) a poem

shaka doubt

Sham Syria; **Bahari ya Sham** the Red Sea

shamba(ma) cultivated field; plantation

shambulia to attack

shambulio(ma) an attack; **shambuliwa** be attacked

shangaa to be astonished

shangaza to astonish

shangazi(-) paternal aunt

shangilia to shout with joy; **shangiliwa** be received with rejoicings

shangwe(-) rejoicings

shani(-) an adventure; accident; something unusual

shanta(-) a rucksack; backpack

sharabu to absorb; saturate

shari(-) adversity; evil; **kutaka shari** to defy

sharifu to esteem; **-sharifu** noble; honourable

sharti(ma) obligation; terms

shashi(-) tissue

shati(ma) a shirt

shaufu to show off; **-shaufu** affected

shauku(-) strong desire

shauri(ma) advice; to consult

shavu(ma) the cheek; calf of leg; biceps

shawishi to persuade; **shawishiwa** be persuaded

shawishi(ma) inducement

shayiri(-) barley

shehe(-) a sheikh; teacher of Islam

shehena(-) freight

shemari fennel

shemasi(ma) a deacon

shemeji(-) brother- or sister-in-law

-shenzi uncivilized

sherehe celebration; ceremony

sherehekea to greet with rejoicings

sheria(-) a law

sherizi(-) glue

sheshe(-) beauty

shetani(ma) evil spirit

shetri(-) ship's stern

shiba be satisfied, filled with

shibe(-) repletion

shibisha to satisfy fully

shida(-) hardship; scarcity

shika to hold fast; **shikwa** be held

shika kani to be adamant

shikamana to cleave together

shikamoo greeting to a superior; *Ans.* **marahaba**

shikilia to hold on to

shikio(ma) handle; rudder

shikiza to make fast

shikizo(ma) a prop, wedge, etc.

shilingi(-) a shilling

shimo(ma) a pit

shina(ma) root and trunk; source

shinda partly full

shinda to win

shindwa be overcome; to fail; lose (*e.g. a match*);

shindana to contend; compete

shindano(ma) a contest

shindika be overcome

shindilia to press down

shindo(ma) loud sudden noise

shingo(-) a neck; an isthmus

shinikizo(ma) a crushing machine; oil mill

shirika(ma) partnership; institution; company

shirika la ndege(ma) an airline

shiriki to share in

shirikiana to share; join forces

shirikisha to give a share to; co-opt

shoka(ma) an axe

shokoa(-) forced labour; requisition

shona to sew; **shonwa** be sewn

shonesha to get a garment made

shono(ma) sewing

shoto lefthandedness; **kushoto** on the left

shtaka(ma) accusation

shtaki to accuse; **shtakiwa** be accused

shtua to startle; jerk

shtuka be startled

shua to launch a boat; **shuliwa**
be launched

shudu(ma) refuse of oil-seed

shughuli(-) business;
commitments

shughulika be busy

shuhuda(ma) testimony

shuhudia to witness to;
shuhudiwa be witnessed to

shujaa(ma) a hero

shuka to get off (*e.g. a lorry,*
bus, train)

shuka(ma) a loincloth; sheet

shukrani(-) gratitude

shuku to doubt

shukuru to thank; **shukuriwa**
be thanked

shule(-) school

shungi(ma) a plait of hair; a
flaring lamp

shupaa be firm; unyielding

shupatu(ma) plaited strip for
bed

-shupavu obstinate

shurutisha to compel

shurutisho(ma) compulsion

shusha to lower

shutumu to upbraid;
shutumiwa be upbraided

shwari(-) a calm

si not; **siyo** no

siafu(-) biting ants

siagi(-) butter

siasa politics; orderliness

sibu to afflict; strike; **sibiwa** be
afflicted; be struck

sidiria(-) a brassiere

sifa(-) praise; reputation

sifiwa, sifika be praised

sifongo(-) a sponge

sifu to praise; **jisifu** to boast

sifuri(-) nought; zero

siha(-) good health

sihi to entreat

sihiri(-) witchcraft; to bewitch

sijafu(-) a cuff

sijambo I am well

siki(-) vinegar

sikia to hear; **sikiwa** be heard

-sikivu attentive; docile

sikika be audible

sikiliza to listen

sikilizana to agree together

sikio(ma) an ear

sikitika to grieve

sikitiko(ma) grief

siku(-) a day (24 hours)

sikukuu(-) a festival

sikuzote always

silabi(-) a syllable

silaha(-) weapon

silika(-) disposition; instinct

silimu to become a Muslim

simadi to manure

simama to stand; stop

simamia to superintend

simamisha to halt; to erect

simanga to triumph over

simango(ma) ill-natured
triumph

simba(-) a lion

sime(-) a short sword

simika to set up; appoint

Simile! Make way!

simo(-) 1 something new; 2 a
saying, proverb

simu(-) telephone; telegram

simu ya mkononi mobile
phone

simulia to narrate; **simuliwa** be
told

simulizi(ma) news; story

sina I have not

sindano(-) a needle;
hypodermic syringe; **piga**
sindano give an injection

sindika to press out oilseed or sugarcane
sindikiza to accompany part of the way
sindikizo(ma) oil press; sugar mill
singizia to slander; **jisingizia** to pretend
singizio(ma) slander
sinia(-) metal tray
sinyaa to shrivel up
sinzia to doze
sinzilisha to lull to sleep
sira(-) dregs; lees
siri(-) a secret
sirinji(-) a syringe
sisi we; us; **sisi wenyewe** we ourselves
sisimizi(-) small ants
sisimka to tingle with excitement
sisitiza to urge
sita six
sita to hesitate; be uncertain
sitaha(-) ship's deck
sitawi to prosper
sitawisha to cause to prosper
sitini sixty
sitiri to conceal
sivyo not so
siyo no
sizi(ma) soot
soda(-) a soft drink
sodo(-) a sanitary towel
soga(ma) idle chatter; **piga soga** have a chat
sogea, sogeza to move
soko(ma) market; **sokoni** marketplace
sokota to twist
soksi(-) socks; stockings
sokwe(-) a chimpanzee
solo(-) seeds used as marbles or counters
soma to read; go to school

somesha to teach
somo(ma) 1 a reading; **2** a lesson; **3** a confidential friend
songa to press; **songwa** be pressed
songamana to writhe, twist together
songo(ma) a coil
songoa, songonyoa to wring
songwe(-) a mamba
spea(-) a spare part
staafu to retire from employment
staajabu be surprised
staajabisha to astonish
staarabika be civilized
-staarabu wise; civilized
stadi expert
staha(-) respect
stahi to respect; **stahiwa** be respected
stahili to deserve
stahilisha to deem worthy
stahimili to put up with
-stahivu honourable
stakabadhi(-) a receipt
stakimu to prosper
stampu *see* **stempu**
stara(-) concealment
starehe be at ease
starehesha to put at ease
stempu(-) a postage stamp
stesheni(-) railway station
stimu(-) electricity
stiri to conceal; **stirika** be concealed
stoo(-) a store
stuka be startled; **stusha** to startle
Subalkheri! Good morning
subira(-) patience
subiri be patient; to wait a minute
sudi(-) success
sufi(-) kapok

sufu wool
sufuria(-) saucepan
sugu(-) a callosity; callousness
sugua to scrub; suguliwa be scrubbed
suhubiana be friendly with
sujudu to bow down in worship; sujudiwa be worshipped
suka to shake; to plait
sukari(-) sugar; sukari-guru demerara
suke(ma) ear of corn
sukuma to push; sukumwa be pushed
sukumana to jostle
sukumiza to thrust along
sukutua to rinse mouth; gargle
sulibisha to crucify; sulibiwa be crucified
sulu polish; kupiga sulu to polish
sulubu(-) vigour, energy
suluhisha to reconcile
suluhu(-) reconciliation
sululu(-) a pickaxe
sumaku(-) a magnet
sumbua to annoy; to trouble; sumbuka be annoyed
sumbuo(ma) annoyance
sumu(-) poison
sungura(-) a hare
sura(-) 1 appearance; 2 chapter
surua(-) measles
suruali(-) trousers
susa to boycott
susu(-) hanging shelf
susuri(-) aimless moves from place to place
susurika to be moved about
suta to accuse publicly
suto(ma) public accusations
suza to rinse
swala(-) a gazelle
swali(ma) a question

sweta(-) a sweater; pullover
swichi(-) a switch

T

taa(-) a lamp
taabani in distress
taabika be in distress
taabisha to distress
taabu(-) distress
taahira mentally handicapped person
-taalamu well informed
taamuli(-) thoughtfulness
taarifa(-) a report
tabaka(-) a layer; lining
tabana to make incantations
tabasamu to smile
tabia(-) character; nature
tabibu(ma) a doctor
tabiki be attached to; to line
tabikisha to attach a lining, etc.
tabiri to predict; tabiriwa be predicted
tadi to offend; tadi(-) rudeness; evil action
Tafadhali! Please!
tafakari to meditate; consider; deliberate over
tafiti to pry into; -tafiti inquisitive
tafrija(-) recreation; entertainment
tafsiri a translation; to translate
tafuna to chew; tafunwa be chewed
tafuta to look for; tafutwa be looked for
taga to lay eggs; tagwa be laid
tagaa to stride; waddle
tahamaki be surprised
taharuki be in a hurry
tahayari be ashamed

tahayarisha to shame
tahiri to circumcise; **tahiriwa** be circumcised
tai(-) an eagle
taifa(ma) a nation
taja to name; to mention
tajamala(-) a favour
tajamali do a favour
taji(-) a crown
tajiri(ma) a wealthy person; a merchant
tajirika to get rich; **tajirisha** to enrich
taka(-) dirt; rubbish; **takataka** odds and ends
taka to want; to need; **takiwa** be wanted
takabali to accept; agree
takabari to show off
takasa to cleanse; make bright; **takasika** be clean; bright
takata become clear
-takatifu holy
takia(ma) a cushion
takikana be needed
takiwa *see* **taka**
tako(ma) the base; buttocks
takriban almost; nearly
takwimu statistics
talaka(-) a divorce
talasimu(-) a charm
tama final; decisive; **tamati** finis
tamaa(-) strong desire
tamalaki to rule
tamani to covet; long for; **tamanika** be desired, desirable
tamanisha to allure
tamasha(-) a show; pageant
tamba to strut proudly
tambaa to crawl; creep
tambarare(-) flat country
tambaza to drag on the ground; **tambaza maneno** to drawl

-tambazi creeping; crawling
tambi vermicelli; spaghetti
tambika make offerings to the dead
tambiko(ma) propitiatory offering
tambua to discern; recognize; understand
tambulika be well known
tambulisha to make known
tambuu leaves of betel plant (*for chewing*)
-tambuzi intelligent
-tamfu pronounceable
tamka to pronounce
tamko(ma) pronunciation; accent
tamthilia(-) a play; drama
-tamu sweet; pleasant
tamutamu sweets; confectionery
tanabahi to consider carefully
tanadhari be on one's guard
-tanashati neat, clean, well dressed
tanda, tandaa be spread out
tandabui(-) a caul
tandala(-) a kudu
tandika, tandaza to spread; set out
tandiko(ma) mat; bedding; awning; etc.
tando(ma), tandabui(-) a spider's web
tandu(-) a centipede
tanga(ma) a sail
tangaa be spread abroad
tangamano(ma) coming together
tangatanga to stroll about; dawdle
tangawizi(-) ginger
tangaza to advertise; announce

tangazo(ma) a notice; proclamation; advertisement
tangi(ma) a tank
tango(ma) small cucumber
tangu since; **tangu leo** from today
tangua to cancel; annul; **tanguka** be annulled
tangulia to go before
tanguliza to put first
tanguo(ma) cancellation; annulment
tania to treat with familiarity; to chaff
tano five
tanua to stretch apart
tanuu(-) a kiln
tanzi(-) a loop; noose
tanzia(-) an announcement of a death; obituary
tanzu(-) a genre
tao(ma) curve; arch
tapa to shiver; struggle
tapakaa be dotted about
tapanya to disperse; scatter about
tapanyika be dispersed
tapika to vomit
tapishi(ma) vomit
tarabu(-) a concert
taraja(ma) hope; expectation
tarajia to hope for; **tarajiwa** be hoped for
tarakimu(-) numeral; figure
taratibu(-) order; method
tarehe(-) date; chronicles
tarishi(ma) a messenger

tarizi to embroider
taruma(ma) wooden support or strut; spoke of wheel
tarumbeta(-) a trumpet
tasa barren (*animals, plants*)
tasbihi(-) a rosary
taslimu cash payment
tasnifu(-) a dissertation; thesis
taswira(-) a portrait; picture; image
tata, tatanisha to tangle; perplex
tatanua to disentangle; clear up a difficulty
tatarika to crackle; chatter
tathmini appraisal; to appraise
tatika be tangled; confused
tatiza to puzzle
tatizo(ma) a problem
tatu three
tatua to tear; solve a difficulty
tatuka be torn
tauni(-) plague
tausi(-) a peacock
tawa to live in seclusion
-tawa devout
tawadha to wash the feet
tawala to rule; **tawaliwa** be ruled
tawanya to scatter; **tawanyika** be scattered
tawanyiko(ma) dispersion
tawaza to instal as ruler
tawi(ma) a branch
taya(ma) jawbone
tayari ready; **fanya tayari** to prepare

---

tayari

For X *is ready* the verb prefix (subject) is used for *is* (this applies to other adjectives that denote a state or condition). Note: for *s/he* the irregular **yu** (not **a**) is used, e.g. **Yu tayari?** *Is s/he ready?* **Sisi tu tayari.** *We are ready.*

tayarisha to prepare

tazama to look at

tazamana to look at one another

tazamia to expect; to inspect; **tazamiwa** be expected; inspected

tega set ready; set a trap; **tegwa** be trapped

tegemea to lean on; rely on; **tegemewa** be relied on

tegemeo(ma) a support

tegemeza to support

tego(ma) charm to ensure wife's fidelity

tegu(-) a tapeworm

tegua to let off a trap; to sprain

teguka be sprained

teka 1 draw water from well; **2** to plunder; **tekwa** be carried off

teka nyara to hijack

teke(ma) a kick; **piga teke** to kick

tekelea be fulfilled

tekeleza 1 to fulfil; **2** hold spellbound

tekelezo(ma) fulfilment

tekenya to tickle; a jigger

teketea be burnt up; destroyed

teketeke soft; tender

teketeza be burn up; destroy

tekewa be bewildered

teksi(-) a taxi

tekua to break up; break down

tele in abundance; full

teleka put pot on fire

telekeza to halt (*for meal*)

telemka to descend

telemsha to lower; let down

televisheni television

teleza to slip; be slippery

teli(-) gold thread or braid

tema to slash; **tema kuni** cut firewood; **tema mate** to spit

tembea to take a walk; go about

tembelea to visit

tembeza to show around; hawk about

tembo(-) 1 elephant; **2** palm wine

tena again; then

tenda to do; **tendeka** be done

tende(-) dates

tendekeza to achieve by practice

tendewa to undergo; be treated

tendo(ma) an action

tenga to set apart; **tengwa** be set apart

tengana to leave one another; separate

tengemana to settle down after upheaval

tengemano(ma) settling down

tengenea be in good order

tengeneza put in order; mend

tengenezo(ma) orderly arrangement

tepe(ma) braid; soldiers' stripes

tepetea be listless

-tepetevu listless; limp; nonchalant

terema be at ease

teremesha to put at ease

-teremeshi genial

tesa to ill treat; persecute; **teswa** be persecuted

teso(ma) suffering

teta to dispute; speak against

tete(ma) a reed

tetea to cackle
tetemeka to tremble
tetemeko(ma) earthquake
tetereka to stagger
tetesi(-) a dispute
tetewanga(-) chickenpox
teto(ma) argument
tetua to select; **teuliwa** be selected
-teule chosen
-teuzi fastidious; critical
tezi(-) a gland
tezo(-) an adze
thabiti firm; resolute
thamani(-) value
thamini to value
thawabu(-) a reward
thelathini thirty
theluji(-) snow
themanini eighty
thenashara twelve
thibitika be proved; firm
thibitisha to establish; prove
thibitisho(ma) verification
thubutu to dare
thuluthu a third
tia to put; **tiwa** be put
tiara(-) a child's kite
tibakemikali chemotherapy
tibavitobo acupuncture
tibu to treat medically
tibua to stir up; make muddy; **tibuka** be stirred up
tifu(ma) dust
-tifu dustlike
tifua make a dust
tii to obey; **tiiwa** be obeyed
-tii obedient
tiketi(-) a ticket
tikisa to shake; **tikiswa** be shaken
tikisika be shaky; unsteady
tikiti(ma) a watermelon

timamu complete
timia be completed
-timilifu perfect
timiza to complete
tindi unripe; half-grown
tindika to fall short; **tindikiwa** be short of
tinga to shake; vibrate
tingisha to cause to shake
tingitingi(-) a vibrating bridge
tini(-) figs
tiririka to trickle; glide
tisa nine
tisha to threaten; **tishwa** be threatened
tishari(-) a lighter; barge
tisho(ma) a threat
tisini ninety
tita(ma) bundle of firewood or grass
titimka be in an excited state
titimua to throw into confusion
toa to put forth; offer; give; **tolewa** be given
toba(-) penitence
toboa to bore a hole; **tobolewa** be bored
tofaa(ma) an apple
tofali(ma) a brick
tofauti(-) difference
tofautisha distinguish between
tohara(-) ceremonial cleanliness; circumcision
toja to scarify; tattoo
tojo(ma) incision; tattoo
toka to go out; come out; go away
tokea to appear; to happen
tokeapo henceforth
tokeo(ma) the result
tokeza to put out; be prominent
tokomea to vanish

tokomeza to reduce to nothing

tokosa to cook in water or fat

tolewa *see* **toa**

tomasa to press gently

tona to fall in drops

tone(ma) a drop; dot

tonewa be dotted over

tonge(ma) a small lump

tongoza to seduce; **tongozwa** be seduced

tononoka to flourish

tope(ma) mud

topea to sink in

topetope(ma) a soursop; custard apple

topeza to drag down; press in

topoa to extricate

toroka to run away

torosha to entice away

tosa cause to sink

tosha be sufficient

tosheleza to satisfy

tota to sink; be drowned

-tovu lacking

towashi(ma) a eunuch

towe potter's clay

toweka to disappear

toza to seize; to fine; **– kodi** to tax

treni a train

tu only

tua to set down; stop; land

tuama to settle

tubu to repent

tufani(-) a storm

tufe(-) a ball; globe

tuhuma(-) suspicion

tuhumiana to suspect one another

tuhumu to suspect

tui(-) juice of grated coconut

tukana to abuse; **tukanwa** be abused

tukano(ma) abuse

tukia to happen

tukio(ma) an occurrence; event

-tukufu glorious

tukuka be worthy of glory

tukutika to flutter; be agitated

tukutiko(ma) nervous excitement

-tukutu restless

tukuza to exalt; glorify

tuli quiet; still

tulia be calm

-tulivu tranquil; level-headed

tuliza to pacify; quieten

tuma to send; **tumwa** be sent

tumaini(ma) confidence

tumaini to hope; **tumainiwa** be trusted

tumainisha give hope to

tumba(ma) a bud

tumbaku(-) tobacco

tumbili(-) a monkey

tumbo(ma) stomach

tumbua to rip open; make hole in; **tumbuliwa** be ripped open

tumbuiza to soothe by singing

tumbuka to burst

tumbukia to fall into

tumbukiza to push into; to post (*a letter, etc.*)

tumbuza to penetrate

tumia to use; **tumiwa** be used

tumika be employed; be usable

tumikia to serve

tunda(ma) a fruit

tundika *see* **tungika**

tundu(-) a hole; nest

tunga to put together; compose

tungamana be in harmony

tungika to hang up; suspend; **tungikwa** to be hung

tungua to take down; disconnect; **tunguliwa** be taken down

tunu(-) a treasure
tunuka to set one's heart on
tunukia make a present to
tunza to take care of
tupa(-) a file; rasp
tupa to throw
tupia to throw at/to; **tupiwa** be thrown at/to
-tupu empty; bare
tusi(ma) obscene abuse
tuta(ma) ridges for planting
tutika to pile up; pile loads on head
tutuma to rumble
tutusa to grope about in dark
tuza to reward
tuzo(-) a prize; present
twaa to take; **twaliwa** be taken
twanga to husk grain by pounding
tweka to unfurl; hoist a flag or sail
tweta to pant for breath
tweza to humiliate
twiga(-) a giraffe
twika take up a head load

U

For prefix **U** *see* **U** *in the Notes*
ua(ma) a flower
ua(ny) a courtyard
ua to kill; **uawa** be killed
uadui enmity
uaguzi divination
uahirishaji postponement; adjournment
Uajemi Iran
uambukizo infection
uaminifu faithfulness
uangalifu carefulness
uangalizi(ma) observation; guardianship

uapo(ny) an oath
uasherati fornication; promiscuity
uasi disobedience
ubaba fatherhood
ubadilifu changeableness
ubaguzi segregation
ubahili miserliness
ubainisho(ma) clear evidence
ubale(mb) slice; strip
ubalehe puberty
ubani incense
ubao(mb) a plank
ubapa(b) flat surface
ubaradhuli gullibility
ubashiri prediction; augury
ubatili worthlessness
Ubatizo Baptism
ubavu(mb) a rib
ubawa(mb) a wing
ubaya evil; badness
Ubelgiji Belgium
ubembe wheedling; soliciting
ubichi unripeness; rawness
ubikira virginity
ubinadamu human nature
ubingwa skill
ubini forgery
ubishi strife; joking
ubivu ripeness
ubongo brain
ubora excellence
ubovu rottenness
ubumbuwazi aphasia
ubuni invention
ubutu bluntness
uchache fewness
uchafu dirt
uchaguzi an election; choice
uchaguzi(ch) mdogo by-election
uchaji awe; fear of God
uchanga immaturity

uchao dawn
uchawi sorcery
uchechefu fewness
ucheshi good temper; wit; humour
uchi nakedness
Uchina China
uchokochoko nagging
uchokozi teasing
uchongelezi slander
uchovu tiredness
uchu a craving
uchukuzi transport
uchumba marriage engagement
uchumi trade; earnings
uchungu bitterness; pain
uchungu wa kuzaa labour (childbirth)
uchunguzi investigation
udadisi curiosity
udakuzi talebearing
udanganyifu deceitfulness
udhaifu weakness
udhalimu injustice
udhi to annoy; **udhika** be annoyed
udhia annoyance
udhilifu humiliation
udhuru excuse
udogo smallness
udongo soil; **udongo ulaya** cement
udugu kinship
udumu perseverance
ufa(ny) a crack; cleft; fissure
ufafanuzi interpretation
ufagio(f) a broom
ufahamu understanding
ufalme kingdom; monarchy
ufananaji resemblance
ufanisi prosperity
Ufaransa France

ufasaha elegance in use of language
ufasiki, ufisadi vice; immorality
ufidhuli indignity
ufinyanzi ceramics; pottery
ufito(f) a thin pole
ufizi(f) gum of tooth
ufuatano a sequence
ufufuko, ufufuo resurrection
ufugaji animal husbandry
ufukara destitution
ufuko seashore
ufundi craftsmanship
ufunguo(f) a key
ufunuo revelation
ufupi shortness
ufupisho(ma) a summary; abbreviation
ufuta oilseed
ufyozi insolent contempt
uga(ny) open space in village
ugali polenta
uganga traditional medicine
ugeni strangeness; **ugenini** abroad
ugeuzi variation
Ugiriki Greece
ugolo snuff
ugomvi strife
ugonjwa(ma) illness
ugua to be ill; to groan
ugumu hardness; difficulty
uguza to nurse a sick person
ugwe(n) cord
Uhabeshi Ethiopia
uhai life
uhaini treachery; treason
uhalifu disobedience
uhamaji migration
uhamiaji immigration
uhamisho banishment
uharamia piracy; outlawry
uharibifu destruction; havoc

uhazili secretarial work
Uhindi *see* **Bara Hindi**
uhitaji need
uhodari courage
Uholanzi Holland/Netherlands
uhuni hooliganism
uhuru freedom
uhusiano relevance;
  relationship
uigaji imitation; play-acting
Uingereza England; Britain
Uislamu Muslim religion; Islam
uizi theft
ujamaa family
ujana youth
ujane widowhood
ujanja cunning; guile
ujasiri daring
ujasusi spying
ujazi abundance
ujazo capacity
ujenzi building
Ujerumani Germany
uji gruel; thin porridge
ujima co-operation
ujinga folly
ujira wages
ujirani neighbourhood
ujumbe a deputation; a
  message
ujuvi impudence
ujuzi experience; knowledge
ukabidhi economy; hoarding
ukadirifu assessment;
  moderation
ukaguzi inspection; censorship
ukahaba prostitution
ukaidi obstinacy
ukali sharpness; severity;
  acrimony
ukambaa(k) plaited rope
ukame desolation
ukamilifu perfection

ukanda(k) a belt; strap; a tape
ukarani work of a clerk
ukarimu generosity; hospitality
ukashifu libel; slander
ukatili cruelty
Ukatoliki Catholicism
ukavu dryness
uke womanhood; female sex
  organs; the vagina
ukili(k) plaited leaf strip
ukilia be intent on
Ukimwi (Ukosefu wa Kinga
  Mwilini) AIDS
ukindu palm-leaf strips for
  plaiting
ukingo(k) an edge; a rim
ukiri acknowledgement
ukiwa loneliness
ukoka fodder grass
ukoloni colonialism
ukoma leprosy
ukombozi ransom
ukomo discontinuance
ukonge a fibre
ukongwe extreme old age
ukoo kinship; lineage
ukorofi brutality
ukosefu deficiency
ukosi back of neck; coat collar
ukubalifu acceptability
ukubwa size; bulk
ukucha(k) fingernail; toenail
ukufi(k) small handful
ukufuru blasphemy
ukulima agriculture; husbandry
ukumbi a porch; sitting room
ukumbuko recollection
ukumbusho(ma) a reminder;
  memorial; souvenir
ukunga midwifery
ukungu mist; mildew
ukunjufu gaiety; cheerfulness
ukurasa(k) a page

ukuta(k) a wall
ukuu greatness
ukwaju(k) tamarind fruit
ukwato(k) a hoof
ukweli the truth
ulafi greed
ulaghai deceit
ulaji(ma) food; diet
ulalo(ma) native bridge
Ulaya Europe

umbali distance
umbia to soar; glide; flare up
umbile(ma) natural condition
umbo(ma) shape; form
umbu(ma) (*his*) sister; (*her*) brother
umbua to disfigure
ume manliness; **-ume** male
umeme lightning; electricity
umia to be injured

---

umia

This is also the prepositional form of **-uma** and so can mean *injure, cause pain to/by/in*, etc. Its commonly used meanings are *feel pain* and *be injured* e.g. **Nimeumia macho.** *I have a pain in my eyes/My eyes hurt.*

---

ule that (one)
ulegevu slackness; lethargy
ulevi drunkenness
ulezi(ma) upbringing
ulimaji agriculture
ulimbo birdlime
ulimi(nd) tongue
ulimwengu the world
ulinganyifu similarity; harmony
ulingo raised platform for watchman
ulinzi protection
uliza to question; **ulizwa** be questioned
ulizo(ma) interrogation
ulozi sorcery
uma to hurt; bite; sting; **umwa** be bitten
umande dew
umaridadi smart appearance
umaskini poverty
umati a crowd
umba to create; **umbwa** be created

umilele eternity
umilikaji ownership
umio(m) internal throat
umiza to cause pain
umma society; the public
umoja unity
umri age
umua to make dough
umuka to rise; swell (*dough; sea*)
umwa to be ill; feel pain
umwagiliaji irrigation
unadhifu neatness
unafiki hypocrisy
unajimu astrology
unajisi defilement
unda to construct in wood; **undwa** be constructed
undani a secret grudge
unene stoutness; thickness
unga flour; powder
unga to join; **ungwa** be joined
unga mkono to support; be in favour of

ungama to confess
ungamana be united
ungamanisha to unite
ungana to combine
ung'aro brightness
ungo(ny) a winnowing basket
ungua be scorched; burnt
Unguja Zanzibar
unguza to burn; char
unyafuzi kwashiorkor
unyago tribal initiation rite
unyamavu quietness
unyang'anyi usurpation;
  seizure
unyanya disdain
unyenyekevu humility
unyenyezi haziness
unyevu dampness
unyofu uprightness
unyonge weakness
uo(ny) a sheath; cover
uongo falsehood
uoni sight
uovu evil
upambanuzi discrimination
upana width
upandaji planting
upande(p) side; direction
upanga(p) a sword
upangaji arrangement; rent
upapi(p) narrow strip of wood
upara bald head
upatanisho atonement
upatu(p) a gong
upawa(p) a ladle
upele(p) a pimple
upelekaji transmission
upelekwa mission
upelelezi investigation
upendano mutual love
upendeleo(p) a preference
upendo love
upenu(p) a lean-to

upenyezi smuggling; bribery
upeo the limit; zenith; **upeo wa macho** the horizon
upepo(p) wind
upesi quickly
upevu maturity
upi? which?
upimaji measuring; valuation
upinde(p) a bow
upindo(p) a border; hem
upinzani opposition
upishi cookery
upofu blindness
upokeaji adoption
upole gentleness
upotevu waste
upotoe, upotovu perversity;
  depravity
upungufu deficiency; **– wa damu** anaemia
upunguzi reduction
upupu(p) a nettle ('cow-itch')
upurukushani negligence
upuzi nonsense
upweke loneliness
upya newness; anew
uradhi satisfaction
urafiki friendship
uraia citizenship
urais the office/position of president
urasimu bureaucracy
urefu length
urembo ornamentation
Ureno Portugal
urithi inheritance
urujuani purple; mauve
Urusi Russia
usafi cleanliness; purity
usaha pus
usahaulifu forgetfulness;
  – mkubwa amnesia
usahihi correctness

usalama safety
usaliti treachery
usanifu majengo architecture
usawa level; equality
usemaji fluency
usemi speech
useremala carpentry
ushahidi witness testimony
ushanga (sh) a bead
ushaufu vanity
ushawishi persuasion
ushikamano adhesion
ushinde defeat
ushindi victory
ushirika partnership
ushirikiano liaison
ushuhuda witness
ushujaa valour
ushupavu firmness; obstinacy
ushuru tax
usia(ma) directions; a will
usia to direct; bequeath
usikivu attention; docility
usiku night; usiku kucha all
  night
usimamizi oversight;
  supervision
usingizi sleep
usingiziaji calumny
usitawi prosperity
uso(ny) face; surface
ustaarabu civilization
ustadi skill
ustahili merit
ustahimilivu forbearance
ustahivu respect
usubi sandflies; midges
usugu callousness
usukani steering gear
usukumizi impulse
uta(ny) a bow
utabibu medical treatment
utafiti inquisitiveness

utaji(t) a veil
utajiri wealth
utakatifu holiness
utalii tourism
utambaazi a trail
utambi(t) a lamp wick
utambuzi intelligence
utamu sweetness; pleasantness
utando a cobweb; film;
  membrane
utangulizi precedence; preface
utani a familiar friendship
utaratibu orderliness; a
  procedure
utatu trinity
utawa religious devotion
utawala government
utelezi slipperiness
utendaji activity
utenzi(t) a poem
utepe(t) braid; tape; ribbon
utepetevu listlessness
utetezi argument
uteuzi fastidiousness; fad
uthabiti stability
uti backbone
utii obedience
utimizo completion
utitiri chicken-fleas
utomvu sap; resin
utoshelevu adequacy
utosi(t) crown of head; – wa
  watoto fontanelle
utoto childhood
utovu lack
utu manhood
utukufu glory
utulivu peacefulness
utume an errand
utumishi service
utumizi usefulness
utumwa slavery
utundu mischief

utungaji composition
utunzaji taking care of
utusitusi darkness
uuaji murder
uuguzi nursing (*patients*)
uungwana culture
uvimbe a swelling
uvivu laziness
uvuguvugu lukewarmness
uvuli shade
uvumba incense
uvumbuzi discovery
uvumi a rumour
uvumilivu forbearance

uzinzi adultery; infidelity
uzito heaviness; weight
uzoefu familiarity
uzuizi constraint; disadvantage
uzulu to dismiss; **jiuzulu** to resign
uzulu(ma) dismissal; abdication
uzuri beauty; make-up
uzushi emergence; innovation

V

vaa to wear; **valika, valiwa** be worn

---

vaa

When used in the present to mean *be wearing* the -me- tense is used because -vaa denotes a state, e.g. **Rehema amevaa gauni mpya.** *Rehema is wearing a new dress.* When -vaa refers to putting on a garment -na- is used: **Anavaa koti.** *She is putting on a coat.*

---

uvutano mutual attraction
uvuvi fishing
uwakili agency
uwanda(ny) a plain; plateau
uwanja(w) open space among houses; – **wa ndege** airport
uwele(ma) bulrush millet
uweza, uwezo power; ability
Uyahudi Israel; Judaism
uza to sell; **uzwa** be sold
uzalendo patriotism
uzani weight; rhythm
uzao offspring
uzazi childbearing
uzee old age
uzembe negligence
uzi(ny) thread; string; wire
uzima life; health
uzingo a halo

vamia to pounce upon; lie on
vazi(ma) a garment
vema well; good
via to be stunted; spoilt
vibaya bad; badly
video(-)/vidyo a video
vifaa equipment; facilities
vifijo applause
vigelegele trills of joy; ululation
vigumu difficult
vika to clothe; **vikwa** be clothed
vikorokoro odds and ends; paraphernalia
vile those; thus; **vilevile** just the same
vilia to clot
vilio(ma) contusion; bruise

vimba to swell; **vimbiwa** be distended
vingi many
vingine some; others
vinginyika to wriggle
vingirika, vingirisha to roll along
vinjari to cruise about
vipi? how?
Vipi! an informal greeting to a friend
viringana to be round
viringisha to bend around
vita(-) war; battle
viungo vya uzazi the genitals
vivi hivi in the same way
-vivu idle; lazy
viza to spoil
vizia to spy on
vizuri well
volkano(-) a volcano
volkeno(-) *see* **volkano**
vua 1 to fish; **2** take off clothes; **3** save
vuaza to make a cut
-vuguvugu lukewarm
vuja to leak
vuka to cross (*e.g. road, river*)
vuke(ma) vapour; steam
vukuta to work bellows
vuli(-) the short rainy season
vulio(ma) cast-off clothes
vuma to blow; rumble
vumba(ma) bad fish smell
vumbi(ma) dust
vumbika to cover up; to ripen

vumbua to uncover; bring to light
vumika be rumoured
vumilia to bear patiently; go without
-vumilivu patient
vumo(ma) rumbling
vuna to reap; **jivuna** to boast
vunda to smell high
vunde(ma) tainted food
vungavunga to crumple up; work badly; bewilder
vunja to break; **vunjika** be broken
vuo(ma) a catch of fish
vuruga to stir; disarrange
vurugika be stirred up; decomposed
vurugu-vurugu in confusion
vurumisha to whirl
vuruvuru whirring
vusha to convey across
vuta to pull; attract; interest
vuta pumzi to breathe in
vuvia to blow (*mouth or bellows*)
vuvumka to develop quickly
vuvuwaa be speechless
vyema *see* **vema**
vyombo goods and chattels

W

wa (kuwa) to be; **kuwa na** to have

wa (kuwa)

As a monosyllabic verb stem this must be preceded by the infinitive prefix **ku-** when used with some tenses and with a relative pronoun, e.g. **Atakuwa daktari** *She will be a doctor*; **mtu aliyekuja...** *the person who came...* (See 'Monosyllabic verbs' in Section 4 of the Concise Grammar).

waa(ma) blotch; blemish
waama moreover
wadi(-) watercourse; appointed time
wadia to be time; wakati umewadia the time has come
wahaka agitation; disquiet
wahi be in time
wajibisha to behove
wajibu obligation
wajihi face; to present oneself
wajihiana to meet face to face
waka to burn; shine
wakaa(-) a time
wakala agency; (ma)- agent
wakati(ny) time
wakf consecrated; charitable foundation
wakia an ounce
wakili(ma) a barrister
wakilisha to liaise with
wala neither; nor
walakini however
wale those (people, animals)
wali cooked rice
walimwengu people on earth
wamba to apply by stretching
wambiso an adhesive
wana see mwana
wanadamu human beings
wanda to get fat
wanga starch
wanja kohl; mascara
wanyamapori wildlife
wao they (people, animals)
wapi? where?
waraka(ny) letter; document
wari measure of about 1 metre
waridi(ma) a rose
wasaa leisure
washa to light; to itch
wasifu to describe
wasili arrival; to arrive
wasiwasi disquiet

wastani average
watu people
wavu(ny) a net
waya(ny) wire
wayawaya to sway
wayo(ny) a footprint
waza to think; imagine
wazi open
wazimu madness
waziri(ma) minister of state
waziwazi clearly; explicitly
wazo(ma) thought; supposition
weka to put; put by; appoint
wekea to put aside for
-wekevu thrifty
weko(ma) a place for putting something
weledi skilful
wema goodness
wembe(ny) a razor
wengi many (people)
wengine some; others
wengu the spleen
wenzi companions; wenzangu my companions
wepesi quickness
werevu shrewdness
weusi darkness
wevi, wezi thieves
wewe you
weweseka to talk in sleep
weza to be able (to do something)
wezekana to be possible
wezesha to enable; empower
wia be owed by; wiwa to owe
wika to crow
wiki(-) week
wilaya(-) district
-wili two
wima upright
wimbi(ma) a wave
wimbo(ny) a song; hymn
winchi(-) a crane

winda to hunt
windo(ma) a hunter's bag; booty
winga to chase off
wingi abundance
wingu(ma) a cloud
wino ink
wishwa(-) husks
wivi, wizi theft
-wivu jealous; jealousy
wiwa na to owe
wizara ministry (govt.)
woga cowardice
wokovu salvation
wote everyone

Y

yaani that is to say; i.e.
yabisi hard and dry

ye yote anyone
Yesu Jesus
yeye he; him; she; her
yeyuka, yeyusha to melt
yowe(ma) a shout for help
yuayua to wander about
yugayuga to stagger
yule that (person, animal)
yumba to sway; stagger
yumkini see yamkini
yungiyungi(ma) a water-lily
yupi? who?

Z

zaa to bear offspring
zabibu(-) grapes
zaburi(-) a psalm
zafarani saffron

---

yabisi

This adjective is used to describe a variety of hard/dry conditions. Like other adjectives of Arabic origin it does not take an agreement prefix.

Miwa hii hatuwezi kuitafuna; ni yabisi mno. We *can't chew these sugar-canes; they're too dry.*

udongo yabisi *parched earth*; **baridi yabisi** *rheumatism*

---

yai(ma) an egg
yakini the truth; certainly
yakinia to resolve on
yakinisha to confirm
yale those
yamini(-) right hand; solemn oath
yamkini possibility; probably
yasmini(-)/asumini jasmine
yatima(-) an orphan
yaya(ma) a child's nurse; nanny

zagaa to give light; zagawa be lighted up
zahanati(-) a clinic; dispensary
zaidi more; zaidi ya more than
zaka(-) 1 tithes; 2 arrow-quiver
zalio(-) a caul
zalisha to act as midwife; to generate
zaliwa be born
zama to sink; dive
zama, zamani a period; time
zamani long ago

zambarau(-) damson; purple

zamu(-) period of duty; turn

zana(-) weapons; gadgets; fittings; tools

zao(ma) produce

zari(-) gold thread; brocade

zatiti to prepare

zawadi(-) a present

zebaki mercury

zeeka to become old

zeituni(-) olives

-zembe negligent

zeze(-) kind of banjo

zia, zira 1 to hate; **2** drive off ants; **3** keep a taboo

ziada(-) increase; surplus

ziara(ma) 1 a tomb; **2** a visit

ziba to stop up; **zibwa** be stopped up

zibika get stopped up

zibua to unstop

zibuka, zibuliwa be unstopped

zidi to increase

zidio(ma) an increase

zidisha to add more

zidiwa be hardpressed

zihi suitability

zika to bury

zima to extinguish; turn off (*radio, etc.*)

-zima whole; well

zimia to faint

zimika to go out; be extinguished

zimua to reduce strength; **zimuliwa** be reduced

zimwi(ma) an ogre

zinaa(-) adultery; fornication

zinda be firm

zindika to make firm; protect with charms

zindiko(ma) a protective charm

zindua to remove a spell; open new building

zinduka to wake with a start; be freed from a spell

zinga to go round; turn round

zingamana to twist; wind (*river*)

-zingativu thoughtful

zingira to surround

zingiwa be besieged

zingo(ma) a bend; twist

zingua to unroll; take off spell; **zinguliwa** be freed from spell

zini to commit adultery

zirai to faint

-zito heavy; serious; dull

ziwa(ma) a lake; breast

ziza to impose a taboo

zizi(ma) sheepfold; cowshed, etc.

zizima to get cold

zizimia to sink; disappear

zizimua to take chill off

zoea, zoelea get used to

-zoelefu familiar with

zoeleka become customary

zoeza to train by practice; **jizoeza** to practise

zoezi(ma) an exercise

zohali(-) delay; negligence

zohalika to delay; be negligent

zoloto(-) the larynx

zomea to hoot in derision

zomeo(ma) derision

zonga to wind round; **zongoa** to unwind

zongamana be coiled round

zongamea to coil round

zozana to nag one another

zua to bore through; bring to light; invent

zuhura the morning star; Venus

zuia to prevent
zuilika be preventable
zuio(ma) an obstruction
zuka to appear suddenly
zulia(ma) a carpet
zulika to get dizzy
zulizuli(-) giddiness
zumaradi(-) an emerald
zumari(ma) a wind instrument
zunguka to go round;
  zungukwa be surrounded
zunguko(ma) a circuit;
  revolution

zungumza to converse;
  jizungumza amuse oneself
zungusha to put round
zuri(-) perjury; to commit
  perjury
-zuri beautiful; good
zuru to visit; **zuriwa** be visited
zurura to wander about
  aimlessly
-zuzu foolish
zuzua make a fool of
zuzuka be fooled; puzzled

English–Swahili dictionary

Notes on the English–Swahili section

Nouns

Swahili nouns are mostly given without their plural prefix in this part of the dictionary; a plural form can always be checked by consulting the Swahili–English section. However, because those (JI)–MA class singulars without a prefix are sometimes confused with N class nouns, (JI)–MA nouns are given here with their plural prefix **ma-**. The 'difficult' plurals of the N class are also given. If you remember that nouns beginning with **m** or **mw** make their plural with **wa** for people and **mi** for things, and that the plural of **ki** and **ch** is **vi** and **vy**, there should not be much need to refer to the other section.

Verbs

Verbs are given with their infinitive prefix **ku**; this makes it easy to distinguish them from nouns to which they are related; e.g. **signal**, *ishara; kuashiria*. The noun is usually given first.

It often happens that the same word is used in English for both a transitive and intransitive verb where in Swahili there are two different forms of the verb: e.g. **decrease**, *kupungua, kupunguza*. If it is remembered that *za, sha* and *nya* are causative endings, it will be seen at once that **punguza** means *make less,* and **pungua** means *get less*; e.g. **Maji yamepungua,** *The water has decreased*; **Punguza maji,** *Decrease the water.* Reference to the Swahili section should also make it clear.

Adjectives and pronouns

Those which require a prefix are shown with a short line in front, and the right prefix will be found in the Table of Agreement Prefixes at the end of the Concise Grammar. The relative **-liyo** and **-siyo** also require the right agreements for the prefix, and for the syllable in italics. These too will be found in the table; see also *The Relative* in Section 4 of the *Concise Grammar*.

There are two things which a Concise Dictionary cannot do.

1 It cannot show the difference in pronunciation or stress between two words spelt in the same way. **Sow**, the word for a female pig, is pronounced differently from the word for planting seed. And the noun **desert** is stressed differently from the verb. The stress in Swahili is almost always on the syllable before the last.

2 It cannot usually give more than one or two words out of several with the same meaning. There are, for instance, several Swahili words for **know**, and these will be found in the Swahili section; but in the English section, under **know**, only the most-used word, with the widest meaning, can be given. Where a word has two or three different meanings, they are marked 1, 2, 3, and if there is any doubt as to the one you want, reference can be made to the Swahili section.

Prefixes and suffixes

The English language has prefixes and suffixes by which a large number of words have been, and are being, formed. The most important are those that negate or reverse the meaning of the original verb. The notes given here are to help Swahili-speaking readers to understand words of this kind that they may not find in the dictionary, and to remind English speakers how to translate them.

un in dis mis

un is the chief negative prefix used with adjectives and verbs. e.g. **certain**, *hakika*; **uncertain**, *si hakika*; **armed**, *-enye silaha*; **unarmed**, *bila silaha*; **a healthy child**, *mtoto mwenye afya*; **an unhealthy child**, *mtoto asiye na afya*. The prefix also has a reversive force: **fasten**, *funga*; **unfasten**, *fungua*; **cover**, *funika*; **uncover**, *funua*.

in is used like *un*, but the *n* sometimes changes to *m* or *l* depending on the consonant that follows it: e.g. **convenient**, *-a kufaa*; **inconvenient**, *isiyofaa*; **legal**, *halali*; **illegal**, *si halali*; **mature**, *iliyopevuka*; **immature**, *isiyopevuka*. Used alone as a preposition, **in** has its own meaning of *inside*.

dis does more than merely negate; it gives an opposite meaning. e.g. **like**, *kupenda*; **dislike**, *kuchukia*; **obey**, *kutii*; **disobey**, *kuasi*; **be contented**, *kuridhika*; **be discontented**, *kunung'unika*.

mis gives the meaning of 'wrongly' (*kukosea*); **use**, *kutumia*; **misuse**, *kutumia vibaya*; **understand**, *kuelewa*; **misunderstand**, *kutoelewa sawasawa;* **lead,** *kuongoza;* **mislead,** *kuongoza vibaya.*

less

less added to a noun makes an adjective with a negative meaning. e.g. **a waterless desert,** *jangwa bila maji;* **a treeless plain,** *nyika isiyo na miti;* **a useless knife,** *kisu kisicho na faida.* Some of these adjectives have an opposite form with -ful: **useful, careful,** etc.

ness

Although in English there are several ways of forming abstract nouns, the most common one is the suffix *ness:* **cold, coldness; holy, holiness; tired, tiredness,** etc. The meaning of any abstract noun of this kind can be found by taking off the *ness* and looking for the meaning of the adjective.

Other common prefixes

Apart from the prefixes and suffixes just given, and many other less important ones, all of which are actually part of the word itself, there are several loose prefixes much in use nowadays, usually attached to a word by a hyphen. Some of the commonest are given below.

anti, kinyume cha: **anti-personnel mines,** *mabomu ya kuumiza watu.*

bi, viwili: **bilateral,** *-a pande mbili.*

co, pamoja: **co-education,** *mafundisho ya watoto wa kiume na kike pajoma.*

de, kuondoa: **de-forest,** *kuharibu mwitu.*

ex, kutoka: **ex-minister,** *waziri aliyetoka.*

inter, wao kwa wao: **interdependence,** *kutegemeana.*

multi, vingi: **multilateral,** *-a pande nyingi.*

non, not; **non-poisonous,** *si ya sumu.*

pre, kabla ya: **pre-independence** *kabla ya Uhuru.*

post, baada ya: **post-independence** *baada ya Uhuru.*

pro, kupendelea: **pro-government,** *mwenye kuunga mkono serikali.*

re, tena: **re-organize,** *kuratibisha upya.*

sub, chini: **sub-committee,** *halmashauri ndogo.*

super, kupita kiasi: **supermarket,** *duka kubwa la kujihudumia.*

trans, kuvuka: **trans-Atlantic,** *kuvuka Atlantic.*

vice, makamu: **vice-president,** *makamu wa rais.*

uni, kimoja: **unilateral,** *-a upande mmoja.*

Abbreviations

agh. (aghalabu)   usually, mainly
k.m. (kwa mfano)   e.g.
n.k. (na kadhalika)   etc.

A

abandon kuacha
abandon hope kukata tamaa
abase kufedhehesha
abashed (be) kufedheheka
abate kupungua, kupunguza
abattoir machinjioni
abbey kanisa(ma) kuu
abbreviate kufupisha
abbreviation ufupisho(f);
 mkato
abdicate, abdication kujiuzulu
abdomen tumbo(ma)
abdominal -a tumbo
abduct, abduction kutorosha
aberration upotoe
abeyance (be in) kuachwa kwa
 muda
abhor kukirihi
abhorrence karaha
abhorrent makuruhi
abide 1 kukaa mahali;
 2 kuvumilia
abide by kushika
abiding -a kudumu
ability akili; ustadi
abject -nyonge
abjection unyonge
ablaze (be) kuwaka
able hodari
 be able kuweza
abnormal si kawaida
abnormality hitilafu
aboard melini; chomboni
abode maskani; kikao
abolish kuondoa kabisa
abolition ondoleo(ma)
abominable makuruhi
abomination chukizo(ma)
aboriginal -a asili
aborigine mwananchi wa asili
abort kuharibu mimba
abortion kutoa mimba

abortive -a bure
abound kujaa tele
about 1 habari za; 2 yapata;
 3 kuzunguka
about to tayari
above juu (ya); zaidi (ya)
abrasion chubuko(ma)
abreast sambamba
abridge kufupisha
abridgement mafupisho
abroad ugenini; pande zote
abrogate kutangua
abrogation tanguo(ma)
abrupt -a haraka
abscess usaha
abscond kutoroka
absconder mtoro
absence, be absent
 kutokuwapo
absent-minded -sahaulifu
absentee asiyekuwapo
absolute/ly kabisa
absolution ghofira
absolve kuondoa hatiani
absorb kusharabu
 be absorbed in kushughulika
 sana
absorbing -a kuvuta sana
abstain from kujiepusha na;
 kujinyima
abstemious -a kujihini
abstention (*in voting*)
 kutopiga kura
abstinence kujihinisha
abstract 1 muhtasari; kutoa;
 2 -a kuwazika tu
 be abstracted kuwamo
 katika fikira
abstruse -siyofahamika upesi
absurd -a upuzi
absurdity upuzi
abundance ujazi; wingi
abundant/ly tele

abuse

abuse 1 kutumia vibaya;
2 kutukana; matukano
abusive -fidhuli
abut on kupakana na
abyss shimo refu lisilopimika
academic -a kuhusu elimu ya
juu
accede to 1 kukubali; **2** kurithi
accelerate kuzidisha mwendo

accolade sifa kuu
accommodate kupatia mahali
pa kukaa
accommodating -enye hisani
accommodation mahali pa
kukaa
accompaniment mafuatano
accompany kufuatana na;
kusindikiza

---

accompany

The Swahili meanings have different functions:

1 **-fuatana** means *accompany, follow one another,* e.g.
Watoto wanafuatana siku zote. *The children always go
around together.*

2 **-sindikiza** means go *with a departing visitor part of the
way home,* e.g. **Alimsindikiza rafikiye mpaka kivuko.** *He
accompanied his friend as far as the crossing.*

---

acceleration ongezo la
mwendo
accent mkazo wa sauti;
lafudhi
accent/uate kukaza
accept kukubali; kupokea
acceptability ukubalifu
acceptable -a kupendeza
acceptance kukubali
access nija ya kufikia
accessible -a kufikika
accession urithi wa cheo kikuu
accessories vifaa vya ziada
accessory msaidizi katika
uhalifu; -a kusaidia
accident tukio(ma); ajali
accidentally kwa nasibu tu
acclaim kusherehekea
acclamation vifijo na
vigelegele
acclimatized (be) kuzoea tabia
ya ugenini

accomplice mshirika katika
tendo baya
accomplish kutimiza
accomplishment 1 utimizo;
2 kazi ya ustadi
accord/ance upatano
of his own accord kwa hiari
yake; **in accordance with**
kwa mujibu wa
accordingly kwa hiyo; hivyo
accost kuendea na kuamkia;
kukabili
account 1 hesabu;
2 masimulizi
account for kueleza sababu
on account of kwa sababu ya
on no account sivyo kabisa
be accountable kupasiwa
accountant mtunza hesabu;
mhasibu
accredit kuteua kuwa mwakilishi
accrue kuongezeka

acculturation uzoeaji wa tabia
ya kigeni
accumulate kuongezeka kwa
kulimbikwa; kukusanya
accumulation mkusanyo
accuracy usahihi
accurate sahihi
accursed -baya kabisa
accusation mashtaka
accuse kushtaki
  be accused kushtakiwa
accuser mshtaki
accustom kuzoeza
  be accustomed kuzoea
ace ree; shujaa mkuu
ache maumivu; kuuma
achieve kufanikiwa; kufaulu
achievement 1 tendo bora;
  2 utimizo
acid -chungu
acknowledge 1 kukiri;
  2 kujulisha wasili
acknowledgement 1 ukiri;
  2 shukrani; 3 cheti cha wasili
acme kipeo
acne chunusi
acoustic -a sauti
acoustics mazingira sikizi
acquaint kujulisha
  be acquainted kujuana
acquaintance 1 ujuzi kidogo;
  2 mtu umjuaye
acquiesce kukubali
acquiescence ukubali
acquire kujipatia
acquisition pato(ma)
acquisitive -pasi
acquit kuondoa hatiani
acquittal ondoleo la hatia
acre eka
acrid -chungu
acrimonious kwa maneno
  makali

acrimony ukali
acrobat mwanasarakasi
across toka upande mmoja
  mpaka upande wa pili
act 1 kutenda; 2 kuigiza
  hadithi
act, action tendo(ma)
activate kuamsha
active -epesi
activity utendaji
actor, actress mwigaji wa
  hadithi; mchezaji
actually hasa; halisi, kwa kweli
actuary mtakwimu bima
acumen busara
acupuncture tiba vitobo
adage methali
acute -kali; (-angle) pembekali
adamant -gumu; be adamant
  kushika kani; kuwa mkaidi
adapt kuendekeza
adaptable rahisi kubadilishwa
adaptation mabadiliko
add kujumlisha; kuongeza
addendum nyongeza
adder kifutu
addict mwenye kushindwa na
  tamaa fulani
  be addicted to kuzoelea;
  kutawaliwa na
addition nyongeza
address 1 anwani; kuandika
  anwani; 2 hotuba; kuhutubu
adept mstadi
adequacy utoshelevu
adequate -a kutosha
adhere kuambatana; kushika
adherent mfuasi
adhesion ushikamano
adhesive gundi; -a kunata
adjacent -a kupakana
adjective kivumishi
adjoin kupakana na

adjourn kuahirisha
adjournment uahirishaji
adjudicate kuamua;
 kuhukumu
adjudicator mwamuzi
adjunct kiongezo
adjure kuapiza
adjust kusawazisha;
 kurekebisha
adjustment urekebishaji
administer kusimamia
administration serkali;
 usimamizi
admirable -zuri
admiral mkuu wa manowari
admiration mshangao
admire kusifu
 be admired kusifiwa
admissible -a kukubalika
admission 1 ukiri; 2 ruhusa ya
 kuingia
admit 1 kukiri; 2 kuingiza
admittance ruhusa ya kuingia
admixture mchanganyiko
admonish kuonya
admonition onyo(ma)
ado udhia
adolescence ubalehe
adolescent kijana; balehe
adopt (a custom) kupokea na
 kufuata; (a child) kupokea
 kama mwana
adoption upokeaji
adorable -a kupendeza sana
adoration (God) ibada;
 (person) heshima na upendo
adore (God) kuabudu;
 (person) kupenda sana
adornment mapambo
adrift (be) kuchukuliwa bila
 rubani
adroit mahiri
adulation sifa za kurairai

adult mtu mzima
adulterate kughoshi
adulteration ughoshi
adultery uzinzi
 commit adultery kuzini
adulthood utu uzima
advance kuenda au kuendesha
 mbele
advancement maendeleo
advantage faida; manufaa
advantageous -a kuleta faida
advent majilio
adventure shani; tukio la ajabu
adventurous -jasiri
adverb kielezi
adversary adui; mshindani
adverse -a kupinga
adversity msiba; taabu
advertise kueneza sifa;
 kutangaza biashara
advertisement tangazo(ma)
advice shauri(ma)
advisable -a kufaa
advise kutoa shauri
adviser mshauri
advocate mteteaji; kutetea
adze tezo
aerial 1 -a hewani; 2 uzi wa
 redio
aerodrome kiwanja cha
 eropleni
aeronaut rubani wa eropleni;
 mwanahewa
aeroplane eropleni; ndege
affable -kunjufu
affair jambo (mambo)
affect 1 kugeuza; 2 kujifanya
 ushaufu
affected (be) 1 kugeuzwa;
 2 kufanya ushauu
affectation madaha
affection upendo
affectionate -enye upendo

affidavit hati ya kiapo
affiliate kuingiza katika shirika
affiliation ushirika; uhusiano
affinity ujamaa; uvutaji
affirm kukiri; kuthibitisha
affirmation uthibitisho
afflict kutesa
affliction taabu; mateso
afflluence utajiri
affluent -tajiri
afford kuwa na fedha au
  nafasi ya kutosha
afforestation upandaji wa miti
affray fujo
affront twezo(ma); kutweza
afore- mbele
aforesaid iliyokwisha tajwa
afraid (be) kuogopa
aft nyuma; shetri
after baada ya; nyuma ya
afternoon alasiri
afterthought wazo la baadaye
afterwards baadaye
again tena
against 1 kupambana na;
  2 kupinga; **3** kuegemea
age umri; muda mrefu
  old age uzee
aged 1 -zee; **2** umri wa
agency 1 uwakili; **2** kazi
agent 1 wakili; **2** kitenda kazi
aggravate kuudhi; kuongeza
  ubaya
aggravation uchokozi; ongezo
  la ubaya
aggregate jumla
aggression shambulio(ma);
  ushari
aggressive -a jeuri
aggressor mwenye kuanzisha
  matata; mchokozi
aggrieved -enye uchungu
aghast (be) kushikwa na
  fadhaa

agile upesi wa mwendo
agility wepesi
agitate kutikisa; kufadhaisha
agitation wasiwasi
agnostic mwenye shaka
ago zamani
  long ago zamani sana
agonizing -a kuumiza mno
agony maumivu makali
agree kupatana
agree to kukubali
agreeable -a kupendeza
agreement mapatano
agriculture kilimo; ukulima
agronomy sayansi ya uchumi
  wa kilimo
aground (be) kupwelewa
ahead mbele
aid msaada; kusaidia
  be aided kusaidiwa
AIDS Ukimwi (Ukosefu wa
  Kinga Mwilini)
ailment ugonjwa(ma)
aim shabaha; kupiga shabaha
air hewa; **by air** kwa
  ndege/eropleni
air force jeshi la anga
air letter karatasi ya ndege;
  eafomu
air-bed godoro la hewa
aircraft eropleni; ndege
airline shirika la ndege
airport uwanja wa ndege
airs madaha
airtight *i*siyopitisha hewa
ajar wazi kidogo (*door*)
akin -a jamaa moja
alacrity wepesi
alarm mshtuko; kamsa; kutia
  hofu
alarming -a kutia hofu
album kitabu cha kutilia picha,
  etc.

alcohol

alcohol kileo
ale pombe
alert (be) kuwa macho
algebra aljebra
alias jina la pili la kificho
alibi dai la kuwapo mahali
  pengine
alien mgeni wa nchi au tabia
alienate kufarakisha; kutenga
alight kushuka na kutua
  be alight kuwaka moto
align kupanga katika mistari
alike -a kufanana
alive hai
all -ote
  not at all hata kidogo
all the better afadhali sana
allay kutuliza
allegation, allege kushtaki bila
  ushuhuda; kudai
allergy mzio; be allergic to
  kuwa na mzio wa
alley kichochoro(vi)
alliance mwungano
alligator mamba wa Marekani
allocate, allot kugawanyia
allocation mgawo; fungu(ma)
allotment mgawo; ngwe
allow kuruhusu
allowable halali
allowance kiasi
  kilichoruhusiwa
alloy mchanganyiko wa
  madini
allude to kutaja kwa kifupi
allure mvuto
alluring -a kuvuta
allusion mtajo kwa machache
alluvial -enye asili ya matope
  ya mto
ally (allies) waliojiunga kwa
  masharti fulani
almanac kalenda

almighty mwenyezi
almond lozi(ma); (tree) mlozi;
almost karibu; takriban
alms sadaka; zaka
aloft juu
alone peke yake
along kwa mbele
alongside mbavuni
aloof mbali
aloud kwa sauti ya kusikika
alphabet alfabeti
already kabla ya wakati;
  kwisha (kufanya n.k.)
also pia; tena
altar madhabahu
alter kubadili
alteration mabadiliko
altercation ugomvi; mzozo
alternate siku kwa siku; zamu
  kwa zamu, etc.
alternative njia ya pili
although ingawa; ijapokuwa
altitude mwinuko
altogether kabisa
all together -ote pamoja
aluminium madini nyepesi
  nyeupe; alumini
always sikuzote
am ni
amalgamate kuungamana
amalgamation maungamano
amass kukusanya chungu
  nzima
amateur afanyaye kazi kwa
  kujifurahisha tu
amaze kushangaza
  be amazed kushangaa
amazement mshangao
ambassador balozi(ma)
ambiguity maneno ya
  kufahamika kuwili
ambiguous a kufahamika
  kuwili

ambition nia ya kujiendesha mbele sana
ambitious -enye kutaka makuu
ambulance gari la wagonjwa
ambush oteo(ma); kuotea njiani
ameliorate kupoza
amenable -sikivu
amend kutengeneza ifae zaidi; kusahihisha
amendment marekebisho
make amends kuridhisha
amenity, amenities mapendezi
America (USA) Marekani
American (person) Mmarekani
amiable -kunjufu
amicable -enye urafiki
amid/st miongoni mwa
amity urafiki
ammunition silaha za vita
amnesia usahaulifu mkubwa
amnesty masamaha ya walioiasi serikali
among/st katikati ya; miongoni mwa
amorous -enye ashiki
amount jumla; kiasi
amount to kuwa sawa na
ample -a kutosha
amplify kuongeza
amplifier amplifaya
amputate, amputation kukata mkono au mguu
amulet hirizi
amuse kuchekesha; kufurahisha
amusement furaha; kichekesho
amusing -a kuchekesha
anaemia upungufu wa damu
anaesthetic dawa ya usingizi
analogy mfano
analyse, analysis kuchanganua

anarchy maasi ya raia
anatomy elimu ya mwili na sehemu zake; anatomia
ancestor mkale
ancestry jadi
anchor nanga
ancient -a kale
ancillary dogo
and na
anecdote hekaya
anew tena; upya
angel malaika
anger hasira; kukasirisha
angle pembe; **right-angle** pembe mraba; **acute angle** pembe kali
angler mvuvi
angry (be) kukasirika
anguish huzuni kuu
animal mnyama
animated -kunjufu
animation ukunjufu
animosity chuki
ankle kifundo cha mguu
ankylostomiasis (*hookworm dis.*) safura
annals tarehe na habari
annex, annexation kujitwalia
annihilate kuangamiza kabisa
annihilation maangamizi
anniversary ukumbusho wa kila mwaka
annotate kutia maelezo
announce kutangaza
announcement tangazo(ma)
annoy kuudhi
annoyance udhia
annual -a kila mwaka
annuity fedha ilipwayo kila mwaka; malipomwaka
annul kutangua
annulment tanguo(ma)
anoint kupaka mafuta

anomaly kitu kishichofuata
  kawaida

anonymous (anon) bila jina

another -ingine

answer jibu(ma); jawabu(ma)

answer (*a question*) kujibu; (*a
  call*) kuitika

  be answerable kupasiwa

ant siafu; chungu, etc.

  white ants mchwa

antagonism uadui; ushindani

antagonist adui; mshindani

antagonize kufanya adui

ant-bear (*aardvark*) muhanga

antecedent jambo liliotangulia

antelope paa

antenatal kabla ya kuzaa

anterior -a nyuma

anteroom chumba cha
  kungojea

anthem (*church*) wimbo wa
  kanisa; (*national*) wimbo wa
  taifa

ant-hill kichuguu

anthology kusanyiko la
  mashairi, n.k.

anthropology elimu ya
  binadamu; anthropolojia

anticipate, anticipation
  kutazamia mbele

anticlimax mpomoko

anticlockwise kinyume saa

antics matendo ya kuchekesha

antidote dawa ya kupoza
  nguvu ya sumu

antipathy chuki

antiquated -a kikale

antique kitu cha zamani

antiquity zamani za kale

antiseptic dawa ya kuzuia
  ukuaji wa bakteria kwenye
  ngozi

anvil fuawe

anxiety hofu; fadhaa

  be anxious kuhofu; kufadhaika

any -o -ote

any time wakati wo wote

anybody, anyone ye yote

anyhow vyo vyote

anything cho chote, etc.

anywhere po pote

apace upesi

apart mbali

apartment chumba; fleti

  let apartments kupangisha
  vyumba

apathy utepetevu

ape nyani

aperient dawa ya kuharisha

apex ncha ya juu; kilele

aphasia ubumbuwazi; afazia

aphorism methali

apiece kila moja

apologize kuomba radhi

apostle mtume(mi)

apostrophe alama

appal kutisha

appalling -a kutisha

apparatus zana maalum za
  kazi

apparel mavazi

apparent dhahiri

apparition mzuka

appeal 1 maombi; kuomba;
  2 (*legal*) rufaani; kutaka
  rufani

appear kutokea; kuonekana

appearance 1 tokeo(ma);
  2 sura

appease kutuliza

appeasement utulizo

append kutia mwishoni

appendage nyongeza
  mwishoni

appendicitis ugonjwa wa
  kidole tumbo

appendix 1 kiambatisho;
  2 kidole tumbo
appertain to kuhusu
appetite hamu ya chakula
appetizing -a kutamanisha
  chakula
applaud kupiga makofi
applause vifijo na makofi
apple tofaa/tufaha(ma)
appliance chombo cha
  kufanyia kazi
applicable -a kuhusu
applicant mwombaji
application 1 maombi; **2** bidii
apply 1 kupeleka maombi;
  2 kujitia kwa bidii; **3** kutia
apply to 1 kupeleka maombi
  kwa; **2** kuhusu
appoint kuteua; kuajiri
appointment 1 mapatano ya
  kukutana; **2** kazi; cheo
apportion kugawanyia
apportionment mgawo
appraisal tathmini
appraise kutathmini;
  kukadirisha thamani
appreciable -a kiasi cha
  kupimika
appreciate, appreciation 1
  kuthamini sana; **2** kufahamu
apprehend 1 kufahamu;
  2 kuhofia; **3** kukamata
  be apprehensive kuhofia
apprentice mwanafunzi wa
  ufundi
approach kukaribia
  be approachable kufikika;
  kuambilika
approbation kibali; sifa
appropriate 1 -a kufaa;
  2 kujitwalia
appropriation 1 -liyowekwa
  kwa kazi fulani;
  2 -liyotwaliwa

approval kibali
  on approval -a kurejezeka
approve kukubali;
  kupendezwa na
approximate/ly karibu
  sawasawa
approximation kisio(ma)
apt -a kufaa
aptitude kipaji
aptly kwa namna ya kufaa
aquarium tangi la kuwekea
  samaki
aquatic -a kuishi majini
aquiline -a tai
Arab (person) Mwarabu
Arab countries Arabuni
Arabic Kiarabu
arable -a kulimika
arbitrary -siyofuata kanuni
arbitrate 1 kuamua;
  2 kupatanisha
arbitration uamuzi
arbitrator 1 mwamuzi;
  2 mpatanishi
arc sehemu ya duara
archaeology uchunguzi wa
  mambo ya kale
archaic -a kale
archbishop askofu mkuu
archer mpiga upindi
archipelago funguvisiwa(ma)
architect mwenye maarifa ya
  ujenzi; msanifu majengo
architecture usanifu majengo
archives nyaraka
archivist mhifadhi nyaraka
ardent -enye shauku
ardour shauku na bidii
arduous -a kuchosha
are *see* **be**
area eneo(ma)
arena kiwanja cha michezo
argue kubishana; kujadiliana

argument mabishano; majadiliano
arid kame
arise (arose, arisen) kuinuka; kutokea
arithmetic elimu ya hesabu
ark safina; kasha(ma)
arm mkono
armistice mapatano ya amani ya muda
arms, armament zana za vita
army jeshi(ma)
aroma harufu nzuri
arose *see* **arise**
around kuzunguka
arouse kuamsha
arrange kupanga; kutengeneza
arrangement mpango; matengenezo
array 1 mpango; **2** mavazi ya fahari
arrears kazi au fedha iliyokawia
arrest 1 kusimamisha; **2** kukamata
arrival majilio; ufikaji
arrive kufika; kuwasili
arrogant -a kutakabari
arrow mshale
arson kuchoma moto kusudi
art sanaa, hasa ya picha
artery mshipa mkubwa wa damu
artesian well kisima cha chemchemi
artful -erevu
arthritis ugonjwa wa baridi yabisi
article 1 kitu; **2** makala; **3** masharti
artifice 1 ufundi; **2** hila
artificial -a kuigwa

artisan fundi(ma)
artist mwandishi wa picha
artistic -zuri; -sanifu
as kama; -vyo; kwa sababu; maadamu
as if kana kwamba
as well pia
ascend, ascension kupanda; kupaa
ascent upandaji mlima
ascertain kupata kujua
ascetic mwenye kujinyima anasa
ash majivu
ashamed (be) kuona haya
aside kando
ask kuuliza
ask for kuomba
askew benibeni
asleep (be) kulala
aspect sura; elekeo(ma)
asphalt lami
aspiration taraja; shauku
aspire to kutarajia; kuonea shauku
aspirin aspirini
ass punda
assail kushambulia
assassin mwuaji kwa hila
assassinate, assassination kuua kwa hila
assault shambulio(ma)
assemble kukusanya; kukusanyika
assembly mkutano
assent idhini; kukubali
assert kukaza ukweli
assertion maneno yanayodai ukweli
assess kupima kadiri
assessment kadiri ipasayo
assets mali aliyo nayo mtu; rasilmali

assign kugawia
assignment kazi aliyopewa
  mtu
assist kusaidia
assistance msaada
assistant msaidizi
associate mwenzi;
  kushirikiana
association jumuia; chama
assortment vitu vya aina
  nyingi
assuage kutuliza
assume 1 kudhani;
  2 kujitwalia
assumption dhana
assurance hakika; matumaini
assure kuondoa shaka
asterisk alama*
asthma ugonjwa wa pumu
astonish kushangaza
  be astonished kushangazwa
astonishment mshangao
astray (go) kupotea
astrology unajimu
astronaut mwanaanga
astronomy falaki
astute -erevu
asunder mbali mbali; vipande
  vipande
asylum mahali pa salama
at penye
atheist mkana Mungo; kafiri
athlete mwanariadha
athletics riadha
atlas kitabu cha ramani
atmosphere hewa
atone kufanya upatanisho
atonement upatanisho
atrocious -ovu kabisa
atrocity ukatili
attach kufunga pamoja
  be attached to kuambatana
  na; kupenda

attachment kifungo; upendano
attack mashambulio;
  kushambulia
attain, attainment kufikia;
  kupata
attainable -a kufikika; -a
  kupatikana
attempt kujaribu
attend kuhudhuria
attend to kuangalia
attendance hudhurio(ma)
attendant mwangalizi
attention uangalifu
  pay attention kuangalia
attentive -angalivu; -sikivu
attest kushuhudia
attic chumba cha juu
attire mavazi
attitude mtazamo
attract kuvuta
attraction mvuto
attractive -a kupendeza
attribute sifa; kuhesabia
aubergine biringani
auction mnada; kunadi
auctioneer mnadi
audacious -jasiri
audacity ujasiri
audible -a kusikika
audience wasikilizaji; hadhira
audit mkaguo; kukagua
  hesabu
auditor mkaguzi wa hesabu
augment kuongeza
augmentation nyongeza
augur kubashiri
augury 1 ubashiri **2** ndege
aunt mama mdogo; shangazi
auspicious -a ndege njema
austere bila anasa
austerity ukosefu wa anasa
authentic -a kweli
authenticate kuthibitisha

author mtungaji; mwandishi
authority 1 mamlaka; mwenye
  amri; 2 mjuzi wa habari fulani
authorize kuruhusu
  be authorized kuruhusiwa
autobiography maisha ya
  mtungaji mwenyewe;
  tawasifu
automatic -a kujiendesha
automatically kama mashine
automobile motakaa
Autumn Septemba, Oktoba,
  Novemba
auxiliary -a kusaidia
avail faida; kufaa
  be available kupatikana
avalanche poromoko theluji
avarice ubahili
avaricious -bahili
avenge kulipiza kisasi
avenue njia yenye miti
  kandokando
average wastani
averse to (be) kutopenda
aversion machukio
avert kukinga
aviation usafiri wa hewani
aviator rubani wa eropleni
avoid kuepuka
  be avoidable -a kuepukika
await kungojea
awake (awoke) kuamka
  be awake kuwa macho
award tuzo; kutuza
aware (be) kufahamu
away mahali pengine
awe kicho
awful -baya sana
awfully sana
awhile kwa muda mfupi
awkward -zito kutenda
awl msharasi
awning tandiko la kukinga jua

awoke see awake
awry pogo
axe shoka(ma)
axis (of earth) mhimili;
  (math.) jiraa
axle chuma cha katikati ya
  magurudumu
azure buluu; samawati

B

babble kubwabwaja
baboon nyani(ma)
baby mtoto mchanga
bachelor mtu asiyeoa; kapera
back mgongo; upande wa
  nyuma
backbite kuchongea
backbone uti wa mgongo
backpack shanta
backtrack kurudi ulikotoka
back/wards nyuma
backward bado kuendelea
  vema
bacon nyama ya nguruwe
bad -baya; -bovu
  go bad kuoza
bade see bid
badge alama ya kujulisha
  skuli, etc.; beji
badly vibaya
badness ubaya
baffle kutatiza; kuzuia
baffling -gumu
bag mfuko; handbag mkoba
baggage mizigo
bail dhamana
bairn mtoto
bait chambo; kutia chambo
bake kuoka
baker mwokaji
balance mizani; usawa;
  kusawazisha

balcony baraza ya juu; roshani
bald -enye upara
bale robota(ma); mtumba
ball mpira; donge(ma)
ballad utenzi
ballet uigaji wa hadithi kwa
  dansi
balloon (*hot air*) puto la hewa
  ya joto
ballot kura
bamboo mwanzi
ban katazo(ma); kukataza
banana (*plant*) mgomba;
  (*fruit*) ndizi
band 1 utepe; **2** kundi(ma);
  3 ngoma
bandage kitambaa cha
  kufungia dawa; bendeji
bandit haramia(ma)
bandy (*of legs*) -a matege
bang mshindo
bangle bangili
banish kuhamisha
banishment uhamisho
banjo gambusi
bank 1 fungu la mchanga;
  ukingo(k); **2** benki ya fedha
  be bankrupt kufilisika
banner bendera(ma)
banns tangazo la ndoa
banquet karamu
baobab mbuyu
baptism ubatizo
baptize kubatiza
bar 1 pingo(ma); kupinga;
  2 baa ya hoteli
barbarian mshenzi
barbarous -katili
barber kinyozi
bard mshairi; malenga
bare -tupu
barefaced bila haya
barely kwa shida

bargain 1 mapatano; **2** pato la
  bahati; **3** kupatana bei
barge tishari(ma)
barge in kujiingiza bila adabu
bark 1 gome la mti; **2** kubweka
barley shayiri
barn ghala ya nafaka
barometer kipima-hewa
barracks nyumba za askari
barrel pipa(ma)
barren (*land*) kame; (*animals*)
  tasa
barricade boma(ma); kizuizi
barrier mgogoro
barrister wakili wa sheria
barter kubadilishana bidhaa
base 1 tako(ma); upande wa
  chini; **2** -baya; -nyonge
baseless bila ushahidi
bashful -enye haya
basic -a msingi
basin bakuli; beseni
basis msingi
bask kuota jua
basket kikapu
bass sauti nene ya kiume
bastard mtoto wa nje ya
  ndoa; mwanaharamu
bat 1 popo; **2** kibao cha
  kuchezea mpira
batch vitu vingi vya namna
  moja
bath chombo cha kuogea; bafu
bathe kuoga; kuogesha
bathroom maliwato; bafu;
  msala
batik batiki
baton kifimbo; (*police*)
  kirungu
battalion sehemu ya rejimenti
  katika jeshi
batter 1 rojo ya ngano;
  2 kugongagonga kwa nguvu

battery (*of radio, torch, etc.*)
betri
battle pigano(ma); vita
battleship manowari
bay ghuba
  at bay kukabili adui
  keep at bay kukinga
  stand at bay kukita
bazaar madukani
be kuwa *see page 9*
beach pwani; ufukoni
beacon mwanga mkubwa wa
  kujulisha habari
bead ushanga(sh)
beak mdomo wa ndege
beam 1 boriti(ma); **2** mwali wa
  nuru
beans maharagwe, kunde, n.k.
bear dubu
bear (bore, born/e)
  1 kuchukua; **2** kuvumilia;
  3 kuzaa
bear in mind kukumbuka
bearable -a kuvumilika
beard ndevu
beast mnyama
beat (beat, beaten) kupiga;
  kushinda
  be beaten kupigwa;
  kushindwa
beautiful -zuri
beautify kufanya -zuri
beauty uzuri
became *see* **become**
because kwa sababu
beckon kupungia mkono
become (became, become)
  1 kuwa; **2** kufaa
becoming -a kupendeza; -a
  kufaa
bed 1 kitanda; **2** ngwe ya
  bustani
bedclothes, bedding
  matandiko

bednet *see* **mosquito net**
bedridden -gonjwa kitandani
bee nyuki
beef nyama ya ng'ombe
bee-hive mzinga
bee-line njia moja kwa moja
been *see* **be**
beer pombe
beeswax nta
beetle dundu
befit, be befitting kuagia;
  kufaa
before kabla (ya); mbele (ya)
  as before kama kwanza
beforehand mbele
befriend kufadhili
beg kuomba
began *see* **begin**
beggar mwombaji
begin (began, begun) kuanza;
  kuanzisha
beginning mwanzo
begrudge kuhusudu; kuonea
  chuki
beguile kuvuta kwa werevu
behalf of (on) kwa niaba ya
behave kutenda; kujiweka
  well behaved mwenye adabu
behaviour mwenendo; mazoea
behead kukata kichwa
behind nyuma (ya)
behindhand (be) kuchelewa
behove kupasa
being kuwako
  human being kiumbe;
  binadamu
belch kupiga mbweu
belfry chumba cha kengele
  kanisani
belief imani
believe kuamini; kusadiki
  be believable kusadikika
belittle kudunisha
bell kengele; njuga
belligerent mchokozi**

bellows mivuo
belly tumbo(ma)
belong to kuwa mali yake
  where it belongs mahali pake
belongings vitu alivyo navyo
  mtu
beloved mpenzi
below chini (ya)
belt ukanda(k)
bench ubao wa kukalia
bend kupinda, kuzinga;
  mzingo
  be bent kupindika
  be bent on kutaka sana
beneath chini ya
benediction baraka
benefaction fadhili
benefactor mhisani
beneficial -enye manufaa
beneficiary mfadhiliwa
benefit faida
benevolence ukarimu
benevolent -karimu
benign -ema
bequeath kurithisha; kuachia
bequest usia(ma); urithi
bereaved (be) kufiwa
bereaved person mfiwa
berry tunda dogo kama forsadi
berth 1 kituo cha meli gatini;
  2 kitanda melini au garini
beseech (besought) kusihi
beside kanda ya; zaidi ya
besides tena; zaidi
besiege kuhusuru
besought *see* **beseech**
best bora kabisa
bestow on kukirimia
bet kubahatisha fedha;
  bahatisho la fedha
betel tambuu; (*tree*)
  mtambuu; majani ya
  mtambuu
betray kusaliti; kudhihirisha

betrayal usaliti
betroth kufunga uchumba
betrothal uchumba
better -zuri zaidi
  be better afadhali
  get better kupata nafuu
between kati ya
bevel ukingo wa bao; kupiga
  ukingo wa ubao
beverage kinywaji
beware kujihadhari
bewilder kutia wasiwasi
  be bewildered kuona
  wasiwasi
bewilderment wasiwasi
bewitch kuloga
beyond kupita
bhang bangi
bias upendeleo; maelekeo
Bible Biblia
bibliography bibliografia
bicker kubishanabishana
bicycle baiskeli
bid (bid, bid) kuzabuni
  mnadani
biennial kila mwaka wa pili
bier jeneza
bifocal -enye lenzi mbili
big -kubwa
bigamy kuoa mke wa pili
  kinyume cha sheria
bigoted -shupavu
bilateral -a pande mbili
bile nyongo
bilharzia kichocho
bilingual -enye kusema lugha
  mbili
bill 1 mdomo wa ndege;
  2 hesabu ya fedha; **3** sheria
  mpya (mswada)
billow wimbi(ma)
bin 1 sanduku kubwa au piga;
  2 mwana wa
binary -a jozi

bind (bound) kufunga; kujalidi vitabu

binding 1 kitu kifungacho; jalada; **2** -a lazima

binoculars darubini

biographer mwandika wasifu

biography masimulizi ya maisha ya mtu

biology elimu ya viumbe

bird ndege; nyuni

birth uzazi; **give birth** kuzaa; kujifungua

birthday ukumbusho wa siku ya uzazi

birthrate kima cha uzazi

biscuit biskuti

bisect kukata katika sehemu mbili sawasawa

bishop askofu(ma)

bit 1 see **bite**; **2** kipande

bit by bit kidogo kidogo

bitch mbwa jike

bite (bit, bitten) kuuma

bitter -chungu

bitterness uchungu

black -eusi; -a giza

black art ulozi

black market magendo

blackboard ubao wa skuli

blackguard ayari

blackmail mlungula; kulungula

blacksmith mhunzi

bladder kibofu; (in a football) mpira

blade (grass) jani(ma); (knife) ubapa(b)

blame lawama(ma); kulaumu **be to blame** kuwa na hatia

blameless bila hatia

blank -tupu; pasipo mwandiko

blanket blanketi(ma)

blaspheme kukufuru

blasphemy ukufuru

blast mshindo wa upepo; kupasua kwa baruti

blaze ndimi za moto; kuwaka sana

bleach kufanya nyeupe

bleak -a ukiwa

bleat kulia kama kondoo

bleed (bled) kutoku damu

blemish ila; dosari

blend kuchanganya; kupatana

bless kubariki **be blessed** kubarikiwa

blessing baraka

blew see **blow**

blight kuvu; koga

blind -pofu

blind person kipofu

blindfold kufunika macho

blindness upofu

blink kupepesa macho

bliss furaha kamili

blister lengelenge(ma)

blizzard tufani ya theluji

block pande(ma); kuziba njia

blockade mazingiwa; kuhusuru

blood damu

blood group aina ya damu

blood poisoning damu

bloodshed uuaji

bloodthirsty -katili

bloom, blossom ua(ma); kutoa maua

blot, blotch waa(ma); kutia mawaa

blow (blew, blown) (wind) kuvuma; (mouth) kupuliza

blow dharuba; pigo(ma)

blubber mafuta ya nyangumi

blue buluu; samawati

blue-bottle nzi wa chooni

blunder kosa(ma); kuchafua kwa ujinga

blunt butu

blurred (be) kutoonekana vema
blurt out kupaya
blush rangi nyekundu;
  kugeuka rangi
boar nguruwe dume
board ubao(mb)
  on board melini
board and lodging chakula na
  malazi
boast majivuno; kujivuna
boat chombo; meli
bode kubashiri
body 1 mwili; **2** kundi(ma)
bodyguard askari wafuasi
bog bwawa(ma)
boggy -a kutopea
boil 1 jipu(ma) **2** kuchemka;
  kuchemsha
boiler chombo cha kupikia
  maji
boisterous -a nguvu
bold -jasiri
  make bold to kuthubutu
boldly kwa ujasiri
bolster up kuimarisha
bolt 1 komeo(ma): kukomea;
  2 kukimbia kasi
bomb kombora(ma); kupiga
  makombora
bombardment shambulio la
  mizinga

bonfire moto wa sherehe
bonnet kofia
bonus malipo ya ziada
book kitabu
bookcase kasha la vitabu
booking clerk karani auzaye
  tiketi za safari
booking office mahali pa
  kununua tiketi
book-keeping uwekaji hesabu
booklet kijitabu
boom 1 ngurumo; kunguruma;
  2 usitawi wa ghafula
boot kiatu kirefu
booty mateka; nyara
border mpaka; ukingo(k)
border on kupakana na
bore 1 *see* **bear**; **2** kutoboa;
  kubungua; **3** kuchosha
boredom uchoshi
born (be) kuzaliwa
borne (be) kuvumilika
borough mji mkubwa
borrow kuazima; kukopa
borrower mkopi
bosom kifua
bosom friend msiri
boss (*master*) bosi; mzee;
  kuamuru; kusimama
botany elimu ya mimea
both vyote viwili

both

The Swahili -ote -wili (here in agreement with a KI–VI plural noun) literally means **all two**. These qualifiers have to 'agree with' their noun; -ote takes the verb prefix and -wili takes the noun/adjective prefix: with M–WA plurals *wote wawili*, with M–MI plurals *yote miwili*, with N plurals *zote mbili*, etc.

bond kifungo
bondage utumwa
bone mfupa; (*fish*) mwiba

bother matata; kusumbua;
  kusumbuka
bottle chupa

bottom upande wa chini
bough tawi(ma)
bought *see* **buy**
boulder mwamba; jabali
bounce kuruka kama mpira
bouncy -enye uchangamfu
bound 1 *see* **bind; 2** mruko;
  kuruka
  be bound for kuendea
  be bound to kulazimika
  be bounded by kupakana na
boundary, bounds mipaka
bountiful/ly tele
bounty ukarimu
bouquet shada la maua
boutique duka la nguo na
  urembo
bow kuinama; kuinamia
  kichwa

bow 1 upindi; **2** gubeti;
  3 fundo la utepe
bowels matumbo; uchengele
bowl bakuli; kufingirisha
box sanduku(ma); kupigana
  ngumi
box ears kupiga kofi
boxing mchezo wa ngumi
boy mtoto wa kiume
boycott kususa
boyhood utoto
bracelet kikuku
bracing -a kuburudisha
bracket kiango; kiweko
  ukutani
brackets vifungo
bradawl kipatasi
brag kujigamba
braid utepe
braille chapa cha vitabu vya
  vipofu
brain ubongo; akili
brainless -pumbavu
braise kupika kwa mvuke

brake kizuizi cha gari; breki
bran wishwa
branch tawi(ma)
brand aina; chapa
brand new kipya kabisa
brandy namna ya mvinyo
brass shaba nyeupe
brassiere sidiria
brave hodari
bravery ushujaa
brawl kugombana kwa kelele
bray mlio wa punda
brazen 1 -a shaba nyeupe;
  2 -kavu wa macho
breach pengo(ma) katika
  boma; kuvunja
bread mkate; bofulo
breadth upana
break (broke, broken) kuvunja
break news kufunulia habari
  mbaya
break up (*school*) kuanza
  likizo; (*marriage*) kutengana
breakdown uangamizi;
  kikomo
breakfast kifungua-kinywa
breast kifua; maziwa
breath pumzi
breathe kuvuta pumzi
  be breathless kutwetatweta
breathtaking -a kustaajabisha
breed aina; mbegu; kuzaa;
  kuzalisha
breeze upepo
brethren ndugu
brevity ufupi
brew kupika pombe
brewer mfanyaji pombe
brewery mahali pa kupika
  pombe
bribe rushwa; kutoa rushwa
bribery upenyezi; utoaji
  rushwa
brick tofali(ma)

bricklayer mwashi
bride bibi arusi; bi-arusi
bridegroom bwana arusi
bridge 1 daraja(ma); **2** mchezo
  wa karata
bridle hatamu
brief -fupi; (*lawyer's*)
  muhtasari; **briefing** maagizo
  maelezo
briefly kwa maneno machache
briefs chupi
brigand haramia(ma)
bright -enye kung'aa; -enye
  akili; -changamfu
brighten kutakata; kutakasa;
  kuchangamsha
brightness mng'aro
brilliant -a kung'aa sana; -enye
  akili nyingi
brim ukingo(k)
brimming over kifurifuri
brine maji ya chumvi
bring (brought) kuleta
bring to a stop kukomesha
bring up kulea
brink ukingo(k)
  on the brink of karibu sana
briquette tofali litengenezwalo
  kwa mavumbi ya makaa,
  makapi n.k.
brisk -epesi
British -a Kiingereza
British (person) Mwingereza
brittle -epesi kuvunjika
broad -pana
broadcast kueneza kotekote
  kwa redio au televisheni
broaden kupanua
brocade zari
broccoli aina ya mboga za
  majani; brokoli
broke *see* **break**
  be broken kuvunjika
broken-down (be) kuharibika

broken-hearted -enye huzuni
  kuu
bronchitis mkamba
bronze shaba nyeusi
brooch bizimu
brood makinda; kuotamia;
  kushika tama
brook kijito
broom ufagio(f)
brothel danguro
brother kaka; ndugu
brother-in-law shemeji
brought *see* **bring**
brow paji la uso; ukingo wa
  mlima
browbeat kupambanya
brown rangi ya kahawia
bruise chubuko(ma);
  kuchubua
bruised (be) kuchubuka;
  kuvilia
brush burashi; kupangusa
brush up kujikumbusha
  masomo
brutal -katili
brutality ukatili
brute hayawani
bubble povu; kutoa povu
buck paa dume
bucket ndoo
bucketful ndoo tele
buckle bizimu
bud tumba(ma); kuchanua
budget taarifa ya gharama
buffalo nyati
buffet meza ya kuandalia
  chakula
bug kunguni
bugle tarumbeta(ma) dogo
bugler mpiga tarumbeta dogo
build (built) kujenga
builder mjengaji
building jengo(ma)

bulb

bulb 1 shina kama kitunguu;
  2 electric light glopu
bulge kubenuka; kuvimba;
  mbenuko; uvimbe
bulk ukubwa; sehemu kubwa
bulky -kubwa
bull ng'ombe dume
bulldozer mashine ya
  kusawazisha ardhi; buldoza
bullet risasi
bulletin tangazo fupi
bullock ng'ombe maksai
bully mjeuri; kudhulumu
bulwark boma(ma); mbavu za
  meli
bump pigo(ma); kugonga
bumptious -a kiburi
bun mkate mtamu wa mviringo
bunch (*fruit*) kicha; (*flowers*)
  shada; (*veg*) kichanga
bundle bunda(ma)
bungalow nyumba isiyo na
  ghorofa
bungle kuboronga kazi
bunk kitanda melini au katika
  treni
buoy boya(ma)
buoyant -epesi
burden mzigo
burdensome -zito
bureau 1 afisi; **2** aina ya
  dawati
bureau de change byuro
bureaucracy urasimu
burglar mwizi
burgle, burglary kuiba
burial maziko
burn kuwaka; kuungua;
  kuunguza
  be burnt kuungua
burrow kishimo cha mnyama;
  kufukua
bursar msarifu

burst kupasuka ghafula
burst in kujivurumisha ndani
burst out kutoka kwa nguvu
bury kuzika
bus basi(ma)
bush kichaka; mti mfupi
bushy -enye nywele nyingi
busily kwa bidii
business 1 shughuli;
  2 biashara
bust kifua; sanamu ya kichwa
  na kifua tu
bustle kuharakia
busy -enye kazi nyingi
  be busy kushughulika
busybody mpekuzi
but lakini; ila
butcher mwuza nyama
butter siagi
butterfly kipepeo
buttocks matako
button kifungo; kufunga
buttress nguzo ya
  kuegemeza
buy (bought) kununua
buyer mnunuzi
buzz kung'ong'a
by na; kwa; karibu na
by-election uchaguzi mdogo
by-product pato la ziada
bystander mwenye kuwapo

C

cabbage kabichi
cabin kijumba melini
cabinet 1 baraza la mawaziri;
  2 kabati ndogo
cable amari; kamba nene ya
  waya
cackle mteteo wa kuku; kutetea
cactus mpungate, n.k.
cadet mwanafunzi wa jeshi

cadge kulondea
café mkahawa
cage tundu(ma); kizimba
cajole kubembeleza
cake 1 mkate mtamu;
 2 kugandamana
calabash buyu(ma)
calamity maafa
calcium kalisi
calculate kuhesabu; kufikiri

camera kamera
 in camera faraghani
camouflage kudanganya
 macho
camp kambi; kupiga kambi
campaign matendo yenye
 kusudi fulani; kugombea
 uchaguzi
can (could) kuweza;
 kuruhusiwa

---

can

Can means be able to: He can cook/He is able to cook.
Both can and be able to are translatable by -*weza*, e.g.
Anaweza kupika. He can/is able to cook.
The negative forms of -*weza* can mean feel ill, etc. *Siwezi.*
I feel unwell. *Hawezi. He feels ill.*

---

calculation hesabu; fikara
calculator kikokotoo
calendar kalenda
calf (calves) 1 ndama; **2** shavu
 la mguu
call kuita
 be called kuitwa
call for 1 kuhitaji; **2** kuja
 kuchukua
call on kwenda kuamkia
call to mind kukumbuka
call to prayers (*Muslim*)
 adhana; kuadhini
call together kukusanya
calling wito
callous -gumu
callously bila huruma
calm shwari; utulivu; kutuliza
calmly bila wasiwasi
calumny masingizio
calve kuzaa ndama
came *see* **come**
camel ngamia

can, canister kopo(ma); mkebe
canal mfereji
cancel kufuta; kutangua
cancellation mfuto; mtanguo
cancer 1 (*geog*) Kansa;
 2 (*med*) kansa (ya tumbo,
 ngozi, n.k.)
candid -nyofu; wazi
candidate mtahiniwa;
 mgombea uchaguzi
candle mshumaa
candlestick kinara cha
 mshumaa
candour unyofu
candy tamutamu; peremende
cane henzirani; fimbo
cane sugar sukari ya miwa
canine -a mbwa
cannabis bangi
cannibal mtu alaye nyama ya
 binadamu
cannon mzinga

cannot, can't *see* **can**

canoe mtumbwi; ngalawa

canon 1 kanuni; **2** cheo cha kasisi

canopy tandiko(ma) juu ya kiti, kitanda n.k.

cantata utenzi wa kuimbwa

canteen mezani; kantini

canvas kitambaa cha hema

canvass kuomba watu wasaidie jambo fulani

cap kofia; kifuniko

capability ufarisi; uwezo

capable farisi

capacious -enye nafasi nyingi ndani

capacity 1 ujazo; **2** nafasi; **3** akili

cape 1 rasi; **2** vazi la mabegani

capital 1 herufi kubwa; **2** jiji; **3** rasilmali; (*funds*) mtaji

capitulate, capitulation kuomba masharti ya amani

capricious -geugeu

capsize kupinduka juu chini

captain kapiteni(ma); nahodha

caption maelezo mafupi chini ya picha au juu ya makala

captivate kuvuta moyo

captive mateka; mfungwa

captivity utumwa; kifungo

capture kukamata

car motakaa; gari

car park maegesho ya magari

caravan 1 gari la kukaliwa; **2** msafara

carcass mzoga

card, cardboard karatasi nene; kadi

cardamom iliki

cardinal (RC) askofu mwenye cheo cha juu

cards karata

care hadhari; uangalifu

take care of kutunza; kuangalia

career 1 maisha na kazi; **2** kuenda mbio

careful -angalifu

careless -zembe

carelessly bila uangalifu

carelessness uzembe

caress kupapasa (kwa mahaba)

caretaker mwangalizi

cargo shehena

caricature picha ya mtu ya kuchekesha; karagosi

carnage mauaji

carnal -a mwilini

carnival sherehe

carnivorous -a kula nyama

carol wimbo wa furaha

carpenter seremala(ma)

carpentry useremala

carpet zulia(ma)

carriage gari(ma); behewa(ma); uchukuzi

carrier mchukuzi

carrot karoti

carry kuchukua; kubeba

carry on kuendelea

carry out kufikiliza

cart gari la kukokotwa

cartilage gegedu

cartography usanifu wa ramani

carton kibweta cha karatasi nene

cartoon picha ya kuchekesha

cartridge kibweta cha risasi

carve kuchonga; kutia nakshi

carving kinyago; nakshi

case 1 jambo; kesi; **2** kasha, bweta, etc.

in case ikiwa

cash fedha taslimu; kubadili kwa fedha

cashbook daftari ya fedha

cashew (*nut*) korosho; (*tree*) mkorosho
cashier mshika fedha; keshia
cask pipa(ma)
cassava muhogo
casserole chungu chenye kifuniko
cassette kaseti
cassock kanzu
cast 1 kutupa; 2 jamii ya wachezaji
  be cast down kuona majonzi
cast lots kupiga kura
castaway mpwelewa; maskini
castigate kuadhibu; kulaumu sana
castle ngome
castor oil mafuta ya mbarika
castor-oil tree mbarika; mbono
castrate kuhasi
castrated maksai
casual 1 -a bahati; -a mara kwa mara; 2 -zembe
casualty majeruhi; mtu aliyeumia au kufa
casuarina tree mvinje
cat paka
catalogue orodha; katalogi
catapult manati
cataract 1 poromoko la maji; 2 ugonjwa wa macho
catarrh mafua
catastrophe msiba mkuu
catch (caught) kukamata; kudaka
catch cold kushikwa na mafua
catch fire kushika moto
category aina; jamii
cater for kupatia chakula
caterpillar mtoto wa kipepeo
cathedral kanisa(ma) kuu
catheter katheta

catholic katoliko
cattle mifugo
caught *see* catch
  be caught kukamatwa
caul tandabui zalio
cauldron sufuria kubwa
cauliflower namna ya kabichi; koliflawa
caulk kukalafati
cause 1 sababu; 2 kufanyiza
causeless bila sababu
caustic -kali; -a kuunguza
cauterize kuunguza
caution 1 hadhari; uangalifu; 2 onyo(ma); kuonya
cautious -enye hadhari
cavalry askari farasi
cave, cavern pango(ma)
cave in kubomoka
cavil kutoridhika
cavity 1 (*teeth*) pengo; 2 shimo(ma); mvungu
cayenne pepper pilipili kichaa
CCM Chama cha Mapinduzi (*Tanzania*)
cease kukoma; kutulia
ceaseless bila kukoma
cede kutoa kwa mwingine
ceiling dari
celebrate kushangilia
celebrated mashuhuri
celebration maadhimisho
celebrity mtu maarufu
celerity wepesi
celestial -a mbinguni
celibacy kutokuoa
cell kijumba; asili ya viumbe hai
cell phone see mobile phone
cellar ghala ya chini
cello vailini kubwa; selo
Celsius Selisiasi
cement saruji; simenti

cemetery makaburini
cense kuvukiza
censer chetezo
censor mkaguzi wa vitabu n.k.
censorious -epesi wa kulaumu
censorship ukaguzi
censure lawama; kulaumu
census hesabu ya watu wa
  nchi sensa
cent senti
centenarian mwenye umri wa
  miaka mia
centenary ukumbusho wa
  miaka mia
centigrade sentigredi
centimetre kipimo cha moja
  kwa mia ya mita; sentimeta
centipede tandu
central -a kati
centre palipo katikati hasa
century karne
ceramic -a ufinyanzi
cereal nafaka
cerebral -a ubongo
ceremonial, ceremony ibada
  au sherehe ya heshima
ceremonious -a heshima
certain 1 hakika; 2 baadhi ya;
  3 fulani
  make certain kuhakikisha
certainly bila shaka
certainty hakika
certificate cheti cha sahihi
certify kutia sahihi; kuthibitisha
cervix mlango wa kizazi
cessation ukomo
chafe 1 kuchubua; 2 kuudhi
chaff 1 wishwa; 2 utani; kutania
chain mnyororo; mkufu
chair kiti
chairman mwenye-kiti
chalice kalisi
chalk chaki

challenge 1 kutaka thibitisho;
  2 kukaribisha mashindano
chamber chumba
chameleon kinyonga
champion mshinda wote
chance nafasi; bahati;
  kubahatisha
chancellor (*University*)
  mkurugenzi
change kubadili; kugeuza
  be changed kubadilika;
  kugeuka
changeable -a kigeugeu
channel mfereji; mlangobahari
chant kuimba
chaos machafuko makubwa
chaotic fujofujo
chapel kikanisa
chaplain kasisi wa hospitali,
  shule, jeshi, n.k.
chapter sura ya kitabu
char kuunguza
character 1 tabia; 2 (*in play or
  novel*) mhusika
characteristic sifa ya tabia
  be characteristic kupatana
  na tabia
charcoal makaa ya miti
charge 1 kuagiza; maagizo;
  2 kushtaki; mashtaka;
  3 kugharimisha; gharama;
  4 shambulio(ma);
  kushambulia
  be in charge of kuwa
  mwangilizi
charisma haiba kubwa
charitable -enye hisani
charity upendo; hisani
charlatan laghai
charm 1 hirizi; 2 uzuri
charming -a kupendeza
chart ramani
charter 1 mkataba;

2 kukodisha (*eropleni*, n.k.)

chase kukimbiza; kuwinda

chasm ufa mkubwa

chassis fremu ya gari; chesisi kiundi

chaste safi

chastise kuadhibu; kupiga

chastity ubikira; usafi

chat kuzungumza; kuongea

chatter kupayapaya

chatterbox mwenye maneno mengi

chauffeur dreva wa motakaa wa mtu binafsi

cheap rahisi

cheat mjanja; kupunja

check 1 kuzuia; **2** kusahihisha; **3** mirabaraba

check-up (*med.*) kupimwa

cheek 1 shavu la uso; **2** ukosefu wa adabu

cheeky -kosefu wa adabu

cheer kuchangamsha; kushangilia

cheer up kuchangamka

cheerful -kunjufu

cheerless bila furaha

cheers vifijo

cheese jibini

cheetah duma

chemist mwuza dawa

chemistry kemia

chemotherapy tibakemikali

cheque hundi

chequered -enye mirabaraba

cherish kutunza

chess chesi; sataranji

chest 1 kifua; **2** kasha(ma)

chest of drawers almari

chew kutafuna

chick kifaranga

chicken kuku

chickenpox tetewanga

chief mkuu; -kuu

Chief Justice Jaji Mkuu

chiefly hasa; zaidi

child (children) mtoto; mwana

childbirth uzazi

childhood utoto

childish -a kitoto

childless bila mtoto

chill homa ya baridi

chilly -a baridi

chimes mlio wa kengele

chimney bomba la kutoa moshi; dohani

chimpanzee sokwe

chin kidevu

China Uchina

Chinese (*person*) Mchina

chink ufa mwembamba

chip kibanzi; kubanja

chirp kulia kama ndege

chisel patasi

chivalrous -enye jamala

chivalry utu bora

chock-full pomoni

chocolate chokoleti

choice hiari

choir jamii wa waimbaji

choke kukaba au kukabwa roho

cholera kipindupindu

choose (chose, chosen) kuchagua

chop kutema

chopper mundu

choral -a kuimbwa

chorus wimbo ulioimbwa wote pamoja

chose *see* **choose**

be chosen kuchaguliwa

Christ Kristo

christen kubatiza

Christian Mkristo; -a kikristo

Christmas Krismasi

chronic -a kusedeka
chronicle tarihi; kuandika
 tarihi
chrysalis buu
chuckle kuchekelea
chunk kipande kinene
church kanisa(ma)
churlish bila adabu
churn mashine ya kusukia
 maziwa; kusukasuka
chutney achari
cigar sigara
cigarette sigareti
cinders makaa mafu
cinema sinema
cinnamon mdalasini
cipher mwandiko wa fumbo
circle duara
circuit mzunguko
circuitous -a kuzunguka
circular 1 -a duara;
 2 tangazo(ma)
circulate kuzunguka;
 kuzungusha
circulation 1 mzunguko; 2 uenezi
circumcision tohara
circumcision rites jando;
 kumbi
circumcise kutahiri
circumference mzingo
circumspectly kwa hadhara
circumstance jambo(mambo);
 tukio(ma)
circumstances hali; manzili
circumvent kupinga kwa
 werevu
circus sarakasi
cistern tangi(ma); la maji
citizen raia
citizenship uraia
city jiji(ma)
civic -a kuhusu mji
civil 1 -enye adabu; 2 -a kiraia

civilian raia asiye askari
civilization ustaarabu
civilized -staarabu
clad kuvikwa
claim kudai; kujidai; madai
claimant mdai
clamour makelele
clan ukoo
clandestine -a hila
clap kupiga makofi
clarification ubayana
clarify kubainisha
clash kugongana kwa
 mshindo; kukosana
clasp kifungo; kufumbata
class darasa(ma); aina
classics maandiko maarufu
classification mpango wa aina
classify kuainisha
classroom darasa(ma)
clatter kishindo
clause 1 kishazi; 2 sharti(ma)
claw kucha(ma)
clay towe
clean safi; kusafisha
cleanliness usafi
cleanse kusafisha
clear -angavu; dhahiri
 be clear kuelea; kutakata
 keep clear kusimama mbali
clear away kuondoa
clearance ondoleo(ma)
clearing mahali palipofyekwa
clearly kwa dhahiri
cleave (cleft) kupasua
cleft ufa(ny)
clemency huruma
clench kukaza
clergy wahudumu wa Kanisa
clerk karani(ma)
clever -enye akili
click mwaliko; kualika,
 kualisha

client mteja
cliff jabali(ma)
climate tabia ya nchi
climax kipeo; kikomo
climb kupanda; kukwea
climber mpanda mlima
cling to kushikamana na
clinic zahanati; kliniki
clip kibano; kubana;
  kukatakata
cloak kifuniko; kusetiri
clock saa ya mezani
clod bumba(ma)
clog kuziba; kuzuia
close kufunga; kufumba
close karibu sana
clot kuganda
cloth kitambaa; nguo
clothe kuvika; kuvalisha
clothes mavazi; nguo
cloud wingu(ma)
cloud over kutanda
cloudless bila mawingu
cloven -liyopasuka
  cloven hoof kwato mbili
cloves karafuu
clown mpumbavu; mcheshi
club 1 rungu(ma); **2** kilabu
cluck mwito wa kuku kwa
  watoto wake
clue kidokezi
clumsy -zito; si stadi
cluster shada; kundi dogo
clutch 1 mtambo wa motakaa;
  2 kushikilia
co- pamoja
Co. Company
coach 1 basi kubwa;
  2 mwalimu; kufundisha
coagulate kuganda
coal makaa ya mawe
coal mine mgodi wa makaa
coalesce kuungamana

coalition mwungamano
coarse -a kukwaruza
coast pwani; mwambao
coastal -a pwani
coat 1 koti; **2** mpako; kupaka
coax kubemba; kushawishi
cob (*maize*) gunzi(ma)
cobbler mshona viatu
cobra swila; firi
cobweb utando wa buibui
coccyx kitokono
cock jogoo(ma)
cockroach mende
cocoa kakao
coconut (*tree*) mnazi; (*nut*)
  nazi; dafu(ma)
code 1 mpango wa sheria;
  2 mwandiko wa fumbo
codeine kodini
coerce kushurutisha
coercion shurutisho(ma)
coffee (*bush*) mbuni; (*berries*)
  buni; (*drink*) kahawa
coffin sanduku la maiti
cogitate kufikirifikiri
cognate -a jamii moja
cogwheel gurudumu lenye
  meno
cohabit kaa kinyumba
cohere kushikamana
coherence, cohesion
  ushikamano
coil pindi; kupiga pindi
coin sarafu
coincide kuwa sawa kwa
  wakati au mahali
coincidence usawa wa bahati
coir makumbi ya nazi
coitus ngono
cold baridi; mafua
  catch cold kushikwa na
  mafua
  get cold kupoa

collaborate kushirikiana katika kazi

collapse kuanguka; kukunjamana

collapsible -a kukunjwa

collar ukosi(kosi)

collarbone mtulinga

collate kulinganisha

colleague mwenzi

collect kukusanya; kuchanga

collection kusanyiko(ma); mchango

collectively -ote pamoja

college koleji

collide kugongana

colliery machimbo ya makaa

colloquial kimazungumzo

collusion mapatano ya hila

colonial -a kikoloni

colonialism ukoloni

colonist setla(ma); mlowezi

colony koloni(ma)

colour rangi

column 1 nguzo; 2 mpango wa safusafu

coma usingizi mzito nusura kufa

comb kitana; chanuo; kuchana

combat shindano(ma)

combatant mshindani

combination mchanganyiko

combine kuungana

combustible -a kushika moto

combustion mwako

come (came) kuja; kufika

come across kukuta

come by kupata kwa bahati

come down kushuka

come in kuingia; Karibu!

come to pass kutokea

comedian mchekeshaji

comedy hadithi au tamthilia ya kuchekesha

comet nyota yenye mkia

comfort faraja; kufariji

comfortable -enye raha

comfortless bila raha

comic -a kuchekesha; gazeti la watoto

coming majilio; kifiko

comma mkato; koma

command amri; kuamuru

commandeer kutwaa kwa lazima

commander mwenye amri

commandment amri

commemorate kufanya ukumbusho

commemoration ukumbusho(ma)

commence kuanza

commencement mwanzo

commend kusifu

commendable -a kusifiwa

commendation sifa

comment maneno machache juu ya habari fulani

commentary ufafanuzi; masimulizi ya redio

commentator msimulizi wa habari

commerce biashara

commercial -a kuhusu biashara

commission 1 agizo(ma); 2 tume; 3 ushuru

commit kutenda

commit oneself kuweka ahadi

commit to kuaminisha

commitments shughuli

committee halmashauri; kamati

commodious -enye nafasi

commodity kifaa; bidhaa

common 1 -a kawaida; -a wote; 2 duni

common room chumba cha mapumziko

common sense busara
commonly kwa kawaida
commonplace neno la sikuzote
Commonwealth Jumuiya ya
Madola
commotion ghasia
communal -a kutumiwa na
wakaaji wote
communicate kupelekeana
habari; kushiriki
communication habari;
upelekeaji wa habari
communications mawasiliano
communion ushirika
communism ukomunisti
community jumuiya
community centre jumba la
starehe
compact 1 maagano; **2** -a
kukazwa pamoja
companion mwenzi
my companions wenzangu
companionship urafiki
company kundi la watu;
kampuni(ma)
comparable -a kufanana
comparatively kwa
kulinganisha
compare kulinganisha;
kufananisha
beyond compare haina kifani
comparison mfano;
ulinganyifu
compartment kijumba;
behewa(ma)
compass dira
compasses bikari
compassion huruma
compassionate -enye huruma
compassionate leave likizo ya
huruma
compatibility ulinganifu
compatible -a kupatana

compatriots watu wa nchi moja
compel kushurutisha
compensate kufidia
compensation fidia; uradhi
compete kupimana ubingwa;
kushindana
competent -enye akili ya
kutosha
competition mashindano
competitive -a kushindaniwa
competitor mshindani
compile kutunga na kupanga
complacent -enye uradhi;
-kinaifu
complain kunung'unika
complaint 1 nung'uniko(ma);
2 ugonjwa
complement kitimizo
complementary -a kutimiza
complete kutimiza; -timilifu
completely kabisa
completion utimilifu; mwisho
complex -a kutatanisha
complexion sura; rangi ya uso
complexity matatizo; mwungo
wa sehemu nyingi
compliance ukubali
complicated -enye hoja nyingi;
-enye matata
complication ongezo la matata
compliment sifa; kusifu
complimentary -a heshima
compliments salamu
compline (*RC & AC*) sala ya
mwisho jioni
comply kukubali
component sehemu maalum
ya kitu
compose kutunga; kubuni
be composed of kufanywa
kwa
composite -enye sehemu
nyingi

composition mtungo; mchanganyiko

compound 1 mchanganyiko; kuchanganya; **2** kiwanja

comprehend kufahamu

comprehensible -a maana

comprehension ufahamu

comprehensive -enye mambo mengi

compress kugandamiza

comprise kuwa na

comprising -enye

compromise 1 kuridhiana; **2** kutia shaka

compulsion mashurutisho

compulsory -a lazima

compunction majuto

computer kompyuta

comrade mwenzi(w)

concave -a kubonyea

conceal kuficha

concealment maficho

concede kukubali

conceit kiburi

conceited -enye kiburi

conceive 1 kufahamu; **2** kuchukua mimba

concentrate, concentration 1 kukusanya mahali pamoja; **2** kuongeza uzito na nguvu; **3** kukaza fikira

conception 1 mtungo wa mimba; **2** ufahamu

concern 1 shughuli; **2** shaka **be concerned** kupasiwa; kuhangaika

concerning juu ya; kuhusu

concert tafrija ya muziki; tarabu

concerted kwa umoja

concession ukubali

conch kombe

conciliate kuridhisha

conciliation upatanisho

conciliatory -a kutuliza

concise -fupi

conclude 1 kumaliza; **2** kutanabahi

conclusion mwisho; hitimisho

concoct kubuni; kuchanganya

concoction ubuni; mchanganyiko

concord upatano

concourse mkutano

concrete 1 -a kuonekana na kugusika; **2** saruji

concur 1 kutokea sawia; **2** kukubali

concurrence 1 matokeo ya sawia; **2** ukubali

concurrently kwa wakati mmoja

condemn kulaumu; kuhukumu

condemnation lawama; hukumu

condensation mabadiliko ya mvuke kuwa maji

condense kupunguza ukubwa; kufupisha

condescend, condescension kujinyenyekea

condition 1 hali; **2** sharti(ma)

conditional -enye masharti

conditionally kwa masharti

condole with kuhani

condolence 'Poleni!'

condom mpira wa kiume; kondomu

condone kuachilia; kusamehe

conduct mwenendo, kuongoza

conductor kiongozi; kondakta(ma)

confectionery vyakula vitamu

confederate mwenye shauri moja

confederation ushirika
confer with kushauriana
conference halmashauri;
　mkutano
confess kuungama; kukiri
confession maungamo; ukiri
confidant msiri
confide in kuambia kwa siri
confidence imani
confident -enye imani
confidential -a siri
confine kufungia
confinement 1 kifungo; 2 uzazi
confirm kuthibitisha
confirmation 1 uthibitisho;
　2 Kipa Imara
confiscate, confiscation
　kumtwalia mtu mali yake
conflagration moto mkubwa
conflict mapigano
conflict with kutopatana
conflicting -enye tofauti
confluence (rivers) mahali pa
　kukutana; makutano ya
　mito
conform with kufuata
conformation umbo(ma)
conformity usawa
　in conformity with kwa
　kufuata
confront kukabili; kukabilisha
confuse, confound kuchafua;
　kutatanisha
confusion mchafuko; wasiwasi
confute kukanusha
congeal kuganda
congenial -a kupendeza
congenital -a kuzaliwa na
congestion msongamano
congratulate kupongeza
congratulations pongezi
congregate kukusanyika
congregation, congress
　kusanyiko(ma)

conifer aina ya msonobari
conjecture dhana; kudhani tu
conjunction mwungano
　in conjunction with pamoja
　na
conjuring kiinimacho
connect kuunga
　be connected kuungana;
　kuhusiana
connection kiungo; uhusiano;
　jamaa
connive, connivance kutozuia
conquer kushinda
conqueror mshindi
conquest ushindi
conscience dhamiri
conscientious -aminifu
conscious -enye fahamu
conscription kuandika askari
　kwa lazima
consecrate, consecration
　kuweka wakf
consecutive -a kufuatana
consensus makubaliano
consent idhini; ruhusa;
　kukubali; kuruhusu
consequence jambo litokealo
　kwa sababu fulani
consequently kwa sababu hiyo
conservator mhifadhi
conserve, conservation
　kuhifadhi
consider kufikiria
considerable -ingi kidogo
considerate -enye kufikiri
　wengine
consideration 1 uangalifu;
　2 hoja
consign kupeleka
consignment vitu
　vilivyopelekwa; mali
consist of kuwa na
consistency uthabiti; uzito

consistent/ly bila kigeugeu
consolation faraja
console kufariji
consolidate kuimarisha
conspectus maelezo kwa ufupi
conspicuous -a kuonekana sana
conspiracy mapatano ya hila
conspirator mwenye shauri la hila
conspire kufanyana shauri baya
constable polisi(ma)
constancy uthabiti
constant 1 thabiti; **2** -a kila mara
constantly kila mara
constellation jamii ya nyota
consternation fadhaa
constipation kufunga choo
constituent 1 sehemu moja ya mchanganyiko; **2** mpiga kura
constitute kufanya
constitution 1 sheria ya serkali; **2** hali ya mwili
constrain kulazimisha
constraint nguvu; uzuizi
construct kufanyiza; kuunda
construction uunzi(ma); matengenezo
constructive -a kufaa
consul balozi(ma) mdogo
consult kushauri
consultation shauri(ma)
consume kula; kutumia
consumer mnunuzi
consumer goods bidhaa zitumiwazo
consumption 1 ulaji; utumizi; **2** kifua kikuu
contact kugusana; kukutana
contagious -a kuambukiza
contain kuwa na (*ndani*)

contain oneself kujizuia
contaminate kutia uchafu
contemplate kutafakari; kukusudia
contemplation fikira
contemporary 1 -a wakati mmoja; **2** -a siku hizi
contempt dharau
contemptible -nyonge
contemptuous -enye kiburi
content/ment uradhi
be content kuridhika
contention 1 kisa; **2** ugomvi
contents yaliyomo
continent kontinenti(ma)
continual -a kila mara
continually sikuzote
continuation mfulizo
continue kuendelea
continuous bila kukoma
continuum mwendeleo
contorted (be) kupotoka
contour umbo(ma)
contraband bidhaa za magendo
contraceptive kuzuia mimba; (*pill*) kidonge cha kuzuia mimba
contract 1 kufupika; **2** mkataba; kuafikiana
contraction kifupisho
contradict kukanusha
contradiction ukanusho; ubishi
contradictory -a kinyume
contrary kinyume; -a kinyume
on the contrary bali
contrast tofauti; kupambanua
contravene kuhalifu
contribute kutoa fedha au msaada
contribution kitu kilichotolewa; habari zilizopelekwa kwa gazeti

contrite -enye toba
contrition toba
contrivance kipande cha kufanyia kazi fulani
contrive kuvumbua njia
control kutawala; kuzuia
controller msimamizi mtawala
controversial -a kuleta mabishano
controversy mabishano
convalescence, be convalescent kutononoka baada ya ugonjwa
convene kuitisha mkutano
convenient -a kufaa
convent nyumba ya watawa wanawake
conventional -a kawaida
converge kukaribiana
conversation mazungumzo
converse 1 -a kinyume; **2** kuzungumza
conversely kwa kinyume
conversion mbadiliko; wongofu
convert mwongofu; kubadili; kuongoa
convertible -a kuweza kubadilika
convex -a mbinuko
convey kuchukua; kupeleka
conveyance uchukuzi; gari(ma)
convict 1 mfungwa; kutia hatiani; **2** kusadikisha
conviction 1 hukumu; **2** wazo thabiti
convince kusadikisha
convincing -a kusadikisha
convivial -changamfu
convoke kuitisha (mkutano)
convoy kufuatana sanjari
convulsion 1 kifafa; **2** msukosuko; mtetemeko

cook mpishi; kupika
cookery upishi
cool -a baridi
cool season (*June–August*) kipupwe
coop kizimba
coop up kuzuia; kufungia
co-operate kushirikiana
co-operation ushirika; ujima; bia
co-operative -a kushirikiana
co-operative society chama cha ushirika
co-opt kushirikisha
cope with kuweza; kufaulu
copious tele
copper shaba
copra mbata
copse kichaka
copulate kujamii
copy nakala; mwigo; kunakili; kuiga
coral marijani
cord kamba; ugwe
cordial -teremeshi
cordite baruti
core kiini
cork kizibo; kuziba
corkscrew kizibuo
corn 1 nafaka; **2** sugu
corner pembe
cornet tarumbeta
coronation kutiwa taji
corporal -a kuhusu mwili; cheo cha askari
corpse maiti
correct sahili; kusahihisha
correction matengenezo
correspond 1 kufanana; **2** kuandikiana
correspondence 1 ulinganifu; **2** barua

correspondent 1 mwandishi
wa makala ya gazeti;
2 mtu anayemwandikia
mwingine barua
corridor njia nyembamba;
ushoroba
corroborate kuthibitisha
corrupt -bovu; -ovu;
kupotoa
corruption ubovu; upotovu
cortege waandamanaji wa
sherehe
cosmetics urembo wa
wanawake, poda, n.k.
cost bei; gharama
costly -a thamani
costume mavazi
cot kitanda cha mtoto
cottage nyumba ndogo
cotton pamba
cotton-wool pamba ya dawa
cough kifua; kukohoa
could *see* **can**
council baraza; halmashauri
councillor diwani(ma)
counsel shauri(ma)
counsellor mshauri
count kuhesabu
count on kutumainia
countenance uso(ny)
counter meza ya dukani
counter- kwa kinyume
counteract kubatilisha
counteraction pingamizi(ma)
counter-attack jibu la mapigo;
kurudisha mapigo
counter-attraction jambo la
kuvuta upande mwingine
counterbalance kusawazisha
counter-claim dai kinzani
counterfeit -a kuiga na
kudanganya
counterfoil ushahidi wa
stakabadhi

countermand kutangua amri
countersign kuthibitisha kwa
sahihi ya pili
countless bila idadi
countrified -a kimashamba
country 1 nchi; **2** mashambani
county jimbo(ma)
coup mapinduzi
couple jozi; vitu viwili; kuunga
pamoja
coupon cheti
courage ushujaa
courageous -jasiri
courier 1 jumbe; **2** mtu
asindikizaye watalii
course 1 mwenendo; mfulizo;
2 (*ed.*) kozi
of course naam; bila shaka
in due course kwa wakati
wake
in the course of katika
court 1 ua(ny); **2** nyumba ya
mfalme; **3** korti; **4** kuposa
courteous -enye adabu
courtesy jamala
courtship uchumba
cousin mtoto wa ndugu wa
baba au mama; binamu
covenant agano(ma)
cover kifuniko; kufunika
covert -a siri
covet kutamani
covetous -enye choyo
cow ng'ombe (jike)
coward mwoga
cowardice woga
cowpea kunde
cowrie kauri
crab kaa ya pwani
crack kualika; kupasuka;
ufa(ny)
crackle kutatarika
cradle kitanda cha mtoto
mdogo

craft 1 ufundi; 2 hila
craftsman fundi
crafty -erevu
crag mwamba uliochongoka
cram kushindilia
cramp mpindano wa mshipa
crane 1 winchi; 2 korongo(ma)
crash kuanguka kwa kishindo
crate sanduku la mbao
crater shimo la volkeno
craving uchu
crawl kutambaa
crayon kalamu ya rangi
crazy -enye kichaa
creak kukwaruza
cream maziwa ya mtindi
crease finyo(ma); kufinya
create, creation kuumba
Creator Muumba
creature kiumbe
credentials barua za ushahidi
credible -a kusadikika
credit sifa njema; kusadiki
  on credit kukopesha
creditable -a kusifiwa
creditor mdai; anayedai
creed imani
creek ghuba ndogo; hori
creep (crept) kutambaa
cremate, cremation kuunguza
  maiti
crescent sura ya mwezi
  mwandamo
crest 1 kishungi; 2 kilele cha
  mlima
crestfallen (be) kushushwa
  moyo
crevice ufa(ny)
crew mabaharia; wafanyakazi
  katika ndege
cried see cry
crime uhalifu wa sheria
crime fiction riwaya ya jinai

criminal mhalifu
criminal court mahakama ya
  jinai
crimson rangi ya damu
cringe kunywea
cripple kufanya mtu kiwete
crisis kipeo
criterion kanuni
critic mpima uzuri; mhakiki
criticism 1 upimaji; 2 lawama
criticize 1 kupima uzuri;
  2 kulaumu
croak kulia kama chura
crockery vyombo vya udongo
crocodile mamba
crooked -a kupotoka
crops mavuno; mazao
cross msalaba; kuvuka;
  -enye chuki
cross-beam boriti ya
  kukingama
cross-check kuthibitisha tena
cross-examine kuhojihoji
crossing kivuko
crossroads njia panda
crosswise -a kukingama
crouch kujikunyata
crow kunguru; kuwika
crowbar mtaimbo
crowd makutano; kusongana
crown taji; kutia taji
crucifix msalaba
crucify; crucifixion kusulibisha
cruel -katili
cruelty ukatili
cruet kichupa
cruise kusafiri kwa meli;
  kuvinjari
crumb kombo(ma)
crumble kufikicha
crumple kukunjakunja
crunch kuchakacha
crusade pigano juu va uovu

crush msongano;
kusukumana; kuponda
crust ganda la mkate
crutch gongo la kutembelea
kilema
cry mlio; kulia
crystal 1 jiwe kama kioo;
chembechembe; 2 fuwele
cub mtoto wa simba
cube mchemraba
cubic -a mchemraba

cubicle kijichumba
kitengwacho kwa mapazia
au bango
cucumber tango(ma)
cud cheu
chew the cud kucheua
cuddle kukumbatia mtoto
cuff (of shirt, etc.) sijafu
cull kuteua
culmination upeo
culpable -enye hatia
culprit mwenye kukosa;
mkosaji
cultivate kulima
cultivation kilimo
cultivator mkulima
culture utamaduni
cultured -staarabu
culvert mtaro chini ya ardhi
wa kupitishia maji n.k.
cunning werevu
cup kikombe
cupboard kabati(ma)
curable -a kuponyeka
curator mwangalizi
curb kizuizi; kuzuia
cure kuponya; dawa
curio kitu cha shani
curio shop duka la sanaa
curiosity 1 kitu cha shani;
2 udadisi

curious -a ajabu
currant zabibu kavu
currency fedha ya nchi
current 1 mkondo wa maji;
2 -a siku hizi
curriculum mtalaa
curriculum vitae maelezo
binafsi ya mtu kuhusu elimu
yake na kazi aliyoifanya
curry bizari
curse laana; kulaani
cursory -a juujuu
curt -a haraka; -fupi
curtail kufupisha
curtain pazia(ma)
curve pindi; tao
curved -a tao
cushion takia(ma); mto
custard kastadi
custard-apple topetope(ma);
stafeli(ma)
custodian mlinzi
custody ulinzi; kifungo
custom desturi
customary -a kawaida
customer mnunuzi; mteja
customs ushuru wa forodhani
cut kukata
cutlery visu, nyuma, etc., vya
mezani
cuttlefish ngisi
cycle 1 utaratibu wa mambo
unaorudiarudia; 2 baisikeli
cyclist mpanda baisikeli
cyclone kimbunga; tufani
cylinder 1 mwanzi; 2 silinda
cyst uvimbe ujaao maji

D

dagger jambia
daily kila siku
dainty -zuri; -chaguzi

dairy duka la maziwa
dally kupoteza wakati
dam boma la kuzuia maji
damage hasara; kutia hasara
damn kulaumu; kulaani
damp unyevu; chepechepe
dance dansi; kucheza ngoma
danger hatari
dangerous -a hatari
dangle kuning'inia;
  kuning'iniza
dappled -enye madoadoa
dare kuthubutu
daring -jasiri; ujasiri
dark giza; -eusi
darling mpenzi
darn kutililia uzi
dart out, dash out kutoka
  ghafula
data data; habari; maelezo
date tarehe
  out of date -a kikale
  up to date -a kisasa
date (*tree*) mtende; (*fruit*)
  tende
daughter binti; mtoto wa kike
daunt kutia hofu
dauntless -shupavu
dawdle kutangatanga
dawn, daybreak mapambazuko;
  kupambazuka
day siku
  all day mchana kutwa
day after tomorrow kesho
  kutwa
daytime mchana
dazed (be) kupumbaa
dazzle kutia kiwi
deacon shemasi(ma)
dead person mfu
deaf person kiziwi
deafen kushinda masikio;
  kuhanikiza

deal (dealt) kugawa
  a good/great deal wingi
deal with kushughulika na
dealer mchuuzi
dear 1 -penzi; **2** ghali
dearth ukosefu
death kifo; mauti
debar kukataza
debase kushusha
debased -dhilifu
debate jadiliano(ma);
  kujadiliana
debris kifusi
debt deni
debtor mdeni
decade miaka kumi
decadent -a kupooza
decay kuoza; kuchakaa
decease kifo; kufa; (*of*
  humans) kufariki
  the deceased marehemu
deceit, deception udanganyifu
deceitful -enye hila
deceive kudanganya
decelerate kupunguza
  mwendo
decency adabu
decent -zuri
deceptive -danganyifu
decide 1 kuamua; **2** kukusudia
decimal sehemu za kumi;
  desimali
decipher kufumbua maandiko
  ya fumbo
decision 1 maamuzi; **2** nia
  thabiti
decisive -a kukata shauri
deck sitaha; kupamba
declaration tangazo(ma)
declare 1 kutangaza; **2** kusema
  kwa nguvu
declension mshuko
decline 1 kukataa; **2** kupungua

decompose kuoza
decontaminate kuondoa uchafu n.k.
decorate kupamba
decoration 1 nakshi; pambo(ma); **2** nishani
decorum adabu; heshima
decoy kutega kwa hila
decrease upunguo; kupungua
decree amri; kuamuru
decrepit (*things*) -kuukuu; (*people*) -kongwe
dedicate, dedication kuweka wakf
deduce kutambua maana
deduct kukata sehemu
deduction 1 utambuzi; **2** mkato
deed tendo(ma)
deep -enye kina kirefu
deep water kilindi
deeply sana
deer mnyama kama kulungu
deface kuumbua
defamation masengenyo
defamatory -enye kuvunja sifa
defame kusengenya
default kukosa kufanya
defeat ushinde; kushinda
 be defeated kushindwa
defect ila; dosari
defective -enye ila
defence 1 ulinzi; **2** mateteo
defend 1 kulinda; **2** kutetea
defendant mshtakiwa
defer kuahirisha
defer to kunyenyekea
defiance ukaidi
defiant -kaidi
deficiency upungufu
deficient -pungufu
deficit kipunguo

defile 1 mwanya mwembamba; kupita mmoja mmoja; **2** kunajisi
defilement unajisi
define kubainisha
definite dhahiri
definition ubainisho
deflect kugeuza upande
deflower kubikiri
deformed (be) kulemaa
deformity ulemavu
defraud kupunja
deft -epesi
defy kutaka shari
degenerate kurudia hali mbaya
degeneration uharibifu wa tabia
degradation aibu
degrade kushusha; kuaibisha
degree 1 (*univ.*) digrii; shahada; **2** kadiri
 by degrees kidogo kidogo
dehumidify kuondoa unyevu
dehydration kukausha maji
dejected -enye moyo mzito
dejection huzuni
delay kukawia; kukawisha
delectable -a kupendeza
delegate mjumbe
delegation ujumbe
delete kufuta
deletion mfuto
deliberate kwa kusudi; kushauriana
deliberation mashauri
delicacy 1 chakula kitamu; **2** makini
delicate -a kudhurika upesi; -ororo
delicious -tamu
delight furaha; kufurahisha
delight in kufurahia
 be delighted kufurahi

delightful -a kupendeza
delinquency upotofu
delinquent mkosaji
delirious (be) kuweweseka
deliver (*goods, letters, etc.*) kupeleka
deliverance wokovu
delude kudanganya
deluge gharika; kugharikisha
delusion udanganyifu
demand kudai
demands matakwa; madai
  be in demand kutakwa sana
demarcate kuweka mipaka
demarcation mipaka
demeanour mwenendo
demented (be) kurukwa na akili
demerara (*sugar*) sukari-guru
demilitarize kuondoa majeshi
democracy utawala wa raia; demokrasia
demolish, demolition kubomoa
demon pepo mbaya
demonstrate kuonyesha wazi
demonstration onyesho(ma)
demoralization upotoe
demoralize kupotoa
demoralizing -a kuharibu tabia
den pango la mnyama
denationalize kuwarudishia watu binafsi kilichotaifishwa
dengue fever homa ya kidingapopo
denial mkano
denigrate kuvunja heshima
denomination aina; madhehebu
denote kumaanisha
denounce kulaumu; kushtaki
dense -zitu
density uzito
dent kibonyeo; kubonyeza

be dented kubonyea
dental -a meno
dentist daktari wa meno
denunciation lawama; mashtaka
deny kukana
depart kuondoka
  the departed marehemu
department idara
departure ondokeo(ma)
depend on kutegemea
dependable -a kutumainiwa
deplorable -a kusikitikiwa
deplore kusikitikia
depopulate kuangamiza watu
deport kufukuza nchini
deportation uhamisho
deportment mwenendo
depose 1 kuuzulu; 2 kutoa ushuhuda
deposit amana; kuweka
deposition ushuhuda
depot bohari(ma)
deprave kupotosha
  be depraved fisadi
depravity ufisadi
deprecate kujutia
depreciate kupungua thamani
depreciation upunguo wa thamani
depredation uharibifu
depress kuinamisha
depressing -a kuondoa furaha
depression kushuka moyo, bei, etc.; majonzi
deprivation uhitaji
deprive kunyima
depth kina
deputation ujumbe
depute kuweka naibu
deputize kuwa naibu
deputy naibu(ma)
derailed (be) kuanguka

deride kudhihaki
derision dhihaka
derivation asili
derive kupata
  be derived from kutokana na
derogatory -a kuvunja
  heshima
descend kutelemka; kushuka
descendant mzao
descent mtelemko; jadi
describe kuwasifu; kueleza
description mabainisho;
  namna
desert 1 jangwa(ma);
  2 kutoroka
deserter mtoro
deserve kustahili
deserving -a kustahili mema
design kielelezo; maazimio
designing -erevu
desirable -a kutamanika
desire shauku; kutamani
desirous -enye shauku
desist kuacha kufanya
desk meza; deski
desolate -a ukiwa; kufanya
  ukiwa
desolation ukiwa
despair kukata tamaa
desperate bila tumaini lo lote
desperation kufa moyo
despicable -a kulaumiwa
despise kudharau
despite (in spite of) licha ya
despondent -enye moyo mzito
despot mtawala peke yake
despotic -enye amri peke yake
destination kikomo cha safari
destiny majaliwa
destitute fukara
destitution ufukara
destroy kuharibu; kuvunja
destruction maangamizi

destructive -haribifu
detach kutenga; kubandua
detachment kujitenga; kikosi
details habari moja moja
  in detail kinaganaga
detain 1 kuzuia;
  2 kuchelewesha
detect kugundua; kuona
detection upelelezi
detective askari kanzu;
  mpelelezi
detention kifungo
deter kuzuia
detergent sabuni ya maji au
  unga ya kusafishia
deteriorate, deterioration
  kupotewa na uzuri
determination nia thabiti
determine kukaza nia
deterrent kitisho
detest kuchukia sana
detestable -a kuchukiza
detour njia ya mchepuko au
  mchepuo
detract from kupunguza
detraction uchongezi
detriment hasara
detrimental -a kudhuru
devalue kushusha thamani
devastate kuharibu kabisa
devastation ukame
develop kuendelea mbele;
  kusitawisha
development maendeleo
deviate kuenda upande
deviation kipengee
device kitendea-kazi; mbinu
Devil Ibilisi; shetani
devious 1 -a kuzunguka 2 -janja
devise kuvumbua njia
devoid of pasipo
devote oneself kujitoa
  be devoted to kupenda sana

devotion upendo
devour kunyafua
devout -tawa
dew umande
dexterity ustadi
dhow jahazi(ma)
diabetes ugonjwa wa kisukari
diabolical -ovu kabisa
diagnose, diagnosis
  kuyakinisha ugonjwa
diagonal -a hanamu; -a
  kukata mraba pembe kwa
  pembe
diagram kielelezo
dialect matamko ya lugha;
  lahaja
dialogue mazungumzo
diameter kipenyo
diamond almasi
diarrhoea tumbo la kuhara
diary habari za kila siku
dichotomy mgawo wa sehemu
  mbili
dictate kuandikisha
  dictate to kutoa amri
dictation imla; amri
dictator mwenye amri peke
  yake
dictionary kamusi
did see do
die kufa; (of humans) kufariki

difference tofauti
differentiate kutofautisha
difficult -gumu
difficulty shida
dig (dug) kuchimba
digest, digestion kuyeyusha
  chakula mwilini;
  kumeng'enya
digestible -a kutulia tumboni
digital -a tarakimu
dignified makini
dignity heshima
dilapidated -bovu
dilatory -vivu
dilemma mtanziko; mashaka
diligence bidii
diligent -enye bidii
dilute kuzimua
dim -a utusitusi
dimension ukubwa; kipimo
diminish kupunguza
diminutive -dogo sana
dimple kibonyeo kidogo
din makelele
dinghy kihori
dingy bila ung'aro
dining room mezani
dinner chakula kikuu cha siku
diocese dayosisi; jimbo la
  askofu
dip kuchovya

die

-fa is a single-syllable verb stem so must be preceded by -ku
with most tenses. It means: die, cease to feel, fade, cease to
function, e.g. Mgonjwa alikufa jana. The sick one died
yesterday. Saa imekufa. The clock has stopped. Kufa maji
means to drown. Note also fariki.

die away kufifia
diesel dizeli
diet ulaji
differ, be different kuhitilafiana

diphtheria dondakoo
diploma hati ya kuhitimu
  mafunzo; diploma
diplomacy diplomasia

diplomat balozi;
    mwanadiplomasia
direct kuagiza; kuelekeza;
    moja kwa moja
direction upande
directions maagizo
directly sasa hivi
director mwongozi; mkuu
dirt uchafu
dirty -chafu
For **dis** *see note on page 113*
dis- kinyume cha
disability upungufu wa nguvu;
    ulemavu
disabled -enye kilema;
    -lemavu
disabled person mlemavu
disadvantage uzuizi
disaffected -enye uchungu
disagree, disagreement
    kutopatana
disagreeable -enye chuki
disallow kukataa
disappear, disappearance
kutoweka
disappoint kukatisha tumaini
    be disappointed kukosa
    yaliyotumainiwa
disappointment masikitiko
disapproval, disapprove
    kutoridhia
disarm, disarmament kuondoa
    silaha za vita
disarrange kufuja
disaster baa(ma); msiba
disastrous -enye hasara
disband kuchangua
disbelieve kutoamini
disc/disk kisahani; diski
disc jockey diskojoka
discard kutupa
discern kutambua
discernment utambuzi

discharge 1 usaha; **2** ruhusa;
    kuondoa kazini; **3** kufyatua
    bunduki
disciple mwanafunzi; mfuasi
discipline nidhamu
disclaim kukana
disclose kufunua
disclosure ufunuo
discomfit kufadhaisha
discomfiture fadhaa
discomfort taabu
disconnect kutenga
disconsolate -enye masikitiko
discontent, be discontented
    kutoridhika
discontinuance ukomo
discontinue kuacha
discord ugomvi
discordant -a kutopatana
discotheque/disco disko
discount kipunguzi; kusadiki
    kwa nusu tu
discourage, discouragement
    kuvunja moyo
discourse mazungumzo; hotuba
discourteous -a kukosa
    heshima
discover kuvumbua
discovery jambo jipya;
    uvumbuzi
discredit 1 aibu; kuaibisha;
    2 kutosadiki
discreditable -a aibu
discreet -enye busara
discrepancy tofauti
discretion busara
discriminate kupambanua
discrimination utambuzi
discuss kuzungumzia habari
discussion mazungumzo
disdain dharau; kudharau
disdainful -dharaulifu
disease ugonjwa; maradhi

disembark kushuka melini
disengaged (be) kuwa na nafasi
disfigure kuumbua
disfigurement ila
disgrace aibu; kuaibisha
disgraceful -baya sana
disguise mavazi ya kujigeuza;
 kuficha
disgust karaha; kukirihi
dish sahani; kombe
dish up kupakua
dishearten kuvunja moyo
dishonest -danganyifu
dishonourable -a aibu
disinclination, be disinclined
 kutotaka
disinfectant dawa ya kuzuia
 uambukizo
disinterested bila upendeleo
disk ubapa mfano wa sahani
dislike machukio; (*from*)
 kuchukia
dislocate kushtua
disloyal si aminifu
dismal -a kukosa furaha
dismay fadhaa; kufadhaisha
dismiss kuruhusu; (from)
 kufukuza
disobedience ukaidi
disobey kuasi
disorder fujo(ma)
disorganize kuvunja taratibu
disown kukanusha
disparage kuvunja heshima
disparity tofauti
dispatch waraka; kupeleka
dispel kutawanya
dispensary zahanati; kliniki;
 (*in hosp.*) chumba cha dawa
dispensation maongozi; idhini
dispense kutoa dawa
dispense with kutohitaji
disperse kutawanya;
 kutawanyika

displace kuondoa mahali pake
displaced (*person*) msikwao
display kuonyesha wazi
displease kutia uchungu
displeasure uchungu
dispose of kuondoa
 be disposed to kukubali
disposition tabia; mpango
disproportionate -a kadiri
 isiyofaa
disprove kubainisha uongo
dispute ugomvi; kubishana
disqualification ondoleo la haki
disqualify kuondoa haki
disregard kutojali
disrepute sifa mbaya
disrespectful -tovu wa adabu
disruption mvunjiko
dissatisfied (be) kutoridhika
dissect kukata vipande-vipande
dissension faraka
dissent kukataa
dissertation tasnifu; hotuba
dissident -a kupinga
dissimilar si sawa
dissipate kutapanya
dissipation utapanyaji
dissolve kuyeyuka, kuyeyusha;
 kuvunja
dissuade, dissuasion kujaribu
 kuzuia
distance umbali; mwendo
distant mbali
distasteful -a kuchukiza
distended (be) kuvimba
distinct 1 dhahiri;
 2 mbalimbali
distinction 1 heshima; **2** tofauti
distinguish kupambanua
distinguished -a heshima
distort kupotoa
distortion kombo(ma)
distract kuvuta mawazo pengine

distraction mvuto
distress huzuni; dhiki; kuhuzunisha
  distressed (be) kuhangaika
distribute kueneza
distribution maenezi
district mtaa; wilaya
distrust kutoamini
distrustful -enye shaka
disturb kusumbua
disturbance ghasia; fujo(ma)
disused (be) kutotumika
ditch mfereji
ditto (do) vile vile
divan namna ya kitanda cha chini
dive kupiga mbizi
diverge kuachana
divergence tofauti
diverse mbalimbali
diversion 1 kipengee; **2** tafrija
diversity namna mbalimbali
divert kugeuza upande
divide kugawa
dividend (*share*) gawio(ma)
divination uaguzi; ramli
divine 1 -a Mungu; **2** kuagua
diviner mwaguzi

divinity elimu ya Mungu
division mgawo
divorce talaka; kuvunja ndoa
divulge kufunua
dizziness kizunguzungu
dizzy -enye kizunguzungu
do (did, done) kufanya; kutenda
doings matendo
docile -sikivu
dock 1 (*ship*) gudi; **2** (*court*) kizimba; **3** kupunguza
doctor (Dr.) tabibu(ma); daktari(ma)

doctrine mafundisho ya dini
document hati
dodge kuepa
dog mbwa
doll mtoto wa bandia; mwanasesere
dolphin pomboo
domestic -a nyumbani
domesticate kufuga
dominant -kuu
dominate kushinda
domination utawala
domineering -jeuri
dominion mamlaka
donation kipaji; sadaka
done *see* do
  be done kuisha; kumalizika
donkey punda
donor mtoa
doom maangamizi
door mlango
dope bangi, afyuni etc.
dormant -enye hali ya kulala
dormitory bweni
dose kipimo cha dawa
dot nukta
  be dotted about kutapakaa
double marudufu; kurudufya; kukunja
doubt shaka; kushuku
doubtful si hakika; -enye shaka
doubtless bila shaka
dough unga uliotiwa chachu na maji
doughnut aina ndogo ya maandazi
dove njiwa; hua
downwards chini
dowry mahari
doze kusinzia
dozen vitu kumi na viwili
drag kukokota
dragon joka la hadithi

drain mfereji; kuondoa maji
drake bata dume
drama tamthiliya; mchezo
dramatist mtunga tamthiliya
drank *see* **drink**
draper mwuza nguo
draw (drew, drawn)
  1 kukokota; **2** kuandika
  picha; **3** kuteka maji;
  4 kwenda sare
draw near kukaribia
draw together kukaribiana
draw up 1 kuratibu;
  2 kusimama
drawback kizuio
drawer mtoto wa meza
drawing picha
drawl kutambaza maneno
dread hofu; kuogopa
dreadful -baya sana
dream ndoto; kuota
dreary pasipo furaha
dredge kuzoa matope chini ya
  maji
dregs mashudu
drench kulowesha
dress gauni; kuvalia
dressmaker mshona nguo
drew *see* **draw**
dribble (*football*) kupiga
  chenga
drift kuchukuliwa ovyo
drink (drank, drunk) kunywa
drip kudondoka
dripping 1 mtiririko wa maji;
  2 mafuta ya nyama
drive (drove, driven) kuendesha
drive away kufukuza
driver dereva
drizzle manyunyu; kunyunya
droop kufifia
drop tone(ma); kuanguka
dross takataka

drought ukosefu wa mvua
drove *see* **drive**
drown kufa maji
drowsy -enye kusinzia
drudgery kazi ya kuchosha
drug dawa
drum ngoma; kupiga ngoma
drummer mpigaji ngoma
drunk *see* **drink**
  be drunk kulewa
drunkard mlevi
drunkenness ulevi
dry -kavu; kukausha
dubious -enye shaka
duck bata(ma); kutumbukiza
  majini
due ada; haki
  be due kutazamiwa wakati
  fulani
due to kwa sababu ya
dug *see* **dig**
dug-out canoe mtumbwi
duiker (*common/red*) funo
dull -zito; -a utusitusi
dumb bubu
dunce mjinga
dung mavi; samadi
dungeon gereza chini ya
  ngome
duplicate nakili; kunakili
duplicity unakifi
durable -a kudumu sana
duration muda
during wakati wa
dusk magharibi
dust vumbi; kupangusa
dustbin pipa la kutia taka
duster kitambaa cha
  kupangusia
dusty -enye vumbi
Dutch -a Kiholanzi; **(person)**
  Mholanzi
dutiful -sikivu

duty 1 wajibu; **2** ushuru
dwarf kibeti; mbilikimo
dwell (dwelt) kukaa
dwelling makao
dwindle kupungua
dye rangi; kutia rangi
dynamite baruti ya kupasulia
  mwamba
dynamo mashine ya kufanyia
  stimu
dynasty nasaba ya mfalme
dysentery ugonjwa wa kuhara
  damu

E

each kila moja
each other wao kwa wao;
  -ana
eager -enye bidii
eagerly kwa moyo
eagerness bidii
eagle tai
ear (*head*) sikio(ma); (*corn*)
  suke(ma)
ear-ache maumivu ya sikio
early mapema
earmark kutengua kwa kazi
  fulani
earn kuchuma kwa kazi
earnest -enye moyo
earnings uchumi
ear-ring herini; kipuli
earshot mfiko wa sauti
earth dunia; ardhi
earthenware vyombo vya
  udongo
earthly -a kidunia
earthquake tetemeko la nchi
ease raha
easel (*for blackboard*)
  kiegemeza ubao
easily kwa urahisi
east mashariki

Easter Pasaka
easy rahisi
eat (ate, eaten) kula
  be eatable, eaten kulika;
  kuliwa
eatables vyakula
eaves upenu
eavesdrop kudukiza
eavesdropper mdukizi
ebb kupwa
ebb tide maji kupwa
ebony mpingo
eccentric -a namna ya peke
  yake
ecclesiastical -a kanisa
echo mwangwi
eclipse kupatwa mwezi au jua
ecology ikolojia; elimu ya
  uhusiano wa viumbe na
  mazingira
economical -wekevu; -a
  kupunguza gharama
economics elimu ya mapato
  na matumizi ya fedha;
  uchumi
economize kupunguza
  gharama
edge ukingo(k); upindo(p)
edible -a kuliwa
edict amri
edify kuadilisha
edifying -enye mfano mwema
edit kuhariri
editor mhariri
educate kuelimisha
education mafunzo; elimu
effect tokeo(ma)
effective, efficacious -a kufaa
effervesce kutoa povu
efficiency uwezo
efficient -enye uwezo
effort juhudi
  make an effort kujitahidi

e.g. kwa mfano
egg yai(ma)
eggshell ganda la yai; kaka la yai
egg-white ute wa yai
egg-yolk kiini cha yai
ego nafsi
egoism huba ya nafsi
Egypt Misri
eight nane
eighteen kumi na nane
eighty themanini
either au; ama
eject kutoa kwa nguvu
elaborate -enye matengenezo mengi
eland pofu
elapse kupita
elastic ugwe wa mpira; -a kunyumbuka
elbow kiko cha mkono
elder mzee
eldest (*child in family*) kifungua mimba
elect kuchagua kwa kura
election uchaguzi
electric -a stimu; -a umeme
electrician fundi wa stimu/umeme
electricity stimu; umeme
elegant -a jamala
element kitu cha asili
elementary -a mwanzo
elephant tembo; ndovu
elevate kuinua
elevation mwinuko; upandisho wa cheo
eleven edashara; kumi na moja
eligible -a kustahili
eliminate kuondoa
elongate kuongeza urefu

elope kutoroka (mtu na mchumba)
eloquence ufasaha; usemaji
else -ingine; zaidi
elsewhere pengine
elucidate kufafanua
elucidation ufafanuzi
elude kuepuka; kupitia
elusive -a kuponyoka
emaciated -enye kukonda sana
email barua pepe; kutuma barua pepe
emancipate kuweka huru
emancipation uhuru
embargo makatazo
embark kupakia melini
embarrass kutahayarisha
embarrassment haya
embassy jumba la balozi
embellish kupamba
embers makaa ya moto
embezzle kuiba fedha ulizokabidhiwa
embitter kutia uchungu
emblem alama; ishara
embrace kukumbatia
embroider kutarizi
embroidery tarizi
embryo chanzo cha kiumbe hai
emerge kuzuka
emergency tokeo la ghafula
emigrant mhamaji
emigrate kuhamia ugenini
emigration uhamaji
eminence ukuu
eminent mashuhuri
eminently sana
emission utokezaji
emit kutoa
emotion maono ya huzuni au furaha; hisia kubwa
emphasis mkazo
emphasize kukaza

emphatic -a nguvu
empire milki
employ kuajiri
　be employed kuajiriwa
employee mwajiriwa
employer mwajiri
employment kazi; ajira
empower kuwezesha; kupa
　mamlaka
empty -tupu; kumwaga;
　kuondoa
emulate kujaribu kuwa sawa
　au kupita; kuiga
enable kuwezesha
enact kutoa amri
enamel rangi ngumu ya mbao
encamp kupiga kambi
enchant kupendeza mno
enchanting -enye mapendezi
enchantment ulozi
encircle kuzingira
enclose kuzunguka kabisa
enclosure kitalu
encompass kuzunguka;
　kuzungusha
encounter kukutana
encourage, encouragement
　kutia moyo
encroach on, encroachment
　kujiingiliza
end 1 mwisho; **2** mradi
endanger kuhatarisha
endear kupendekeza
endeavour juhudi; kujitahidi
endemic -a kawaida katika
　nchi fulani
endless -a daima
endorse kutia sahihi; kukubali
endorsement sahihi; kibali
endow kutoa fedha
endowed with (be) kujaliwa
endue kujalia
endurance ustahimilivu

endure 1 kustahimili;
　2 kudumu
enduring -a kudumu
enemy adui(ma)
energetic -tendaji
energy 1 nguvu; bidii **2** nishati
enervating -a kupunguza
　nguvu
enforce kulazimisha; (by law)
　kutekeleza sheria
engage kuajiri; kuahidi
　be engaged 1 kushughulika;
　2 kuwa na mchumba
engagement 1 shughuli;
　2 uchumba
engine mashine; injini
engineer fundi wa mitambo
England Uingereza
English (people) Waingereza;
　(language) Kiingereza
engrave kuchora nakshi
enhance kuongeza (ubora
　n.k.)
enigma fumbo la maneno
enjoy kufurahia; kustarehe
enjoyable -a kupendeza
enjoyment furaha
enlarge kuongeza ukubwa
enlargement mkuzo
enlighten kueleza
enlist kuandika askari,
　wasaidizi, etc.
enliven kuchangamsha
enmity uadui
enormous -kubwa mno
enough -a kutosha
enrage kukasirisha
enrich kutajirisha; kusitawisha
enrol kujiandikisha katika
　orodha
enslave kutia utumwani
ensue kufuata
ensure kuthibitisha

entangle kutatanisha
enter kuingia
enteric fever homa ya kuhara
enterprise ujasiri; kazi maalum
entertain 1 kufurahisha;
  2 kufikiria
entertaining -a kuchekesha
entertainment tafrija
enthrall kuvutia sana
enthusiasm shauku na bidii
enthusiastic -a shauku
entice kuvuta kwa werevu
enticement mvuto
entire -zima; -ote
entirely kabisa
entitle kustahilisha
  be entitled to kuruhusiwa
entomology elimu ya wadudu;
  entomolojia
entourage msafara
entrails matumbo
entrance 1 mlango;
  2 kutekeleza
entrance fee kiingilio
entrant (*exam*) mwingiaji
entreat kusihi
entreaty maombi
entrust kukabidhi
entry 1 mwingilio; 2 habari
  iliyoandikwa
enumerate kutaja moja moja
envelop kufunika
envelope bahasha
enviable -a kutamanika
envious -enye wivu
environment mazingira
envisage kuwazia
envoy mjumbe
envy wivu
ephemeral -a kupita upesi
epic utendi; -a kishujaa
epidemic maradhi ya
  pukupuku

epigram aina ya methali ya
  akili
epilepsy kifafa
episcopal -a kuhusu maaskofu
equal sawasawa
equality usawa
equator ikweta
equip kupatia vifaa
equipment vifaa maalum
equitable -a haki
equivalent sawasawa kwa
  thamani
era zama maalum katika
  historia; enzi
eradicate kung'oa kabisa
erase kufuta
erect wima; kusimamisha
erode kumomonyoa
erosion mmomonyoko wa
  ardhi
err kukosa
errand utume
erratic -a kigeugeu
erroneous -enye kosa
error kosa(ma)
eruption (*volcano*) kutoa
  moto; kufoka kwa volkano;
  (*disease*) kutoka upele
escalator ngazi ya umeme
escape kivuko cha bahati;
  kuokoka
escarpment genge(ma)
escort wafuasi; kufuatana na
especial maalum
especially hasa
espionage ujasusi
essay insha
essence asili ya kitu
essential -a asili; -a lazima
establish kuweka imara
estate nyumba na shamba;
  manzili
esteem heshima; kuheshimu

estimate kisio(ma); kukisia
estrange kufarakisha
estuary mlango wa mto
etcetera (etc.) kadha wa
 kadha; na kadhalika (nk)
eternal -a milele
eternity umilele
Ethiopia Uhabeshi
Ethiopian (person) Mhabeshi
etiquette kawaida za adabu
etymology asili ya maneno
eulogy hotuba ya kusifu
Europe Ulaya
European (person) Mzungu
evacuate, evacuation kuondoa
 watu; kuhamisha
evade kuepuka
evaluate kutathmini
evangelist mweneza injili
evaporate, evaporation
 kukauka; kuvukiza
evasive -erevu
even 1 sawasawa; 2 hata
 even if ijapo; hata ikiwa
evening jioni
evening prayers sala za jioni;
 (*Muslim, at sunset*)
 magharibi
event jambo(m); tukio(ma)
eventually hatimaye
ever wakati wo wote
 for ever sikuzote
everlasting -a milele
every kila
everybody, everyone kila mtu
everything kila kitu
everywhere kila mahali
evict, eviction kutoa kwa
 nguvu
evidence ushahidi
evident dhahiri
 be evident kuonekana
evil uovu; -ovu

evince kuonyesha
evolution maendeleo yenye
 mageuzi
evolve kukua
ewe kondoo jike
exact, exactly barabara; sahihi
exact, exaction kutoza
exactitude usahihi
exaggerate, exaggeration
 kutia chumvi
exalt kukuza
exaltation utukufu
examination mtihani; ukaguzi
examine kupima
example mfano
exasperate kukera
exasperation hasira
excavate kuchimbua
excavation chimbo(ma)
exceed kuzidi
exceedingly mno
excel kuwa bora
excellence ubora
Excellency Mheshimiwa
excellent bora
except kutotia; ila
exception jambo la peke yake
 take exception to kutokubali
exceptional -a peke yake
excess wingi kupita kiasi
excessive kupita kiasi
exchange kubadilishana
 in exchange badala ya
exchequer hazina ya serikali
excise duty ushuru
excitable -a haraka
 be excited kutaharuki
excitement machachari
exclaim, exclamation kupaaza
 sauti
exclude, exclusion kufungia
 nje; kukataa
excommunicate kuharimisha

excreta takamwili
excrutiating -a kuumiza mno
excursion matembezi; safari fupi
excuse udhuru; kuudhuru
  excuse me Niwie radhi
execute, execution 1 kufisha;
  kunyonga; **2** kutimiliza;
  utimizo
exemplary -ema sana
exempt kuruhusu
exemption ruhusa ya
  kutofanya
exercise mazoezi; kuzoeza
exertion juhudi
exhaust 1 kuchosha; **2** (of
  vehicle) ekzosi
  be exhausted kuchoka kabisa
exhaustive -kamilifu
exhibit maonyesho; kuonyesha
exhibition maonyesho
exhilarating -a kuchangamsha
exile kuhamisha ugenini
exist kuwako
existence maisha; kuweko
exit njia ya kutoka
exonerate kuondoa katika
  lawama
exorbitant -kubwa kupita kiasi
exorcize kupunga pepo
expand kutanua; kuongeza
expanse eneo(ma)
expansion mtanuo; maongezi
expatriate mkaa mahali
  kutoka nchi ya kigeni
expect kutazamia
  be expected kutazamiwa
expectation tumaini(ma)
expectorate kutema mate
expedient -a kufaa
expedite kuhimiza
expedition safari
expeditious upesi
expel kufukuza

expend kutumia
expenditure gharama;
  matumizi
expense gharama
expensive ghali
experience 1 ujuzi; **2** kupatwa
  na
experiment jaribio(ma);
  kujaribia
expert farisi; (specialist)
  mtaalamu
expertise ubingwa
expire kumaliza muda; kuisha;
  kufa; kutoa pumzi
explain kueleza
explanation maelezo
explicit dhahiri
explicitly (in detail)
  kinaganaga
explode, explosion kulipuka
exploit 1 tendo la ujasiri;
  2 kufaidi; kutumia kwa choyo
exploration uvumbuzi
explore kuvumbua
explosion mlipuko
export kupeleka nchi nyingine
exports bidhaa zitokazo
expose, exposure kuweka
  wazi
express 1 kusema; **2** mbio
expression 1 usemi; **2** sura
expulsion kutolewa
expunge kufuta kabisa
exquisite -zuri sana
extant (be) kuwapo hadi leo
extempore bila kuandaa
extend kuenea; kueneza
extensive -kubwa
extent eneo(ma)
extenuating -a kupunguza kosa
exterior upande wa nje
exterminate kukomesha kabisa
external -a nje
extinct (be) kutokuwapo sasa

extinguish

extinguish kuzima

extinguish

-*zima* can be applied to fire and light, and any powered appliance e.g. *Zima moto!* Put out the fire! *Zima taa!* Switch off the light/Extinguish the oil lamp! *Zima redio!* Turn off the radio!

extirpate kung'oa kabisa
extol kusifu sana
extort, extortion kutoza kwa nguvu
extortionate -isiyo haki
extra zaidi
extract sehemu iliyotolewa; kutoa
extraordinary -a ajabu
extravagance upotevu wa mali; ubadhirifu
extravagant -potevu; badhirifu
extreme kupita kadiri
extremely mno
extricate kutoa katika matata
extrovert mcheshi
exude kupapa maji
exult kushangilia
exultation mashangilio
eye jicho(ma)
eye witness shahidi aliyeona mwenyewe
eyeball mboni ya jicho
eyebrow nyusi
eyelashes kope
eyelid kigubiko cha jicho
eyesight uwezo wa kuona

F

fable hadithi fupi ya kufunza maadili
fabric nguo
fabrication uongo

fabulous -a ajabu
face uso(ny), sura; kukabili
facilitate kufanya rahisi
facilities vifaa
facility urahisi
facsimile nakala halisi
fact jambo la hakika
  in fact kwa kweli
faction farakano(ma)
factious -fitini
factory kiwanda; karakana
faculty 1 uwezo; 2 kitivo cha chuo kikuu
fad uteuzi
fade kufifia; kuchujuka
fadeless -siyochujuka
faeces mavi
fail, failure kukosa, kushindwa
faint 1 kuzimia; 2 -siyoonekana vema
faintly kidogo

fair 1 -eupe; **2** -a haki;
3 ramsa; *(trade, book, etc.)*
maonyesho ya biashara,
vitabu n.k.

fantastic -a ajabu
far mbali
  by far zaidi sana
farce uigaji wa kuchekesha

---

fair

1 The adjective *-eupe* white can be applied to **light hair**
and **pale-skinned people**, e.g. *nywele nyeupe; watu
weupe.*

2 The adjective *-a haki* means **fair** in the sense of **just,
impartial, unprejudiced, even-handed**, e.g.
kadhi wa haki a fair judge, *hukuma ya haki* a fair
sentence/judgement.

---

fairly 1 bila upendeleo; **2** sana
  kidogo
fairy kizimwi
faith imani
faithful -aminifu
faithfulness uaminifu
faithless -danganyifu
fake kitu cha uongo; kuigiza
fall (fell, fallen) kuanguka
fallow shamba linalopumzika
false -a uongo
falsehood uongo
falsify kugeuza kwa uongo
falter kusitasita
fame sifa
familiar -a kujulikana sana
  be familiar with kuzoea
familiarity uzoevu
family jamaa; familia
famine njaa kuu
famous mashuhuri; maarufu
fan kipepeo; feni; kupepea
fanatic mshupavu
fanatical -shupavu
fan-belt mkanda wa feni
fancy kuwaza; kupenda;
  uwazo, mapendezi

fare 1 nauli; **2** chakula
farewell kwa heri
farm shamba
farmer mfugaji; mkulima
farmhouse nyumba ya
  mkulima shambani
farther mbali zaidi
fascinating -a kuvuta sana
fascination mvuto
fashion 1 namna; **2** mtindo
fashionable -a siku hizi
fast 1 upesi; **2** kufunga chakula
fasten kufunga
fastidious -chaguzi
fat mafuta; *(people)* -nene;
  (animals) -nono
  get fat kunenepa; kunona
fatal -a mauti
fatality mauti; ajali
fate ajali; majaliwa
father baba
father-in-law baba mkwe
fathom kina cha maji (mita
  1.8)
fatigue uchovu
fatten kunonesha
fault kosa(ma); hitilafu

faultless bila hitilafu
faulty -enye hitilafu
favour kibali, upendeleo; kupendelea
favourable -a heri; -a kufaa
favourite kipenzi; -a kupendeza
fawn mtoto wa paa; rangi ya paa
fax feksi
fear woga; kuogopa
fearful -a kutisha
fearless -jasiri
feasible -a kuwezekana
feast karamu; (*day*) sikukuu
feat tendo la ujasiri
feather nyoya(ma)
feature jambo la kuvuta macho
federation shirikisho(ma)
fee ada
feeble dhaifu
feed (fed) kulisha
  be fed kulishwa
feel (felt) 1 kuona moyoni; **2** kupapasa
feelings hisia
feign kujisingizia
fell *see* **fall**
fellow mtu; mwenzi
fellow-creature kiumbe mwenzake
fellowship ushirika
felt 1 *see* **feel**; **2** kitambaa kizito
female, feminine -a kike
fence ua(ny)
fennel shamari
ferment, fermentation kuchachuka
ferocious -kali sana
ferry chombo cha kuvushia
fertile -enye rutuba
fertilizer mbolea

fervent -enye moyo
fervently kwa moyo
fervour bidii
festival sikukuu
fetch kuleta
fête ramsa
fetters pingu
feud uadui
fever homa
feverish kuwa na dalili za homa
few -chache
fiancé(e) mchumba
fiasco kazi bure
fibre ukumbi; ukonge
fibrous -a nyuzinyuzi
fickle -a kigeugeu
fiction hadithi za kubuni
fidget kutotulia
field shamba(ma); mbuga ya malisho
fierce -kali
fifteen kumi na tano
fifty hamsini
fig (*tree*) mtini; (*fruit*) tini
fight (fought) pigano(ma); kupigana
figuratively kwa mfano
figure 1 tarakimu; **2** sura; umbo
file 1 safu; **2** tupa; **3** kiweko cha barua
fill kujaza
filling station kituo cha petroli
film 1 utando(t); **2** filamu
filter chujio; kuchuja
filth uchafu
filthy -chafu
fin pezi la samaki
final -a mwisho
finally mwishoni
finance mambo ya fedha ; kugharamia

financial -a fedha
find (found) kutafuta na kuona
findings maamuzi
fine 1 faini; kutoza faini;
  2 -zuri
finery umalidadi
finger kidole cha mkono
finis tamati
finish kumaliza
  be finished kuisha;
  kumalizika
finite -enye kikomo
fir msonobari
fire moto
fire alarm king'ora cha moto
fire engine gari la kuzima
  moto
firefly kimulimuli
fireplace meko; (*three stones*)
  mafiga
fireproof -a kutoshika moto
firestones mafiga
firewood kuni
fireworks fataki
firm 1 imara; **2** kampuni
  make firm kuimarisha
first -a kwanza
  at first kwanza
firstfruits malimbuko
firstrate bora kabisa
fish samaki(ma); kuvua
fisherman mvuvi
fish-hook ndoana
fishing uvuvi
fishmonger mwuza samaki
fissure ufa (nyufa)
fist ngumi
fit 1 kufaa; **2** kuenea
  sawasawa; **3** kifafa
  feel fit kuwa na afya
fit in with kupatana na
fitment (*e.g. kitchen*) kifaa;
  zana

fits and starts mara kushika
  mara kuacha
five tano
fix kukaza
  in a fix mashakani
fixed imara
flabby (*people*) -tepetevu;
  (*things*) teketeke
flag 1 bendera; **2** kulegea
flagrant -enye ubaya dhahiri
flagstaff mlingoti
flakes vipande vidogo vyepesi
flame ulimi(nd) wa moto
flamingo heroe; korongo
flange kigingi
flank ubavu(mb)
flap kupapatika; kutikisa
flare up kulipuka
flash kumulika ghafula
flask chupa
flat 1 pana; dufu; **2** nyumba ya
  ghorofa
flatter kurairai
flatulence riahi
flavour ladha; kukoleza
flaw ila
flawless kamili
flax kitani
flay kuchuna
flea kiroboto
fledgling kinda la ndege
flee (fled) kukimbia
fleece manyoya ya kondoo
fleet 1 upesi; **2** kundi la
  manowari, meli, ndege n.k.
fleeting -a kupita upesi
flesh nyama
flew *see* **fly**
flex ugwe wa taa za
  stimu/umeme
flexible -a kunama
flick kupangusa
flight mruko hewani
  put to flight kukimbiza

flimsy

flimsy hafifu
flinch kuepa
fling kutupa kwa nguvu
flint jiwe gumu sana
flip-flop (*sandals*) ndara
flippant -puuzi
float kuelea
flock kundi(ma)
flock together kukusanyika
flog kupiga
flogging mapigo
flood gharika; kufurika
floor sakafu ya chini
flour unga
flourish kusitawi
flow mkondo wa maji; kutiririka
flower ua(ma)
flower garden bustani
flowerbed kitalu cha maua
flowerpot chungu cha maua
flown *see* fly
fluctuate kupanda na kushuka
fluctuation mageuzi
fluency ufasaha
fluent (*speech*) fasaha
fluid -a kumiminika
flurry, fluster wasiwasi
  be flurried kuona wasiwasi
flush kupitisha maji
flute filimbi
flutter kupapatika
fly inzi(ma)
fly (flew, flown) kuruka hewani
foal mwana farasi
foam povu; kutoa povu
focus kukaza macho au fikira
fodder chakula cha mifugo
foe adui(ma)
fog ukungu mzito
foggy -enye ukungu
foil jaribosi; kupinga
fold kikunjo; kukunja

foliage majani ya miti
folk watu
folklore masimulizi ya wenyeji
folktale ngano
follow kufuata
follower mfuasi
folly ujinga
foment kuchochea
fomentation josho la moto
fond of (be) kupenda
fondness mapenzi
fontanelle utosi wa mtoto mchanga
food chakula
fool mjinga
foolhardy jasiri ya kupita kiasi
foolish -jinga
foolishness ujinga
foolproof salama kabisa
foot (feet) mguu
  at the foot of chini ya
football mpira wa miguu; soka; kandanda
foothold pa kuwekea mguu
footpath njia ya miguu
footprint wayo (nyayo)
footstep hatua
footwear viatu
for kwa; kwa kuwa; muda wa
forbearance uvumilivu
forbid kukataza
forbidden marufuku
force nguvu; kushurutisha
forceps koleo
forcible -enye nguvu
forcibly kwa nguvu
ford kivuko; kuvuka kwa miguu
fore mbele
forebode kubashiri ubaya
forecast kukisia mbele
forefathers wakale
forefinger kidole cha shahada

foregoing yaliyotangulia
forehead paji la uso
foreign -a kigeni
foreigner mgeni
foreman/woman msimamizi
foremost -a mbele
foresee kutazamia mbele
foreshadow kuonya mbele
foresight busara
forest mwitu
forestall kuwahi kupinga
forestry elimu ya miti
foretell kubashiri; kutabiri
forethought busara
forewarn kuonya mapema
forfeit kutwaliwa
forge 1 kiwanja cha mhunzi;
  kufua chuma; **2** kubini
forger mbini
forgery ubini
forget (forgot, forgotten)
  kusahau
forgetful -sahaulifu
forgive (forgave, forgiven)
  kusamehe
forgiveness masamaha
forgiving -samehevu
forgo kuacha
forgotten (be) kusahauliwa
fork 1 uma; **2** (*of road*) njia
  panda; kugawanyika
forlorn pweke
form 1 umbo; namna; **2** hati;
  3 (*sec. sch.*) kidato
formal -a kawaida ipasayo
formality kawaida ipasayo
formation matengenezo
former -a kutangulia
formerly zamani
formidable -a kutisha
fornication uasherati
forsake (forsook, forsaken)
  kuacha

forthcoming tayari kutokea
forthwith mara
fort, fortress ngome
fortify kuongeza nguvu
fortitude uvumilivu wa mateso
fortnight majuma mawili
fortunate -a heri
fortunately kwa bahati njema
fortune mali nyingi; **good
  fortune** bahati njema
forty arobaini
forward(s) mbele
fossil kisukuku
foster-mother mama mlezi
fought *see* **fight**
foul -chafu; -ovu
foul play (*sport*) dhambi;
  kosa(ma)
found 1 *see* **find**; **2** kuanzisha
  be found kuonekana
foundation msingi
founder mwenye kuanzisha;
  mwasisi
foundry kiwanda cha kusubu
  madini
fount chemchemi; asili
fountain bomba la kurushia
  maji juu
fountain pen kalamu yenye wino
four nne
fourteen kumi na nne
fowl kuku
fox mbweha
foyer sebule; ukumbi
fraction sehemu
fracture mvunjiko; kuvunja
fragile dhaifu; -a kuvunjika
  upesi
fragment kipande kidogo
fragrance harufu tamu
fragrant -enye harufu nzuri
frail dhaifu
frame kiunzi

France

France Ufaransa
franchise uhuru; haki ya kuchagua kwa kura
frank -a kusema kweli
frankincense ubani
frankly kwa kweli
frantic kama mwenye wazimu
fraternize kufanya urafiki
fraud udanganyifu
fraudulent -danganyifu
fray (*of rope, etc.*) kuchakaa; kuchakaza
freak kioja
free 1 huru; **2** bure
free will hiari
freedom uhuru
freely bila sharti; tele
freeze (froze, frozen) kuganda kwa baridi
freight shehena
freight train gari moshi/treni ya mizigo
freighter meli ya bidhaa
French (*person*) Mfaransa; (*language*) Kifaransa
frequent mara nyingi
frequently mara kwa mara
fresh 1 -bichi; **2** -a siku hizi
fretful (be) kunung'unika
friar mtawa wa kiume
friction mkwaruzo; ubishi
Friday Ijumaa
friend rafiki(ma)
friendly -a kirafiki
friendship urafiki
fright tisho(ma)
frighten kuogofya
frightful -a kutisha
fringe matamvua; ukingo
frisky -a kuchezacheza
frivolous pasipo maana
frock gauni(ma)
frog chura

from kutoka kwa
front upande wa mbele
in front mbele
frontier mpaka
frontispiece picha mwanzo wa kitabu
frost sakitu
froth povu
frown kukunja uso
frozen *see* **freeze**
fruit matunda; mazao
fruit salad saladi ya matunda
fruitful -a kuzaa sana
fruitless bure
frustrate kupinga
frustration pingamizi(ma)
fry kukaanga
frying pan kikaango
fuel kuni; makaa
fugitive mtoro
fulfil kutimiza
fulfilment utimizo
full (be) kujaa
full-stop nukta
fully kabisa
fumes moshi; mvuke mweusi
fumigate kufukiza
fun furaha; burudani
function 1 kazi maalum; **2** (*ceremony*) tamasha
fund akiba ya fedha; mfuko
fundamental -a msingi
funeral maziko
fungus uyoga
funnel mrija
funny -a kuchekesha
fur ngozi laini ya manyoya
furious -enye hasira nyingi
furnace tanuu
furnish kupamba nyumba
furniture samani; fenicha
furrow mfuo

further 1 mbele zaidi; **2** juu ya hayo
fury hasira kali; ghadhabu
fuse fyuzi ya stimu/umeme
fuselage kiunzi cha ndege/eropleni
fuss udhia; kujisumbua bure
futile bure
futility ubatili
future wakati ujao

G

gabble kupayuka
gadget kitu cha utumizi
gag kuziba kinywa
gaiety ukunjufu
gain faida; kupata faida
gale upepo mwingi
gall nyongo
gallant -shujaa
gallantry ushujaa
gall-bladder kibofu nyongo
gallery 1 nyumba ya sanaa; **2 (balcony)** roshani
gallop kwenda mbio
galvanize 1 kupaka bati, chuma n.k. **2** kushtua
gamble, gambling kucheza kamari; kubahatisha
game mchezo; mawindo
game park/reserve mbuga ya wanyama; hifadhi ya wanyama
gang watu wafanyao kazi pamoja
gaol gereza, kifungo
gaoler mlinzi wa gereza
gap mwanya; nafasi
garage gereji
garb mavazi
garden bustani
gardener mtunza bustani

gargle kusukutua kooni
garland taji ya maua
garlic kitunguu saumu
garment nguo; vazi(ma)
garrison askari walinzi
garrulous -enye maneno mengi
gas mvuke kama hewa; gesi
gas cooker jiko la gesi
gash kukata; kutema
gasp kutweta
gate mlango wa nje
gather kukusanya; kuchuma
gathering mkutano
gauge kipimio
gaunt -gofu
gave *see* **give**
gay 1 -kunjufu; **2** msenge
gaze kukazia macho
gazelle swala
gear 1 vyombo; **2** mtambo wa gari; gia
gear lever mkono wa kubadilisha gia
gem johari
genealogy nasaba
general 1 -a watu wote; **2** -a kawaida; **3** mkuu wa jeshi
generalization kisio(ma)
generally kwa kawaida
generate kuzalisha
generation kizazi
generosity ukarimu
generous -karimu
genial -changamfu; -kunjufu
genie jini
genitals viungo vya uzazi
genius mwenye akili maalum kupita kawaida
genre tanzu; jinsi
gentle -pole
gentleman mwungwana
gently kwa upole
genuine asilia; halisi

geography

geography jiografia
geology elimu ya mawe
germ 1 kijidudu cha ugonjwa;
  2 chanzo
German Mjeremani; Kidachi
germinate kuchipuka
gesticulate kuashiria
gesticulation, gesture ishara
get kupata; kupata kuwa
get an illness kupata ugonjwa
get dark kuingia giza
get off (*bus, train, etc.*)
  kushuka; kutelemka
get on (*bus, train, etc.*)
  kupanda
get up 1 kusimama;
  2 kuondoka kitandani;
  kuamka
get used to kuzoea
ghastly -baya
ghee samli
ghost 1 roho; 2 kizuka
giant jitu(ma)
gibbon sokwe
giddiness kizunguzungu
giddy -enye kizunguzungu
gift zawadi; majaliwa
gifted -enye majaliwa
gigantic -kubwa mno
gilt, gilded -a kupakwa
  dhahabu
gin mvinyo
ginger tangawizi
gingerly kwa hadhari
giraffe twiga
girder mhimili
girdle mshipi
girl mtoto wa kike
give (gave, given) kupa; kutoa
give back kurudisha
give birth kujifungua; kuzaa
give in kushindwa
give (something) up kuacha
giver mpaji

glad (be) kufurahi
gladden kufurahisha
gladly kwa furaha
gladness furaha
glance kutupa jicho
glare 1 kukodolea macho;
  2 kung'ariza
glaring -a kung'ariza; dhahiri
glass kioo; bilauri; gilasi
glaucoma ugonjwa mkali
  unaotanua mboni ya jicho
gleam kumulika
glean kuokota masazo
  shambani
glee furaha
glide kunyinyirika
glider eropleni bila mashine
glimmer mwangaza hafifu
glimpse kuona kidogo tu
glisten, glitter kumetameta
globe tufe yenye sura ya dunia
gloomy -a giza
glorify kutukuza
glorious -tukufu
glory utukufu
glossy -a kung'aa
glove mfuko wa mkono; glavu
glow mwangaza wa moto
glue gundi
glut wingi wa kupita kiasi
glutton mlafi
gluttonous -lafi
gnash kusaga meno
gnat mbu mdogo
gnaw kuguguna
gnu nyumbu
go (went, gone) kuenda
  have a go kujaribu
go! nenda!
go in for kujitia katika
go near kukaribia
go off well kusitawi
go round kuzunguka
go through with kukamilisha;
  kutimiza

go without (something) kukosa; kuvumilia

goal 1 kikomo; mradi;
2 (*football*) bao(ma); goli

goalkeeper golikipa; kipa

goat mbuzi

God Mungu; Allah

godchild mtoto kwa ubatizo

godfather/mother mdhamini

godly -tawa

godown bohari; ghala

gold dhahabu

golden rangi ya dhahabu

goldmine mgodi wa dhahabu

gone *see* **go**

gong upatu(p)

gonorrhoea kisonono

good hali njema; -ema; -zuri
  a good deal wingi kidogo
  for good kabisa
  in good time mapema
Good heavens! Mungu
  wangu!
Good night! Lala salama!
  Usiku mwema!

good will ridhaa

goodbye kwa heri

good-looking -zuri

good-natured -enye hisani

goodness wema

goods vyombo; bidhaa

goods train gari moshi la
  mizigo

goose (geese) bata bukini

gorge 1 genge(ma); **2** kula kwa
  pupa

gorgeous -zuri sana

Gospel Injili

gossip porojo(ma); kupiga
  soga

gourd buyu(ma)

gourmand, gourmet mpenda
  chakula kizuri

govern kutawala

government serikali

gown gauni; (*academic, legal,
  etc.*) joho

grab kunyakua

grace 1 neema; **2** sala penye
  chakula; **3** madaha

graceful -enye madaha

gracious -enye hisani

grade cheo

gradient kipimo cha mwinuko

gradual, gradually kidogo
  kidogo

graduate kupata digrii; mtu
  aliyepata digrii

grain nafaka

grammar sarufi

gramophone santuri

granary ghala ya nafaka

grand -a fahari; bora

grandchild mjukuu

grandeur fahari

grandfather babu

grandmother bibi

grant 1 kujalia; **2** kipaji cha
  fedha

granulated -a chembechembe

grapefruit balungi(ma)

grapes zabibu

graph kielelezo kwa mistari;
  grafu

graph paper karatasi ya grafu

grapple with kushikana na

grasp 1 kufumbata;
  2 kufahamu

grasping -enye choyo

grass majani; nyasi

grasshopper panzi(ma)

grate kuparuza

grateful -enye shukrani

gratis bure

gratitude shukrani

gratuity bakshishi/bahashishi

grave 1 kaburi(ma); **2** -kubwa;
  -zito

gravel

gravel changarawe
gravel pit shimo ya
  changarawe
graveyard makaburini
gravitate kuvutwa
gravitation uvutano
gravity uzito; uvutano
gravy mchuzi
graze 1 kuparuza; kuchubua;
  2 kula majani
grazing malisho
grease mafuta
greasy -enye mafuta
great -kubwa; -kuu
Great Britain Uingereza,
  Scotland na Wales
greatly sana
Greece Ugiriki
greed ulafi
greedily kwa pupa
greedy -lafi
Greek Mgiriki; -a Kigiriki
green 1 kijani; 2 -bichi
greengrocer mwuza mboga na
  matunda
greens mboga ya majani
greet kusalimu
greetings maamkizi; salamu
grew see grow
grey kijivu
grief huzuni
grievance uchungu
grieve kuhuzunika;
  kuhuzunisha
grievous -a kusikitikia

grill kuchoma nyama;
  banzi(ma)
grim bila furaha
grin kukenua
grind (ground) kusaga
grip kushika sana
grist nafaka ya kusagwa
grit mchanga
gritty -a kukwaruza
groan kupiga kite
grocer mwuza vyakula
groceries vyakula
groin kinena
groove mfuo
grope kupapasapapasa
gross 1 jumla; 2 dazani 12;
  3 bila adabu
Gross National Product (GNP)
  Jumla ya Pato la Taifa
grotesque -a kuchekesha
ground 1 see grind; 2 ardhi;
  chini
groundless pasipo sababu
groundnuts njugu; karanga
grounds 1 sababu; 2 mashapo
groundwork msingi;
  maandalizi
group kundi(ma)
grouse kunung'unika
grout, grouting (for masonry,
  wall tiles, etc.) chokaa laini
grove kichaka
grow (grew, grown) kukua;
  kuota; kumea

grow

Kukua, to grow, applies only to the general growth of
humans and animals e.g. *Mtoto anakua vizuri* **The child is
growing well.** For information on *kuota* see the *ota* entry in
the Swahili–English section. *Kumea* has a similar function to
kuota.

growl kunguruma
growth maendeleo; kukua
grub 1 buu(ma); **2** chakula
grudge fundo la moyo; kutoa
  kwa kinyongo
grudgingly kwa kinyongo
gruel uji
grumble kunung'unika
grunt kukoroma
guarantee dhamana;
  kudhamini
guard mlinzi; kulinda
guardian mwangalizi
guava (*tree*) mpera; (*fruit*)
  pera(ma)
guerrilla mpiganaji wa kuvizia
  msituni
guess kisio(ma); kukisi
guest mgeni wa nyumbani
guest house nyumba ya
  wageni; gesti
guidance maongozi
guide kiongozi
guidelines mwongozo
guild chama
guile ujanja
guilt hatia
guilty -enye hatia
guinea-fowl kanga
guitar gitaa
gulf ghuba
gullet koo
gully korongo
gulp kugugumia
gum 1 gundi; **2** ufizi(f) wa
  meno
gun bunduki
gunpowder baruti
gunwale ukingo wa juu ya
  meli, boti n.k.
gush kububujika
gust upepo wa ghafula
gutter mchirizi
gymnastics mazoezi ya mwili;
  sarakasi
gynaecology elimu ya uzazi

H

habit mazoea; mwenendo
habitable -a kukalika
habitation maskani; makao
habitual -a kawaida
hack kukatakata
had *see* **have**
hail 1 kupiga kelele; kusalimu;
  2 mvua ya mawe
hair nywele
hairstyle mtindo wa nywele
half (halves) nusu
hall 1 chumba kikubwa;
  ukumbi; **2** sebule
hall of residence bweni
hallucination mazigazi
halo uzingo
halt kutua; kusimamisha
halve kukata nusu kwa nusu
hammer nyundo
hammock machila
hamper jamanda(ma)
hand mkono
hand luggage mizigo ya
  mkononi
handbag mkoba
handbook kitabu cha
  maelekezo
hand-brake breki ya mkono
handcuff pingu
handicap kizuizi; kilema
handicraft kazi ya mikono
handkerchief kitambaa; leso
handle mpini; shikio(ma);
  mkono
handmade -a mikono;
  -liyotengenezwa kwa mkono
handsome -zuri
handwriting mwandiko
handy -a kufaa
hang (hung) kutungika
  be hanged kunyongwa
hang round kulondea
hangar banda la eropleni/
  ndege

haphazard ovyo-ovyo
happen kutukia
happiness heri; furaha
happy -a furaha
harangue hotuba ndefu; kuhubiri kirefu
harass kuudhi
harbour bandari
hard -gumu
harden kufanya -gumu
hardhearted bila huruma
hardly kwa shida
hardness ugumu
hardship taabu
hard-up (be) kuishiwa na fedha

haste haraka
hasten kuhimiza; kufanya haraka
hastily kwa haraka
hasty -a haraka
hat kofia
hatch kuangua mayai
hatchet shoka(ma)
hate chuki; kuchukia
hateful -a kuchukiza
hatred chuki
haughty -a kutakabari
haul kukokota; vuo la samaki
haunt kurudiarudia
have (has, had) kuwa na

have

To have in Swahili is to be with: *kuwa* (to be) + *na* (with/and), e.g. *Walikuwa na vitabu.* **They had books.** *Atakuwa na pesa.* **S/he will have money.** In the present tense the verb prefix (subject prefix) is attached to *na*: *nina* **I have**; *una* **you have**; *wana* **they have**, etc.

hardy -enye nguvu
hare sungura
harlot kahaba(ma); malaya
harm madhara; kudhuru
harmful -a kudhuru
harmless bila hatari
harmonious -enye ulinganifu
harmony upatano; mchanganyiko wa sauti
harness matandiko
harp kinubi
harp upon kurudiarudia
harrow haro; kulima kwa haro
harsh -kali
harshness ukali
harvest mavuno
has *see* **have**
hashish bangi
hasp kipete

have to kupaswa
haven mahali pa usalama
having -enye
havoc uharibifu mwingi
hawk mwewe
hay majani makavu
hazard 1 bahati; kubahatisha; **2** hatari; kuhatarisha
hazardous -a hatari
haze unyenyezi; ukungu
hazy si dhahiri
he yeye
head kichwa; mkuu
headache maumivu ya kichwa
headland rasi
headlight taa ya mbele
headlong kwa haraka mno
head-on dafurao
headquarters afisi kuu

headstrong -kaidi
headteacher mkuu wa shule
headway maendeleo
heal kupona; kuponya
health, healthiness afya
healthy -enye afya
heap chungu; biwi(ma); rundo
hear, hearing kusikia
hearsay uvumi
heart moyo
heart disease ugonjwa wa moyo
heartbeat pigo la moyo
heartily kwa moyo
heartless bila huruma
heartrending -a kuhuzunisha sana
hearty -a kirafiki
heat joto, moto; kupasha moto
heath pori; nyika
heave kuinua kwa nguvu
heaven mbinguni; peponi
heavenly -a mbinguni; -zuri sana
heavy -zito
heckle kuudhi kwa maswali
hedge kitalu cha miti mifupi
hedgehog nungu mdogo
heed kuangalia; kujali
heedless -zembe
heel kisigino cha mguu
heifer mtamba wa ng'ombe
height kimo
heighten kuongeza; kurefusha kwa juu
heir, heiress mrithi
held *see* **hold**
  be held kushikwa
helicopter helikopta
hell jahanamu
helm usukani
helmet kofia ya chuma; helmeti

helmsman rubani
help msaada; kusaidia
helper msaidizi
helpful -a kusaidia
helpless hoi
hem upindo; kupinda
hemisphere 1 kizio; **2** nusu ya dunia
hemp bangi
hen kuku
hence 1 kwa hiyo; **2** toka hapa
henceforth tangu sasa
her yeye; -ake
herbs mboga za kukolezea chakula; (*medicine*) mitishamba
herd kundi(ma); kuchunga ng'ombe
herder mchungaji
here hapa, huku, humu
hereafter baadaye
hereditary -a kurithiwa
heredity ufananaji wa mtoto na wazazi wake; urithi
heresy uzushi
heritage urithi
hermit mkaa pekee
hero, heroine shujaa
heroic -a kishujaa
heroin heroini
herself yeye mwenyewe
hesitate, hesitation kusitasita
hessian kitambaa cha katani
hew kukata, kutema
hexagon pembe sita
Hey! (*surprise*) Ala! (*to attract someone's attention*) Hebu!
Hi! (*very informal greeting*) Mambo! Vipi!
hibernate kupisha wakati wa baridi kwa usingizi
hide (hid, hidden) kuficha; kujificha
hide ngozi ya mnyama

hideous -enye sura ya kuchukiza

high 1 -refu; **2** -kuu

High Commissioner Balozi wa nchi ya Jumuiya ya Madola katika nchi ya namna hiyo

High Court Mahakama Kuu

highland nchi ya juu

highly sana

high-pitched (*sound*) -kali; (sauti) ya juu sana

highroad barabara

hijack kuteka nyara

hike kusafiri kwa miguu

hill mlima; kilima

hillside ubavuni mwa kilima

hilly -a vilima

hilt mpini wa sime
  up to the hilt kabisa

him, himself yeye

hind paa jike

hinder kuzuia

hindrance kizuizi

hinge pata(ma); njesi

hint dokezo(ma); kudokeza

hip nyonga

hippopotamus kiboko

hire kuajiri; kupanga

hire (*wages*) ujira; (*rent*) upangaji

hire-purchase (buy on) kulipa kwa polepole

his -ake

hiss kulia kama nyoka

historian mtaalamu wa historia

history historia

hit kupiga

hit it off kupatana

hit songs nyimbo zivumazo sana

hitch kizuio

hitherto mpaka sasa

hive mzinga wa nyuki

hoard akiba; kuweka akiba

hoarse (be) kupwewe sauti

hoary -a kale; -enye mvi

hoax mzaha; kudanganya kwa mzaha

hobby kazi ya kujifurahisha

hockey hoki; mpira wa magongo

hoe jembe(ma); kupalilia

hog nguruwe dume

hoist kuinua; kupandisha

hold (held) kushika

hold off, hold up kupinga

hold on to kushikilia

hold together kushikamana

hold (*ship*) ngama

hole tundu; shimo(ma)

holiday likizo

holiness utakatifu

hollow wazi ndani; bonde(ma)

hollow out kukomba

holy -takatifu

homage heshima kuu

home, at home kwetu; nyumbani

homeless -siye na makazi

homesick hamu ya kwao

homicide kuua mtu

homosexual msenge

honest -nyofu

honestly kwa kweli

honesty uaminifu

honey asali ya nyuki

honeycomb sega la asali

honeymoon fungate ya maarusi

honorary -a heshima tu; bila mshahara

honour heshima

honourable 1 mheshimiwa; **2** -nyofu

honours degree digrii ya
daraja la juu
hoof ukwato(k)
hook kulabu
hookworm chango za safura;
tegu
hooligan mhuni
Hooray! mlio wa shangwe;
Huree!
hoot (of vehicle) kupiga honi
hop kurukaruka kama ndege
hope matumaini; kutumaini
hopeful -enye matumaini
hopeless bila tumaini
horde msongano
horizon upeo wa macho
horn pembe; honi
hornet nyigu
horoscope buruji
horrendous -a
kuogofya/kuogopesha
horrible -a kuchukiza
horrify kutisha
horror hofu kuu
horse farasi
horticulture kilimo cha
matunda
hose 1 soksi; **2** bomba la
kurushia maji
hospitable -teremeshi; -karimu
hospital hospitali
hospitality ukarimu
host, hostess mwenye
kupokea wageni nyumbani
host jeshi(ma); wingi
hostage mtu achukuliwaye
amana
hostel nyumba ya wageni
hostile -enye uadui
hostility uadui
hot -a joto
hot season kiangazi; msimu
wa joto

hotel hoteli
hothead mkaidi
hot-tempered -enye hasira za
haraka
hound mbwa
hour saa
hourly kila saa
house nyumba
household watu ya nyumbani
householder mwenye nyumba
housekeeper mtunza nyumba
housework kazi ya nyumbani
hovel kibanda kibovu
hover kusinzia hewani
how? jinsi gani? -je? vipi?
how many? -ngapi?
however walakini, kwa vyo
vyote
howl (dog) kulalamika; mlio
mkali
hub (of wheel) kitovu cha
gurudumu
huddle kusonga;
kusongamana
huff chuki
hug kukumbatia
huge -kubwa mno
hulk (derelict ship) meli ya
zamani
hull kiunzi cha meli
hum uvumi; kuvuma
human -a kibinadamu
humane -enye huruma
humanitarian -a hisani; -a
huruma
humanity 1 utu; **2** huruma
humble -nyenyekevu; -nyonge
humbly kwa unyenyekevu
humbug mjanja; ujanja
humid -nyevu
humidity unyevu
humiliate kudhili
humiliation udhilifu

humility unyenyekevu
humorous -a kuchekesha
hump kigongo; nundu
humus rutuba
hundred mia
hundredfold mara mia
hundredweight ratli 112
hung *see* **hang**
hunger njaa
hungry -enye njaa
hunt kuwinda
hunt for kutafuta
hunter mwindaji
hurl kuvurumisha
hurricane tufani
hurry haraka; kufanya haraka; kuhimiza
hurt kuuma; kuumiza
hurtful -enye hasara
husband mume
husbandry ukulima
  animal husbandry ufugaji
hush kimya
Hush! Nyamaza! Nyamazeni!
hush up kusetiri
husk (*of rice, maize, etc.*) kapi(ma); ganda(ma)
husky -enye sauti ya kupwewa
hustle kusukumiza
hut kibanda
hutch kizimba
hydrant bomba la maji
hydro -a kuhusiana na maji
hydroelectric -a umeme wa nguvu za maji
hydrology sayansi ya maji; haidrolojia
hyena fisi
hygiene elimu ya afya
hymen kizinda; bikira
hymn wimbo(ny) wa dini
hyphen kistariungio
hypocrisy unafiki

hypocrite mnafiki
hypodermic -a chini ya ngozi
hypodermic syringe sindano
hypothesis kisio(ma)
hysteria ugonjwa wa akili; umanyeto
hysterical (be) kutoweza kujizuia

I

I mimi
ice barafu
iceberg mwamba wa barafu baharini
ice-cap kilele barafu
ice-cream aiskrimu
idea wazo(ma)
ideal kipeo cha ubora; -kamilifu
identical sawasawa kabisa
identical twins mapacha waliofanana
identification utambulishi
identify kuainisha; kuthibitisha
identify with something kujihusisha na; kufunganisha
ideology itikadi
idiomatic -enye ufasaha wa kienyeji
idiotic -a upuzi; -pumbavu
idle -vivu
idleness uvivu
idol sanamu ya kuabudiwa
idolatry ibada ya sanamu
idolize kupenda mno
i.e. yaani
if kama; ikiwa
ignite kushika moto; kuwasha
ignorance, be ignorant kutojua
ignore kutoangalia
ill (be) kuwa mgonjwa;

kuugua
illegal kinyume cha sheria
illegible (be) kutosomeka
illegitimate 1 -a haramu;
  2 si kanuni
illicit marufuku
illiterate (be) kutojua kusoma
ill-natured -korofi
illness ugonjwa; maradhi
ill-tempered -gomvi
ill-treat kutesa
illuminate kuangaza
illumination mwangaza
illusion wazo lisilo kweli
illustrate kueleza kwa mifano
  au picha
illustration mfano; picha
ill-will husuda
image 1 mfano; picha ya
  mawazoni; **2** sanamu
imaginary -a kuwazika tu
imagination uwazo
imagine kuwazia
imam imamu
imitate kufuatisha; kuiga
imitation mwigo
immaculate safi kabisa
immaterial si kitu
immature -changa
immeasurable -a kupita kiasi
immediate -a mara moja
immediately papo hapo; sasa
  hivi
immense -kubwa sana
immerse, immersion
  kuchovya; kuzamisha
immigrant mhamiaji
immigration uhamiaji
immigration officer ofisa
  uhamiaji
imminent -a karibu sana
immobile tuli kabisa
immoderate bila kiasi

immoral -enye tabia mbaya
immortal -a kuishi milele
immovable imara
immune (be) kutoweza
  kudhurika
immunity (*from disease*) kinga
  maradhi
impart kushirikisha
impartial bila upendeleo
impartiality uadilifu
impassable (be) kutopitika
impatience pupa
impatient -enye haraka
impeccable bila kosa lolote
impede kuzuia
impediment kizuizi
impel kusukumiza
impending -a karibu sana
impenetrable -siyopenyeka
impenitent bila toba
imperative -a lazima
imperceptible -dogo sana
imperfect -enye ila
imperfection ila
imperishable -siyooza
impertinent -fidhuli
impervious (be) kutopenyeka
impetuous -a haraka
implement chombo cha kazi;
  kifaa; kufikiliza
implicate kutia hatiani
implore kuomba sana
imply kufahamisha bila kutaja
  sawasawa
import kuingiza bidhaa katika
  nchi
importance maana
important muhimu
imports bidhaa zinazoingia
impose kuamuru
impose on kuhadaa
imposing -a kuvuta macho
impossibility jambo
  lisilowezekana

impossible (be) kutowezekana
impostor ayari
imposture ulaghai
impotent pasipo nguvu
impoverish kufukarisha
impracticable -siyotekelezeka
impregnable -siyoshindika
impress kutia moyoni; kutia alama
impression 1 chapa; alama; **2** maono
impressive -enye maana
imprison kufunga
improbable si yamkini
improper -siyofaa
improve kukuza hali; kuendeleza
improvement maendeleo mazuri
improvident si wekevu
improvise kutunga papo hapo bila matayarisho
imprudent -enye kukosa busara
impudence ujuvi; ufidhuli
impudent -juvi; -fidhuli
impulse msukumo
impulsive -a msukumo
impure si safi
impurity uchafu; unajisi
For prefix in *see Prefixes and Suffices in the Notes*
in ndani ya; katika; -ni
inability kutoweza
inaccessible pasipofikika; -siyofikika
inaccurate si sahini
inactive kimya; -legevu
inadequate pungufu
inadmissible -siyokubalika
inalterable -siyobadilika
inanimate pasipo uhai
inapplicable (be) kutokupasa
inattention purukushani
  be inattentive kupurukusha sikio

inaudible (be) kutosikika
inaugurate kufungua; kuzindua
inauspicious -a ndege mbaya; -a nuksi
inborn -a asili; -a kuzaliwa nayo
incalulable -siyopimika; kubwa mno
incapable (be) kutoweza
incarnation kutwaa mwili
incendiary -a kuchoma moto
incense ubani; udi; kukasirisha
incentive kishawishi; motisho
inception mwanzo
incessant bila kikomo
incest zinaa ya maharimu
inch inchi
incident tukio(ma)
incidental -a bahati tu
incinerate kuchoma kabisa
incinerator jiko la kuchoma takataka
incipient -nayoanza
incise, incision kukata
incite, incitement kuchochea
inclination 1 maelekeo; **2** mwinamo
  be inclined to kuelekea
include kutia pamoja na vitu vingine
including pamoja na
inclusive -ote pamoja
incoherent a kukosa maana
income mapato
income tax kodi ya mapato
incomparable bila kifani
incompatible (be) kutopatana
incompetent (be) kutofaa kwa kazi fulani
incomplete si kamili

incomprehensible (be)
kutoweza kufahamika
inconclusive (*of evidence etc.*)
-enye shaka
inconsiderate -si*y*ejali wengine
inconsistent -a kigeugeu
inconsolable -si*y*etuluzika
incontinent -si*y*eweza kuzuia
kukojoa
inconvenient -a wakati usiofaa
incorrect si sahihi
incorruptible -si*y*ehongeka
increase nyongeza; kuongeza
incredible -a kutosadikika
incredulous -enye shaka
incriminate kutia hatiani
inculcate kufundisha
incur (*debt*) kupata (deni);
(*expenses*) kugharamia;
kujipatia
incurable -si*y*oponyeka
indecent -pujufu
indecision kusitasita
indeed kweli
indefinite si dhahiri
indelible -si*y*ofutika
indent (*typing, printing*)
kujongeza mstari ndani
independent (be) kujiangalia
mwenyewe; -a kujitawala
indescribable -si*y*oelezeka
indestructible -si*y*oharibika
index faharasa
India Bara Hindi
Indian (person) Mhindi
indicate kuonyesha
indication ishara
indigenous -a asili; -enyeji
indigestible -si*y*otulia tumboni
indigestion kuvimbiwa
indignant -enye hasira ya haki
indignation hasira ya haki
indignity ufidhuli

indirect kwa kuzunguka
indiscreet -a kukosa busara
indiscriminate bila
kutofautisha
indispensible -a lazima
indisposition ugonjwa
indistinct -si*y*oonekana
sawasawa
individual mtu mmoja; kitu
kimoja; -a binafsi
indivisible -si*y*ogawanyikana
indoors ndani ya nyumba
induce kushawishi
induce labour (*childbirth*)
kuanzisha uchungu
inducement kishawishi
indulge in kujifurahisha kwa
indulgent -pole
self-indulgent kujifurahisha
industrialize kuanzisha
viwanda
industrious -enye bidii ya kazi
industry 1 kazi za viwanda;
2 bidii ya kazi
inedible -si*y*olika
inefficient -si*y*ofanya kazi
vizuri; -zembe
ineligible -si*y*oruhusiwa
inert kama kifu
inevitable -si*y*oepukika
inexcusable -baya sana
inexhaustible -ingi sana
inexpensive -a bei nafuu
inexperienced bado kupata ujuzi
inexplicable -si*y*oelezeka
inexpressible -a kupita
maneno yote
infallible -si*y*oweza kukosa
infancy ukembe
infant mtoto mchanga
infect (with) kuambukiza
infectious -a kuambukiza
infer kufahamu; kuona

inference ufahamu uliopatikana
inferior duni
inferiority uduni
infertile tasa; (*of land*) gumba; bila rutuba
infested with (be) kujaa tele
infidelity uzinzi
infinite pasipo mwisho
infinitely sana mno
infirm -dhaifu
infirmary hospitali
inflame kuchochea
inflammable -a kuwaka moto upesi
inflammation uvimbe wa kuchoma
infliction msiba
influence uvutaji
influential -enye ushawishi
influenza homa ya mafua
influx kuingia kwa wingi
inform kuarifu
information habari
infrequent si mara nyingi
infringe, infringement kuasi
infuriate kukasirisha sana
ingenious -enye akili; -stadi
ingenuity akili; ustadi
ingratitude utovu wa shukrani
ingredient kitu kilichomo katika mchanganyiko; kiambato
inhabit kukaa; kuishi
inhabitable -a kukalika
inhabitant mwenyeji
inhale kuvuta pumzi
inherit kurithi
inheritance urithi
iniquitous baya sana
initial -a kwanza; herufi ya kwanza

initiate, initiation kuanzisha; kuingiza katika chama, unyago, etc.
initiative utangulizi
inject kuingiza
injection dawa ya sindano
injure kudhuru
injurious -a kudhuru
injury madhara; jeraha(ma)
injustice udhalimu
ink wino
inland barani
in-law (*parent*) mkwe
  father-in-law baba mkwe
inlet (*cove*) ghuba ndogo; hori
inn hoteli
inner -a ndani
innocence usafi
innocent bila hatia
innovation jambo jipya; upya
innumerable -ingi sana
inoculate kuchanja
inoculation chanja
  be inoculated kuchanjwa
inopportune kwa wakati usiofaa
in-patient mgonjwa alazwaye hospitali
inquest upelelezi wa sababu ya kifo
inquire kuuliza; kutafuta habari
inquiry swali; upelelezi
inquisitive -dadisi
insane -enye wazimu
insanitary -a kudhuru afya
insanity kichaa
insatiable -siyotosheleka
inscribe kuandika
inscription mwandiko; mchoro
insect mdudu
insecticide kiua-wadudu
insecure si imara; si salama

insecurity hatari; mashaka
insensible (be) kuzimia;
 kupotewa na ufahamu
inseparable -siyotengeka
insert kuingiza ndani
insertion kitu kilichoingizwa
in-service training mafunzo
 kazini
inside ndani
insight ufahamu; utambuzi
insignificant duni
insincere -danganyifu
insinuate kuingiza kidogo
 kidogo
insinuation uchongezi
insipid chapwa
insist, insistence kusema kwa
 nguvu; kushurutisha
insolence ufidhuli
insolent -fidhuli
inspect kukagua
inspection ukaguzi
inspector mkaguzi
inspiration maongozi ya
 moyoni
inspire kutia moyoni
instability utovu wa imara
instalment fungu moja katika
 mfululizo
instance mfano
 for instance kwa mfano
instantaneous pale pale
instantly mara moja
instead of badala ya
instigate kuanzisha
instigation usukumizi
instinct silika
instinctively bila kufikiri
institute taasisi; kuanzisha;
 kuweka
instruct kufundisha; (order)
 kuagiza
instruction mafundisho

instructive -enye mafundisho
instuctor mwalimu; fundi(ma)
instrument chombo cha
 kufanyia kazi, hasa cha muziki
instrumental -a kusaidia;
 -a muziki
insubordinate -asi
insubordination uasi
insufficient haba
insulate 1 kufunika kabisa;
 2 kukinga; kutenga
insult kutukana; matukano
insuperable -siyoshindika
insupportable -siyovumilika
insurance bima
insurance policy hati ya bima
insure kufanya bima; kukata
 bima
insurrection maasi juu ya
 serikali
intact kamili
integrity unyofu
intellect, intelligence akili
intellectual, intelligent -enye
 akili
intelligible -a kufahamika
intemperance ulevi
intemperate bila kiasi
intend kukusudia
intention kusudi
intense -a nguvu
intensify kuongeza
intentionally kwa kusudi
inter- katikati; wao kwa wao
intercede for kuombea
intercept kushika njiani
intercession maombezi
interchange kubadilishana
interchangeable -enye
 kubadilishana
intercourse 1 maingiliano;
 2 ngono

interdenominational

interdenominational -a kuhusu
madhehebu mbalimbali
interdependent -a
kutegemeana
interest 1 usikizi; 2 faida;
3 kuvuta moyo
interesting -a kuvutia moyo
interfere, interference
kujiingiliza
interim muda wa kati
interior upande wa ndani
intermarry kuchanganya
damu
intermediary mshenga;
msuluhishi
intermediate -a kati
interment maziko
interminable -a daima
intermission kituo
intermittent -a vipindi
intern kufungia mahali fulani
internal -a ndani
international -a kuhusu
mataifa yote
internment kufungiwa
Interpol Shirika la Polisi la
Kimataifa
interpose kujitia; kupangilia
interpret kufasiri
interpretation fasiri; maana
interpreter mkalimani
interrogate kuulizauliza;
kudodosa
interrogation maulizo
interrupt kudakiza
interruption madakizo
interval nafasi kati ya vipindi
viwili
intervene, intervention kujitia
kati
interview mahojiano; kuhoji
intimate -a siri
intimation habari

intimidate kutisha
intimidation kitisho
into ndani ya; katika
intolerable -siyovumilika
intolerance ushupavu
intolerant bila uvumilivu
intonation lafudhi
intoxicant kileo
be intoxicated kulewa
intoxication ulevi
intricate -enye matatizo
intrigue shauri la hila
introduce kuingiza;
kujulishana
introduction 1 kuingiza;
kujulishana; 2 utangulizi
intrude kujidukiza
intruder mdukizi
intrusion udukizi
invade kushambulia; kuruka
mpaka
invalid 1 mgonjwa; 2 batili
invaluable -a thamani sana
invariable sawasawa sikuzote
invasion mwingilio;
mashambulio
invent kuvumbua; kubuni
invention uvumbuzi; ubuni
inventory orodha (ya vifaa
shuleni n.k.)
inverse -a kinyume
inversion, invert kupindua
invest kutega uchumi
investment kitega uchumi
investigate kupeleleza
investigation upelelezi
inveterate -zoevu
invigilate kusimamia mtihani
invigilator msimamizi mtihani
invigorate kutia nguvu
invincible -siyoshindika
invisible -siyoonekana
invitation barua ya kukaribisha

invite kualika; kukaribisha
inviting -a kuvuta
invoice ankra; bili
involuntary -siyokusudiwa
involve kuingiza; kushughulisha
inward/ly ndani
iodine aidini
Iran Uajemi
irate -enye hasira
iron 1 chuma; **2** pasi; kupiga pasi
ironing board ubao wa kupigia pasi
ironmonger mwuza vyombo vya chuma
irrational -siyo na maana
irrecoverable -siyopatikana tena
irregular si ya kawaida; si ya taratibu
irrelevant -siyohusu
irreplaceable -siyofidiika
irresistible -siyokatalika
irresponsible -zembe
irreverent pasipo heshima
irrigate kumwagilia
irrigation umwagiliaji
irritable -a hamaki
irritate kuudhi; kusumbua
irritation 1 kiwasho; **2** udhia

is ni
Islam Uislamu
Islamic -a Kiislamu
island kisiwa
isolate kutenga
isolation upweke
Israel Uyahudi
issue matokeo; kutokea
isthmus shingo ya nchi iunganishayo mabara mawili
italic -a italiki
italics italiki
itch upele; kuwasha
item kitu kimoja; habari moja
itinerary utaratibu wa safari (k.m. kwa watalii)
its -ake
itself -enyewe
  by itself peke yake
ivory pembe

J

jacaranda (*tree*) mjakaranda
jackal mbweha
jacket koti; jaketi
jagged -a kuchongoka
jail gereza; kifungo
jam 1 msongamano; kukwama; **2** jemu

---

irritation

1 *Kiwasho* means itching, inflammation, tingling, pricking sensation, etc. *Uwasho* can also be used. Both nouns are derived from the verb -*washa* irritate, cause a burning sensation, etc.

2 *Udhia* means annoyance, exasperation, vexation, e.g. *kufanya udhia* to cause a disturbance, annoy, irritate (= *kuudhi*)

jar 1 chupa pana;
  2 kukwaruza
jasmine (*tree*) mwasmini;
  (*flowers*) yasmini/asumini
jaw taya(ma)
jealous (be) kuona wivu
jealousy wivu
jeans jinzi
jeep jipu (aina ya gari)
jeer kufanya mzaha
Jehovah Mungu
jeopardize kutia hatarini
jeopardy hatari
jerk mshtuo; kushtua,
  kushtuka
Jesus Yesu; Issa
jet mchirizi wa ghafula;
  (*aircraft*) jeti
jetty gati
Jew Myahudi
jewel kito
jeweller mwuza vito
jewellery mapambo ya vito
jigger funza
jihad jihadi
jilt kuvunja uchumba bure
jingle kuliza funguo njuga
  n.k.
job kazi
jog 1 kupiga kikumbo;
  2 (*somebody's memory*)
  kukumbusha (*mtu*) jambo
  fulani; **3** kukimbia polepole
join kiungo; kuunga
join forces kushirikiana na
join hands kushikana mikono
joinery useremala
joint kiungo

jointly kwa shirika
joist boriti
joke kichekesho; utani
jolly -changamfu
jolt kutikisa
jostle kusukumana
jot down kuandika kwa kifupi
journal gazeti(ma)
journalism uandishi wa habari
journalist mwandishi wa
  habari
journey safari
joy furaha; shangwe
joyful -enye furaha
jubilant -enye shangwe
jubilation shangwe
jubilee sikukuu ya ukumbusho
Judaism Uyahudi
judge hakimu; jaji; kuhukumu
judgement hukumu
judicial -a kisheria
judicious -a busara
jug jagi; mdumu ya
  kumiminia
juggle kufanya kiinimacho
juggler mfanya kiinimacho
juice maji ya matunda
jumble takataka; kuburuga
jumbo kubwa kabisa
jump mruko; kuruka
junction mwangano; njia
  panda
jungle mwitu
junior -dogo kwa umri au cheo
junk takataka
jurisdiction mamlaka
jury waamuzi wa hatia ya
  mshtakiwa

just 1 -a haki; **2** ndiyo kwanza;
3 tu

keep to kushika
keeper mwangalizi; mlinzi

....

just

1 means **fair, even-handed** (see examples under **fair** above).
2 means **just** used as an adverb with a verb in the perfect tense (in British, not USA, English) to refer to the immediate past, e.g. *Ndiyo kwanza wamemaliza kazi.* They have just finished the work.
3 means **only** as in *Yeye (ni) mtoto tu.* He's just a child.

....

just here hapahapa
justice haki
justification sababu ya haki
justify kuthibitisha haki
jut out kutokeza
juvenile kijana; mtoto; -a kitoto

K

kapok (*tree*) msufi; (*cotton*) sufi
kebab mshikaki
keel mkuku
keen -kali; -enye bidii
  be keen on kutaka sana
keep (kept) 1 kuweka;
  2 kufuga; **3** kukaa bila kuoza
keep a promise kutimiza ahadi
keep an eye on kulinda
keep going kuendelea bila kusimama
keep on kuendelea

keepsake kikumbusho
keg kipipa
kennel kibanda cha mbwa
Kenyan (person) Mkenya
kept *see* **keep**
kernel kiini
kerosene mafuta ya taa
kettle birika(ma)
key ufunguo(f); msingi wa tuni
kick teke(ma); kupiga teke
kick-off (*football*) kuanza mchezo
kid mwana-mbuzi
kidnap kuiba mtoto; kuteka mtu
kidney figo
kill kuua
kiln tanuu
kilo(gram) kilo
kilometre kilomita
kin, kindred jamaa; ukoo; ndugu; (*nuclear*) familia

....

kin

The Swahili equivalents include in their meanings the core concept of people linked by blood-relationships; *jamaa* and *ndugu* have additional non-kin meanings. *Familia* means **nuclear family** or **close relations**. *Ukoo* means **lineage**. *Jamaa* means **extended family** and **friends/colleagues**. *Ndugu* is any blood relative, friend/colleague.

....

kind

kind 1 namna; 2 -ema
kindergarten shule ya watoto
  wadogo
kindle kuwasha moto
kindness fadhili; huruma
king mfalme
kingdom ufalme
kingfish nguru
kipper samaki mkavu
kiss kubusu
kitchen jikoni
kitchen garden shamba la
  mboga
kite mwewe; tiara
kitten mtoto wa paka
knave (*playing cards*)
  ghulamu
knead kukanda
knee goti(ma)
kneel (knelt) kupiga magoti
knew *see* know
knife kisu
knit, knitting kufuma

knowingly kwa kusudi
knowledge maarifa
known (be) kujulikana
  well known maarufu
knuckles konzi
kohl wanja wa manga
Koran Kurani; Msahafu (wa
  Waislamu)
kudu tandala
kwashiorkor unyafuzi;
  ugonjwa wa watoto uletwao
  na ukosefu wa vyakula
  vyenye protini

L

label kibandiko chenye jina;
  kubandika jina
laboratory maabara; lebu
laborious -a kuchosha
labour kazi; watu wa kazi;
  uchungu wa kuzaa

labour

Labour meaning **work** is *kazi*; to work/to do work is
kufanya kazi.
Labour meaning **workforce** or **group** (or large body) of
employees is *wafanya kazi*.
Labour in terms of **childbirth** is *uchungu wa kuzaa; uchungu*
means **pain**.

knitwear nguo zilizofumwa
knob kinundu
knobkerrie rungu
knock pigo(ma); kugonga
  knock at the door kupiga
  hodi; kubisha hodi
  knock in (*e.g. nail*) kupigilia
  (*k.m. msumari*)
knot fundo
know (knew, known) kujua

labourer mfanyi kazi
lace nguo ya kimia; kigwe cha
  kiatu
lacerate (*skin*) kukwaruza
lack utovu; upungufu
lacking -tovu
laconic -a maneno machache
lacquer vanishi; kupaka
  vanishi
lactate kunyonyesha maziwa

lad mvulana
ladder ngazi
laden -enye mizigo
ladle kata
lady bibi(ma)
lag behind kukawia nyuma
laid, lain *see* **lay, lie**
lair malalo ya mnyama wa mwitu
laity *see* **layman**
lake ziwa(ma)
lamb mwanakondoo
lame kiwete
lament kuomboleza
lamentable -a kusikitisha
lamentation maombolezo
lamp taa
lance mkuki; kutia kisu
lancet kisu kidogo cha daktari
land nchi; nchi kavu; kushuka pwani
landlord mpangisha nyumba
landmark kionya njia
landowner mmiliki ardhi
land-rover landrova
landscape mandhari
landslide maporomoko ya ardhi
lane njia nyembamba
language lugha
 bad language matusi
languish kudhoofika
lanky mrefu na mwembamba
lantern taa ya mkono
lap pajani; kunywa kwa ulimi
lapse usahaulifu; kurudi nyuma; kupita
lard mafuta ya nguruwe
larder kabati ya kuwekea chakula
large -kubwa
largely zaidi; hasa
lark kipozamataza
larva buu(ma)
larynx zoloto

laser leza
lash kupiga mjeledi
lass msichana
last 1 kudumu; **2** -a mwisho
last year mwaka uliopita
late (be) kuchelewa
lateen sail tanga la pembe tatu
lately siku kizi
lateral -a upande
latest -a mwisho; -a kisasa
lath ufito(f); upapi(p)
lathe kerezo
lather povu la sabuni
latitude latidudo; nafasi
latrine choo
latterly siku hizi
laudable -a kusifiwa
laugh kucheka
laughable -a kuchekesha
laughter kicheko
launch motaboti; kushua; kuanzisha
laundry kiwanda cha dobi
lava mawe yaliyoyeyuka
lavatory choo
lavish maridhawa; -karimu mno
law sheria
law court korti; mahakama
law-abiding -a kufuata sheria
law-breaker mvunja sheria
lawful halali
lawless -asi
lawn bustani ya majani mafupi
lawsuit kesi
lawyer mwana sheria
lax -legevu
laxative dawa ya kuharisha
lay (laid) kuweka; kulaza; kutaga mayai
lay a fire kutayarisha moto
lay a table kuandaa meza

lay wait for kuotea
lay waste kuharibu nchi
layer tabaka
  in layers tabaka-tabaka
layman Mkristo asiye padre
laziness uvivu
lazy -vivu
lead risasi
lead (led) kuongoza
lead (somebody) astray
  kupotosha (mtu)
leader kiongozi
leaf jani(ma); ukurasa
leaflet karatasi iliyochapwa
  habari
league shirikisho(ma)
leak kuvuja
lean (*people*) -embamba;
  (*meat*) -nofu
lean (leant) kwenda upande
lean on kuegemea
leap kuruka
leap year mwaka mrefu
learn kujifunza; kupata habari
learned -enye elimu
learner mwanafunzi
learning elimu
least -dogo kabisa
  not in the least hata kidogo
leather ngozi
leave (left) kuacha; kuondoka;
  kubakiza
leave likizo; livu
  take leave of kuaga
leave for (*a place*) kuondoka
  kwenda (mahali fulani)
leaven chachu
leavings mabaki
lectern marufaa
lecture mhadhara; kuhutubu;
  kukaripia
lecturer mwalimu; mhadhiri
led *see* **lead**
  be led by kufuata

ledge ushi(ny); kishubaka
ledger daftari ya hesabu
leech ruba
left 1 *see* **leave; 2** -a kushoto
leg mguu
legacy urithi
legal halali; -a kisheria
legality uhalali
legalize kuhalalisha
legend hekaya; mapokeo ya
  wazee
legible -a kusomeka
legion wingi
legislate, legislation kutunga
  sheria
legitimate halali
leisure wasaa
leisurely pasipo haraka
lemon (*tree*) mlimau; (*fruit*)
  limau(ma)
lend (lent) kuazima; kukopesha
length urefu
lengthen kuongeza urefu;
  kurefusha
lengthy -refu
leniency huruma
lenient -enye huruma
lens lenzi; kioo cha miwani,
  darubini n.k.
lent 1 *see* **lend; 2** Kwaresima
lentils dengu
leopard chui
leper mkoma
leprosy ukoma
less -chache zaidi
-less pasipo
lessen kupunguza
lesson somo(ma); maonyo
lest isiwe
let 1 kuacha; **2** kuruhusu;
  3 kupangisha
let somebody down
  (*disappoint*) kusikitisha

let somebody go kuachilia huru
let loose kuacha huru
let through kupisha
lethal -a kufisha
lethargic -legevu; -zito
lethargy ulegevu
letter 1 herufi; **2** barua
lettuce saladi
leukaemia lukemia; ugonjwa wa kansa ya damu
level usawa; sawasawa; kusawazisha
level-headed -tulivu
lever wenzo(ny)
levy chango; kutoza
lewd -pujufu
liability madaraka; dhima; kizuizi
  be liable for kupasiwa
  liable to kuelekea
liaise between/with kuwakilisha/kushirikiana na
liaison ushirikiano
liana mtambaa
liar mwongo
libel kashifa; kukashifu
liberal -karimu; tele
liberality ukarimu
liberate kufanya huru
liberty uhuru
librarian mkutubi
library maktaba
lice chawa
licence leseni; hati ya ruhusa
license kuruhusu
licensee mwenye leseni
lick kulamba
lid kifuniko
lie uongo; kusema uongo
lie (lay, lain) kulala
life uhai; maisha
life assurance/insurance bima ya maisha

lifebelt mshipi wa kuelezea mtu majini
lifeboat mashua okozi
lifetime maisha
lift lifti; kuinua
light (lit) 1 kuwasha; **2** nuru; **3** *(in weight)* -epesi
lighten 1 kuangaza; **2** kupunguza uzito
lighter 1 tishari(ma); **2** -epesi zaidi
lighthouse mnara wenye taa
lightning umeme
like 1 kupenda; **2** kama
  be like kufanana na
likeable -a kupendeka
likely yamkini
likeness wajihi; kifani
likewise kadhalika
lily yungiyungi(ma)
limb kiungo, k.m. mkono, mguu
lime 1 *(tree)* mndimu; *(fruit)* ndimu; **2** chokaa
limit mpaka; kuweka mpaka
limitation mpaka; kizuizi
limited -a kadiri
limitless pasipo mpaka; bila kikomo
limp 1 dhaifu; **2** kwenda chopi
limpid -angavu
line mstari; safu; kutabikisha
line up kupanga mstari
lineage jadi; ukoo
linen kitambaa cha kitani
liner meli
linger kukawia
lingering -a kukawia
lingua franca lugha ya biashara
linguist 1 mjuzi wa lugha kadhaa **2** mwana isimu
lining tabaka ya nguo

link

link kiungo; kuunga
linseed mbegu za kitani
linseed oil mafuta ya kitani
lion simba
lioness simba jike
lionize kutukuza
lip mdomo
lip-read kusoma midomo
lipstick rangi ya midomo
liquid kitu cha majimaji;
  kimiminiko
liquidation ulipaji deni
lisp kitembe
list 1 orodha; 2 kuinamia upande
listen kusikiliza
listener msikiaji
listless -tepetevu
lit see light
  be lit kuwaka
literal -a kufuata maneno
literary -a fasihi
  be literate kujua kusoma na
  kuandika
literature fasihi
litigation daawa
litre lita
litter 1 taka zilizotupwa ovyo;
  2 wana-mbwa, n.k., wa uzazi
  mmoja
litter bin pipa la takataka
little -dogo
  a little kidogo
live hai; kuishi; kukaa
livelihood maishilio
lively -changamfu
liver ini(ma)
livestock mifugo
living hai; kuishi
living room sebule
lizard mjusi
load mzigo; kupakiza
loaf mkate; bofulo *au* boflo
loam udongo

loan mkopo
loath to (be) kutotaka
loathe kuchukia kabisa
loathing machukio
loathsome -a kuchukiza
lobby ukumbi
local -a kuhusu mtaa
local custom mila ya kienyeji
local person mwenyeji
locality mahali fulani
locate kuvumbua mahali
location mtaa
lock kufuli; kitasa; kufunga
locomotive kichwa cha gari
  moshi
locust nzige
lodge kukaa
lodger mpanga chumba
lodgings mahali pa kukaa
loft nafasi chini ya mapaa
lofty -a juu sana
log gogo(ma)
log-book kitabu cha tarehe na
  habari
logical -enye maana dhahiri
loin kiuno
loincloth shuka(ma)
loiter kutangatanga
loiterer mtangatanga
loneliness upweke
lonely -kiwa
long -refu
long ago zamani sana
long for kutamani
long-standing -a siku nyingi
long-suffering -vumilivu
look, look at kutazama
look after kutunza
look for kutafuta
look forward (to something)
  kungojea kwa hamu
look like kufanana na
looking-glass kioo

210

loom kitanda cha mfumi
loop kitanzi
loophole tundu ukutani; njia ya kuokoka
loose -a kulegalega; -a kupwaya
loosen kulegeza; kufungua
loot mateka; kuteka nyara
lop kupogoa
lop-sided pogo; -a kwenda upande
loquacious (be) kuwa na maneno mengi
Lord Maulana; Bwana; Mola
lorry lori
lose (lost) kupoteza; kukosa kupata
lose a game/match kushindwa katika mchezo/pambano
loss hasara
be lost kupotea
lot 1 wingi; **2** kura
a lot of -ingi
cast lots kupiga kura
lotion dawa ya kuoshea; losheni
lottery bahati nasibu
loud kwa sauti kuu
loud-speaker kipaza-sauti
lounge kukaa kivivu
louse see **lice**
lovable -a kupendwa; -a kupendeka
love upendo; upendano; kupenda
love letter barua ya mapenzi
love match ndoa itokanayo na mapenzi
lovely -zuri
loving -enye moyo wa kupenda
low -fupi; -a chini
lower chini zaidi; kushusha

lowlands tambarare za chini
lowly -nyenyekevu
loyal -aminifu
loyalty uaminifu
lozenge kidonge cha kufyonza
lubricant mafuta
lubricate kulainisha kwa mafuta
lucid -a kufahamika kwa urahisi
luck bahati njema
lucky -a bahati njema
lucrative -a kuleta faida
ludicrous -a kuchekesha
luggage mizigo
luggage rack (*on bus, etc.*) kichaga cha mizigo
luggage van behewa la mizigo
lukewarm uvuguvugu
lull muda wa kutulia; kutuliza
lullaby kitumbuizo
lumbago maumivu ya kiuno
luminous -a kung'aa
lump bonge(ma)
lump sum malipo yote kwa pamoja
lump together kutia pamoja; kujumuisha
lumpy -a vidongedonge
lunacy kichaa
lunar -a mwezi
lunatic mkichaa
lunch chakula cha mchana
lung pafu(ma)
lurch kupepesuka; kuenda mrama
leave in the lurch kuacha katika shida
lure mvuto; kuvuta
lurid -a kutisha
lust ashiki; (*-after*) kutamani
lustily kwa nguvu
lustre mng'aro

lusty -a nguvu
luxuriant -a kuota sana
luxurious -a anasa
luxury anasa
lyrics maneno ya wimbo

M

macaroni makaroni; tambi
 nene
machete panga(ma)
mackintosh koti la mvua
machine mtambo; mashine
madam bibi; mama
madden kukasirisha
made see **make**
 be made kufanywa;
 kushurutishwa
Madonna Bikira Mariamu
magazine 1 gazeti(ma);
 2 bohari; magazini
maggot buu(ma)
magic uganga; kiinimacho
magician mchawi
magistrate mwamuzi; hakimu
 wa wilaya
magnanimous -enye moyo
 mwema; karimu
magnet sumaku; kitu cha
 kuvuta
magnetism nguvu ya sumaku
magnificent -zuri kabisa
magnify kukuza
magnitude ukubwa
mahogany mkangazi
maid/en mwanamwali;
 mtumishi wa kike
mail posta
mail order ununuzi kwa posta
maim kulemaza
main -kuu
mainland bara
maintain kushika; kudumisha;
 kugharimia

maintenance msaada; riziki
maize mihindi; mahindi
majestic -tukufu
majesty enzi
major -kubwa zaidi
majority wingi (zaidi ya nusu)
make (made) 1 kufanyiza;
 2 (compel) kushurutisha
make a decision kuamua
make a living kujipatia riziki
make believe kujifanya
make do kutumia ingawa
 haifai sana
make good kufaulu
make off kukimbia
make out kufahamu
make out a case kujenga hoja
make sure kuhakikisha
make up 1 kubuni; 2 kuacha
 ugomvi; 3 kujitia uzuri
make up for kusawazisha
make up for lost time
 kuharakisha
make up to kujipendekeza
 kwa
malady ugonjwa(ma)
malaria homa ya malaria
male -a kiume
male animal dume
malevolent -enye nia ovu
malformation kilema;
 kombo(ma)
malice kijicho
malicious -ovu
malign kusingizia
malignant -a shari
mallet nyundo ya mti
malnutrition ukosefu wa
 chakula bora; utapiamlo
mamba (black-mouthed)
 songwe
mammal mnyama
 anyonyeshaye

man (men) mwanadamu; mtu; mwanamume

manage kuongoza na kusimamia

manage to kuweza; kudiriki

manageable -a kuwezekana

management ongozi; usimamizi

manager meneja(ma)

mandate amri

mandolin gambusi

mane manyoya ya shingoni

manfully kwa ushujaa

mange upele wa wanyama

mango (*tree*) mwembe; (*fruit*) embe(ma)

mangrove mkoko; mkandaa

manhood utu uzima

maniac mkichaa

manifest kudhihirisha; dhahiri

manifestation ufunuo

manifesto hati ya kutangaza sera

manifold -ingi

manioc muhogo

manipulate kutengeneza kwa mkono au akili

mankind wanadamu

manly -a kiume

manner jinsi; namna

mannerism (*behaviour*) upekee kitabia

manners adabu

mansion jumba(ma)

manslaughter uuaji wa mtu bila makusudi

manual 1 -a mikono; **2** kitabu cha mafundisho

manufacture kuzalisha bidhaa

manufacturer mzalishaji bidhaa

manure mbolea

manuscript (MSS) maandiko kwa mikono

many -ingi; maridhawa

map ramani

map-reading usomaji ramani

mar kuumbua

marauder mtekaji

marble 1 marumaru; **2** gololi(ma)

march kuenda kiaskari

mare farasi jike

margarine majarini

margin ukingo(k); pambizo(ma)

marijuana (*cannabis*) bangi

marine -a bahari

mariner baharia(ma)

maritime kando ya bahari

mark alama; kutia alama

market soko(ma)

market garden shamba la mboga

marketable -a kuuzika

mark-up ongezo la bei

marmalade mseto wa machungwa na sukari; mamaledi

marquee hema kubwa

marriage ndoa

marriage payment mahari

be married kuozwa

marry (*man*) kuoa; (*woman*) kuolewa

marsh bwawa(ma)

martial -a vita

martyr shahidi(ma); mteswa

martyrdom mauti ya kishahidi

marvel ajabu(ma); kustaajabu

marvellous -a ajabu

mascara wanja

masculine -a kiume

mash mseto; kuseta

mask kifuniko cha uso

mason mwashi

mass wingi; chungu zima

massacre mauaji; kuchinja ovyo

massive -kubwa sana

mast mlingoti

master mwajiri; mwalimu wa kiume; kushinda

master of ceremonies msimamizi mkuu wa sherehe

masterful -enye nguvu

master-mariner nahodha

masterpiece kazi bora kabisa

master's degree (*e.g. M.A.*) shahada ya pili

mat jamvi(ma); mkeka

match 1 kiberiti; **2** mechi; shindano(ma); **3** kulingana

matchless -siyo na kifani

mate mwenzi

material nguo; kitambaa; kitu cha kufanyia kazi

materialism tamaa ya vitu

maternal -a mama

mathematics hisabati

matrimony ndoa

matron bibi mkubwa

matter 1 asili ya vitu vyote; **2** jambo(ma); **3** usaha

it doesn't matter haidhuru

mattress godoro(ma)

mature -pevu; kupevuka

maturity upevu

maul kurarua kwa meno na makucha

mauve rangi ya urujuani

maxim mithali

maximum upeo

may (might) 1 ruhusa; **2** labda

maybe labda

mayor meya

maze tatizo(ma)

me mimi

meadow shamba la majani

meagre haba

meal 1 chakula; **2** unga

mean 1 wastani; **2** -nyonge; **3** -enye choyo

mean (meant) 1 kukusudia; **2** kumaanisha

meaning maana

meaningless bila maana

meanness unyimivu

means uwezo wa kutenda

meanwhile, meantime wakati ule ule; punde si punde

measles surua

measure kipimo; kupima

measurement kipimo

meat nyama

meat and gravy kitoweo

meat without bones mnofu; nyama tupu

mechanic fundi(ma) wa mitambo

mechanical -a mitambo

mechanical engineer mhandisi

mechanization utumizi wa mashine badala ya watu

medal nishani

meddle kujiingiza bure

mediaeval enzi za kati mnamo 1100–1500

mediate kuamua; kupatanisha

mediation upatanisho

mediator mpatanishi

medical -a dawa; -a udaktari

medical department idara ya utabibu

medical examination uchunguzi wa kitabibu

medicine 1 dawa; **2** udaktari

mediocre si -zuri sana

meditate, meditation kutafakari

medium 1 -a kadiri; **2** njia

medley mchanganyiko wa vitu kadha wa kadha

meek -pole
meekness upole
meet kukutana
meeting mkutano
melancholy -a huzuni
melodious -enye sauti tamu
melody lahani; tuni
melon tikiti(ma)
melt kuyeyuka; kuyeyusha
member kiungo; mwanachama
Member of Parliament
  Mbunge
membrane utando
memento kumbukumbu(ma)
memorable -a kukumbukwa
memorandum maandiko
  mafupi ya kukumbusha
memorial ukumbusho
memorize kujifunza kwa
  moyo
memory uwezo wa
  kukumbuka; kumbukumbu
menace kitisho; kutisha
mend kutengeneza kitu
  kilichovunjika; kurekebisha
menial -nyonge; -a mtumishi
menstruate kuingia mwezini
menstruation hedhi
mental -a akili
mental illness ugonjwa wa
  akili
mentally handicapped person
  taahira
mental patient mgonjwa wa
  akili
mental retardation kutindia
  kwa akili
mention kutaja
  not to mention licha ya
mentor mshauri
menu orodha ya vyakula
mercantile -a biashara

mercenary -enye tamaa ya
  mshahara; askari mgeni wa
  kukodiwa
merchandise bidhaa
merchant tajiri; mfanyi
  biashara
merciful -enye rehema
merciless bila huruma
mercy rehema; huruma
mere/ly tu
merge kuungana; kuunganisha
merger (*companies*)
  muungano
merit ustahili; kustahili
merited -a haki
meritorious -a kusifiwa
mermaid zimwi la baharini
merriment furaha
merry -changamfu
mess fujo(ma); matata
message agizo(ma); ujumbe
messenger tarishi(ma);
  mjumbe
metal metali
metaphor sitiari
metaphorically kwa sitiari
meteor kimwondo
meteorologist
  mwanametorolojia
meteorology metorolojia; elimu
  ya upimaji wa hali ya hewa
meter chombo cha kupimia;
  mita
method njia; taratibu; mbinu
methodical -a taratibu
metre 1 (*length*) meta;
  2 (*poetry*) mizani
microbe mikrobi; kijiumbe
  maradhi
microphone kikuza-sauti;
  mikrofoni
microscope darubini ya
  kukuza ukubwa; hadubini

mid, middle

mid, middle -a katikati
midday adhuhuri
middle ages *see* **mediaeval**
middle-aged mtu wa makamu
middling -a kadiri
midges usubi
midnight saa sita usiku

mincemeat *mince* ya matunda
mind akili; kuangalia
 never mind haidhuru
 I don't mind Ni mamoja
 kwangu
mine 1 -angu; **2** shimo la
 madini; **3** bomu la kutega

---

mine

1 is a possessive pronoun and must 'agree with' its noun by
 means of the appropriate verb prefix, e.g. for KI–VI class
 nouns *Kitabu ni changu.* The book is mine. *Vitabu ni
 vyangu.*
2 is a deep pit for the extraction of minerals; *mgodi* can also
 be used.
3 is an explosive device.

---

midway katikati ya mwendo
midwife mkunga
midwifery ukunga
might 1 *see* **may; 2** uwezo na
 nguvu
migrate kuhama
migration uhamaji
mild baridi; -pole
mile maili
mileage jumla ya maili
militant -a kutaka mapambano
military -a kijeshi
milk maziwa; kukama
mill kinu cha kusagia
millenium kipindi cha miaka
 elfu
millet mtama
million milioni
millionaire milionea
millipede jongoo(ma)
mime uchezaji bubu
mimic, mimicry kuiga
minaret mnara wa msikiti
mince nyama iliyosagwa;
 kusaga

mineral jamii ya mawe
mineral water kinywaji kama
 soda; maji yenye madini
mingle kuchanganya pamoja
miniature mfano mdogo
minimum kadiri ndogo
 iwezekanavyo
minister (*church*) mhudumu;
 (*state*) waziri(ma)
minister to kuhudumia
ministry huduma; wizara
minor -dogo zaidi
minority -chache (*wasiofika
 nusu*)
minus bila; pasipo; kasa
minus sign alama ya kutoa
minute dakika; -dogo sana
miracle mwujiza; ajabu(ma)
miraculous -a ajabu
mirage mazigazi
mirror kioo cha kujitazamia
mirth macheko
For prefix **mis-** *see Prefixes
 and Suffixes in the Notes*

misadventure tukio(ma) baya
misbehave kukosa adabu
miscalculate kufikiri yasivyo
miscarriage kuharibika mimba
miscarry kuenda upande
  mwingine
miscellaneous -a namna
  nyingi
mischance bahati mbaya
mischief fitina; utundu
mischievous -enye nia mbaya;
  -tundu
misconduct, misdeeds
  matendo mabaya
miser bahili
miserable -enye hali mbaya
misery huzuni; hali mbaya
misfortune bahati mbaya;
  msiba
misgiving shaka(ma)
misguided (be) kuongozwa vi
  baya
misinformed (be) kuarifiwa
  yasiyo kweli
misjudge kupima visivyo
mislay (laid) kupoteza kwa
  muda
  be mislaid kupotea
mislead kukosesha; kupotosha
  be misled huongozwa vibaya
mismanage kutengeneza
  vibaya
misplace (something) kuweka
  (kitu) mahali pasipo pake
misprint kosa(ma) katika
  chapa
misrepresent kueleza yasiyo
  kweli
miss kukosa
  be missing kutokuwapo
  miss something out kuacha;
  kusahau
missile silaha ya kurushwa
  kama kombora

missing -liyopotea
mission ujumbe; upelekwa;
  misheni
missionary mpelekwa
mist ukungu
mistake kosa(ma)
mistake (mistook, mistaken)
  kukosea
mistranslate kutafsiri visivyo
mistress bibi(ma); bimkubwa;
  mwalimu wa kike
misunderstand (stood)
  kutofahamu vema
misuse kutumia vibaya
mitigate, mitigation kupunguza
mix kuchanganya pamoja
mixture mchanganyiko
moan kupiga kite
mob ghasia ya watu
mobile -a kwenda
mobile phone simu ya
  mkononi
mobility wepesi wa mwendo
mobilize kutayarisha (watu)
  kufanya jambo
mock kudhihaki
mockery dhihaka
mode namna, mtindo
model mfano wa kufuatwa
moderate -a kiasi; kupungua;
  kupunguza; kusimamia
  mtihani
moderately si sana
moderation kiasi; wastani
modern -a kisasa
modernize kugeuza upya
modest -siyejivuna;
  -nyenyekevu
modesty staha
modification ugeuzi
modify kugeuza kidogo
moist -bichi; -a majimaji; -a
  unyevu
moisture rutuba; unyevu

mole fuko
molest kusumbua
mollify kuridhisha
moment kitambo kidogo; sekunde
momentary -a kupita upesi
momentous -a maana sana
monarch mfalme; au malkia
monarchy ufalme
monastery nyumba ya wanaume watawa
money fedha (noti na sarafu)
mongoose nguchiro
mongrel mbwa chotara
monk mtawa mwanamume
monkey kima, tumbili, n.k.
monochrome -a rangi moja
monogamy ndoa ya mke/mume mmoja tu
monologue mazungumzo binafsi
monopolize kujishikia yote
monopoly haki ya peke yake
monotheistic -a kuamini Mungu mmoja tu
monotone sauti (toni) isiyobadilika
monotonous -a kuchosha kwa kuwa ileile tu
monsoon msimu wa kaskazini au kusini
monster dubwana(ma)
month mwezi
monthly kila mwezi
monument nguzo ya ukumbusho
mood hali ya moyo
moon mwezi
moonlight mbalamwezi
mop kitambaa cha kufutia maji; kufuta maji
moped baiskeli moto
moral -a adili; mafundisho mema

morale imani; moyo
morality adili
more zaidi
more or less kwa kadiri; takriban
moreover zaidi ya hayo; aidha
morning asubuhi
morning star (Venus) zuhura
morphia/morphine afyuri
morsel kipande kidogo; mmego
mortal -a mauti
mortality mauti; hesabu ya watu waliokufa
mortality rate kiwango cha vifo
mortar 1 chokaa; 2 kinu
mortgage rehani
mortification uchungu
mortify kuaibisha; kufisha
mortuary nyumba ya maiti (kabla ya mazishi)
mosque msikiti
mosquito mbu
mosquito net chandalua
most kupita yote
mostly zaidi
motel hoteli ya wenye gari
moth nondo
mother mama mzazi
mother country nchi ya kuzaliwa
mother tongue lugha ya kwanza
mother-in-law mkwe
motion mwendo
motionless kimya
motivate kumotisha
motivation motisha; sababu
motive kusudi(ma); sababu
motor mota; mtambo wa kuendesha
motorboat motaboti

motorcade msafara wa motakaa
motorcar motakaa
motorcycle pikipiki(ma)
motorway baraste kuu
mottled -enye madoadoa
motto wito
mould 1 udongo wa mboji; **2** kuvu
moult kupukutika manyoya
mound chungu; tuta(ma)
mount kupanda juu
mount, mountain mlima
mountainous -enye milima mingi
mourn kuomboleza
mournful -enye huzuni
mourning kilio; matanga
mouse (mice) panya mdogo
moustache mashurubu
mouth kinywa
movable -a kuweza kusogezwa
move kusogea; kusogeza
move house kuhama nyumba
move on kuendelea mbele
movement mwendo
mow kukata majani
Mozambique Msumbiji
much -ingi
muck taka za zizini, n.k.
muck out kusafisha zizi
mud matope
muddle mkanganyo
muddy enye matope mengi
muezzin mwadhini
mug kikombe; kopo(ma); magi
Muhammad Muhammad; Mtume wa Uislamu
mulberry (*tree*) mforosadi; (*fruit*) forosadi
mulch matandazo; kuweka matandazo
mule nyumbu

multicoloured -a rangi nyingi
multilateral -a wahusika wengi
multinational -a kimataifa
multiplication, multiply kuzidisha
multiplication table jedwali la kuzidisha
multitude umati; wingi
mum kimya
mumble kumumunya maneno
mumps matubwitubwi
mundane -a dunia
municipal -a manispaa
murder uuaji wa kusudi
murderous -a kutaka kuua
murmur kunong'ona; kunung'unika
muscle tafu; musuli
muscular -a musuli
museum jumba la makumbusho
mushroom kiyoga
music muziki
musical -enye kupenda muziki
musician mutribu; mwana-muziki
must lazima
mustard haradali; mustadi
muster kukusanya
musty -enye kuvu
mute bila sauti; bubu
mutilate kukata; kuvunja sehemu ya mwili
mutineer askari mwasi
mutiny maasi ya askari au mabaharia
mutter kunung'unika
mutton nyama ya kondoo
mutual -a pande mbili
mutual agreement mapatano
mutual friend rafiki wa pande mbili
mutual help kusaidiana
my -angu

myself mimi mwenyewe; nafsi yangu

mysterious -a fumbo

mystery siri; fumbo(ma)

mystify kutatanisha

myth hadithi ielezayo asili ya wenyeji, au matukio n.k. kiasili

N

nag, nagging uchokochoko; kuzozana

nail ukucha(k); msumari; kupiga misumari

nail file tupa ya kusugua kucha

nail scissors mkasi wa kucha

naïve -nyofu; -siye na hila

naked -tupu

name jina; kutaja jina
  be named kuitwa; kutajwa

namely, i.e. yaani

namesake mwenye jina sawa

nanny yaya

nap usingizi mfupi

napkin kitambaa cha mezani; winda wa mtoto mdogo

narrate kusimulia

narration, narrative masimulizi

narrator msimuliaji

narrow -embamba

narrowly kwa shida

narrow-minded -a kukataa mawazo mapya

nasal -a pua

nasty -a kuchukiza

nation taifa(ma)

national -a taifa lote

national park hifadhi ya taifa

nationality taifa la mtu fulani

nationalize kugeuza mali ya watu iwe mali ya taifa

native mzalia

nativity kuzaliwa

natural -a kawaida; -a asili

natural history elimuviumbe

naturalist mwanaviumbe

naturalize kumhalalisha mgeni awe raia

naturalized (be) kuandikishwa uraia

naturalized citizen raia wa kuandikishwa

naturally bila shaka

nature utaratibu wa ulimwengu; maumbile

naught hapana kitu

naughty -baya; -tundu

nausea kichefuchefu

nautical -a meli na bahari

naval -a manowari

navigable -a kupitika kwa vyombo

navigate, navigation kuongoza vyombo vya baharini au hewani

navigator nahodha(ma); baharia(ma)

NB Angalia sana

navy jeshi la wanamaji

neap tide maji mafu

near, nearly karibu

neat nadhifu

neatly vizuri

neatness unadhifu

necessaries mahitaji

necessarily kwa lazima

necessary -a lazima

necessitate kulazimisha

necessitous maskini

necessity dhiki; kitu kilicho lazima

neck shingo

necklace mkufu

necktie tai

need haja; kuhitaji
needle sindano; shazia
needlessly -a bure
negative 1 kusema 'La';
  kukana; **2** (*photography*)
  negativu
neglect kutoangalia
neglectful, negligent -zembe
negligence uzembe
negligible -dogo kabisa
negotiate, negotiation
  kushauriana; kujadiliana

neurologist mtaalamu wa
  nyurolojia
neurology elimu ya neva;
  nyurolojia
neurosis fadhaa
-neutral bila upendeleo; nchi
  baki
neutral gear gia huru
neutrality kutokuwamo
never hapana kabisa; kamwe
never mind! usijali!

---

negotiate

The Swahili verbs are the reciprocal forms of *-shauri* **give
advice** and *jadili* **debate**. They are used either with a plural
subject or with *na* following the verb: *Walijadiliana juu ya
malipo.* **They negotiated about the payments.** *A alijadiliana
na B juu ya malipo.*

---

neighbour jirani
neighbourhood ujirani
neighbourly -enye hisani
neither wala
nephew mpwa
nepotism upendeleo ndugu
  (agh. katika kazi)
nerve mshipa wa fahamu;
  neva
  have the nerve kuthubutu
nerve-racking -a kutisha sana
nervous -enye woga
nest kiota; tundu
net, netting wavu(ny)
  mosquito net chandalua
Netherlands Uholanzi
nettle (*cow-itch*) upupu
nettle-rash mwasho wa
  upupu
network mfumo mtandao
neuralgia maumivu ya neva

nevertheless walakini; hata
  hivyo
new -pya
new moon mwezi mwandamo
New Testament Agano Jipya
new year mwaka mpya
news habari
newspaper gazeti(ma)
next -a kufuata
next to kando ya
nibble kumegamega; kuguguna
nice -zuri; -tamu
nicely vizuri
nickname jina la utani
nicotine sumu iliyomo katika
  tumbako
niece mpwa wa kike
nigh karibu
night usiku
  all night usiku kucha
night watchman mlinzi wa
  usiku

nightly -a kila siku
nil hapana kitu; sifuri
nimble -epesi
nine tisa, kenda
nineteen kumi na tisa
ninety tisini
nip 1 kufinya;
  2 kwenda upesi
nipple chuchu
no siyo; la; hapana
no one hapana mtu
noble bora
nobly kwa uhodari; kwa
  uadilifu
nobody hapana mtu
nod kuinamisha kichwa;
  kusinzia
nodule kinundu
Noel Krismasi
noise makelele; kishindo
noiseless kimya
noisome -a kuchukiza
noisy -enye makelele
nomad mhamahamaji
nominate kutaja
nomination kutajwa
non- si
nonchalant -tepetevu
nondescript -a hivi hivi
none hata moja
nonsense upuzi
noodles tambi
nook kipembe
noon adhuhuri
noose tanzi(ma)
nor wala
normal -a kawaida
normally kwa kawaida
north kaskazini
nose pua
nose ornament (e.g. ring)
  hazama
nosebleed mnoga; muhina

nostril mwanzi wa pua
not si
not only licha ya
not so sivyo
not yet bado
notable mashuhuri
notch pengo; kutia pengo
note 1 barua fupi; 2 sauti
  katika muziki; 3 kuangalia;
  4 (bank) noti
notes muhtasari
noteworthy -a maana
nothing hapana kitu
notice tangazo(ma); kuona
notice board ubao wa
  matangazo
noticeable -a kuonekana kwa
  urahisi
notification taarifa ya kujulisha
notify kujulisha
notion fikira; dhana
notoriety sifa mbaya
notorious -enye sifa mbaya
notwithstanding ijapokuwa
nought si kitu; sifuri
  come to nought kubatilika
noun jina; nomino
nourish kulisha vema
nourishment maakuli bora;
  chakula
novel 1 -pya; -a kigeni;
  2 (lit.) riwaya
novelist mwandishi wa riwaya
novelty kitu kipya
novice anayejizoeza kazi fulani
now sasa; siku hizi
  now and then mara kwa mara
nowadays siku hizi
nowhere si mahali po pote
noxious -a kuchukiza
nuclear 1 -a kiini; 2 -a nyuklia
nuclear family ndugu walio
  karibu

nuclear weapons silaha za
   nyuklia
nucleus kiini; chanzo
nude -tupu
nudge kutia mdukuo
nuisance udhia; mchokozi
null batili
nullification tanguko(ma)
nullify kubatilisha; kutangua

oath kiapo
oats nafaka kama shayiri
obedience utii
obedient -sikivu
obey kutii
obituary tanzia
object 1 kitu; 2 kusudi;
   3 kukataa

object

Meanings 1 and 2 are for **object** as a noun (stress the first
syllable). 1 means a **thing**. 2 means **intention, purpose**, e.g.
Kusudi langu ni kuinunua. **My object is to buy it.** Meaning 3 is
for the verb **object** (stress the second syllable). *Kukataa* means **to**
refuse/reject and also **to decline** (e.g. an invitation).

numb (be) kufa ganzi
number hesabu; idadi; namba
   a number of -ingi
numeral tarakimu
numerous -ingi
nun mtawa wa kike
nuptial -a arusi
nurse (*children's*) aya;
   kupakata; (*hosp.*) mwuguzi;
   kuuguza
nursery school shule ya
   watoto wadogo
nursing mother mama
   anayenyonyesha
nurture malezi; kulea
nut njugu, korosho, etc.;
   kokwa
nutmeg (*tree*) mkungumanga;
   (*nut*) kungumanga
nutritious -a kulisha mwili

O

oar kasia(ma)
oasis chemchemi jangwani;
   oasisi

objection pingamizi(ma)
objectionable -a kuchukiza
objective shabaha
objectively bila upendeleo
obligation wajibu; sharti
oblige 1 kulazimisha;
   2 kufanyia hisani
obliging -enye hisani
obliterate kufuta; kuondoa
   kabisa
oblivion usahaulifu
oblong -a mstatili
obnoxious kuchukiza
obscene -pujufu
obscenity upujufu
obscure si dhahiri
observant -angalifu
observe, observation
   1 kutazama; kuangalia;
   2 kusema
obsolete -siyotumika sasa
obstacle kizuizi
obstetric -a kuzalia
obstetrician daktari wa uzazi
obstinacy ukaidi
obstinate -kaidi

obstruct

obstruct kupinga
obstruction pingamizi(ma)
obtain kujipatia
 be obtainable kupatikana
obtrude, obtrusion kujiingiza
obvious dhahiri
occasion nafasi; wakati(ny); sababu
occasional/ly mara kwa mara
occupant mkaazi; mwenyeji
occupation kazi; shughuli
 be occupied kushughulika
occupy kukalia; kushughulisha
occur kutokea
occurrence matukio
ocean bahari kuu
ochre (red) ngeu; ukaria
octagonal -a pembenane
octopus pweza mkubwa
oculist tabibu wa macho
odd 1 -a kuchekesha; -a kigeni;
 2 -siye na mwenzake
oddity ugeni; ajabu
odious -a kuchukiza
odour harufu
of -a
off katika; mbali
offal matumbo ya mnyama
offence kosa(ma)
 take offence kuchukizwa
offend kuchukiza
offensive -a kuchukiza
 take the offensive kuanzisha vita
offensive weapon silaha ya kudhuru
offer kutoa; kutolea
 be offered kutolewa
offering kipaji; sadaka
offhand 1 bila kujiweka tayari;
 2 bila heshima
office afisi; kazi
office block jengo kubwa la ofisi

officer afisa wa askari;
 mwenye kazi ya serikali
official 1 rasmi; 2 -a serikali
officially kwa urasimu
offload kuteremsha mizigo
offprint nakala
offspring mzao
often mara nyingi
ogre zimwi(ma)
oil mafuta
oil palm mchikichi
oil tanker meli ya mafuta
ointment dawa ya kuchua
OK haya; safi; sawa
old -a kale; -kuukuu
old person mzee; (f)
 ajuza(ma); (m) shaibu(ma)
old-fashioned -a mtindo wa zamani
olive (tree) mzeituni; (fruit)
 zeituni; (oil) halzeti
Olympic Games Michezo ya Olimpiki
omelette kimanda; kiwanda
omen (good) ndege njema;
 (bad) ndege mbaya
omission jambo lililoachwa
omit kuacha kusudi; kukosa kutia
omnipotent -enyezi
on 1 juu ya; 2 mbele
 on and on bila kukoma
 on time kwa wakati -nayetakiwa
once mara moja tu
 once upon a time hapo kale
 at once mara moja
one moja
one by one -moja -moja
one-sided -a upande mmoja
one-way street njia ya upande mmoja
onion kitunguu

only 1 tu; **2** lakini
only child mtoto pekee
onward mbele
opaque -siyopenyeka kwa nuru
open wazi; kufungua; kufumbua
open cast (*mining*) -a juu ya ardhi
Open University Chuo Kikuu Huria
open-ended -siyo na hatima maalum
opening nafasi; kipenyo
opera hadithi iliyoigizwa na waimbaji
operate kutenda kazi; kupasua mgonjwa
operation kazi fulani; utabibu wa kupasua, operesheni
opinion rai; maono
opium afyuni
opponent mshindani
opportune -a wakati wa kufaa
opportunity nafasi; saa ya kufaa
oppose kupinga
opposite kuelekeana; kinyume
opposition upinzani
 the Opposition (*Parliament*) Wajadili
oppress kudhulumu
oppression udhalimu
oppressive -dhalimu
optical -a macho
optimistic -enye tumaini
option hiari; uchaguzi
optional -a hiari
or au; ama
or else ama sivyo
oral -a midomo
orange (*tree*) mchungwa; (*fruit*) chungwa(ma); (*bitter*) danzi

orange juice maji ya machungwa
oration hotuba
orator msemaji
orchard shamba la matunda
orchestra kikosi cha wapiga ala za muziki
ordain kuagiza
ordeal jaribio kali
order 1 taratibu; **2** amri; kuamuru; shirika la watawa
orderly 1 askari msaidizi; **2** kwa taratibu
ordinance sheria
ordinary -a kawaida
ordination kuamriwa wahudumu wa kanisa
ore mawe yenye madini
organ 1 kiungo cha mwili; **2** kinanda
organist mpiga kinanda
organize kuratibisha
oriental -a mashariki
origin asili
originally mwanzoni
originate kuanza; kuanzisha
ornament pambo(ma)
orphan yatima
orphanage nyumba ya yatima
oscillate kupembea; kupembeza
ostensible -a kuonyeshwa kwa nje
ostentatious -a majivuno
ostrich mbuni
other -ingine
otherwise ama sivyo
ought to kupaswa; kubidi
 I ought to imenibidi; imenipasa
ounce wakia
our/s -etu
ourselves sisi wenyewe

out

out nje
outboard (*motor*) (mota) -a
  nje ya (k.m. boti)
outbreak mlipuko (wa
  ugonjwa n.k.)
outcast msikwao; maskini
outcome tokeo(ma)
outcry makelele
outdo kushinda
outdoor -a nje
outfit mahitaji ya kazi fulani
outflow (*of water, etc.*)
  mbubujiko
outgoing 1 -changamfu;
  2 -nayeondoka
outhouse kibanda cha nje
outing matembezi; mandari
outlaw haramia(ma);
  kuharimisha
outlay gharama
outline kuandika kwa kifupi
  habari au picha; muhtasari
outlook 1 sura ya nchi; 2 hali
  ya mbele
outlying -a nje
outmanoeuvre kushinda kwa
  ujanja
outnumber kuzidi
out-of-date -liyopitwa kwa
  wakati
outpatient mgonjwa
  asiyelazwa hospitalini
output mazao ya (k.m.
  kiwanda, mgodi)
outrage kosa baya sana; jeuri
outrageous -baya kabisa
outrigger (*of canoe*) mrengu;
  ndubi
outright papo hapo; kabisa
outside nje
outskirts kiungani
outspoken (be) kusema bila
  kuficha

outstanding 1 -a kutokeza;
  2 bado kulipwa
outstretched -liyonyoshwa sana
outstrip kupita; kuzidi
outwardly kwa nje
outwit kukalamkia
oval -enye umbo la yai
oven joko(ma); oveni
over juu; zaidi ya
  be over 1 kubaki; 2 kuisha
over again tena
overalls bwelasuti; overoli
overboard baharini
overcharge kuuza ghali mno
overcome kushinda
over-cook kuivisha mno
over-crop kulima mpaka ardhi
  inapoteza uwezo wa kuzaa
over-excited -a
  mpwitompwito
overflow mafuriko; kufurika
overhaul (*e.g. engine*)
  kuchunguza na kurekebisha;
  kusuka injini upya
overhear kusikia maneno
  yasiyokuhusu
overload (*e.g. vehicle*)
  kupakia kuzidi kiasi
overlook 1 kutazama kutoka
  juu; 2 kusamehe; 3 kukosa
  kuona
over-pay kulipa kupita kiasi
over-produce kuzalisha kuzidi
  kiasi
oversight 1 kosa la usahaulifu;
  2 usimamizi
overt -a wazi
overtake kufuata hata kufikia
overtime kazi na malipo ya
  ziada; ovataimu
overturn kupinduka; kupindua
owe kuwa na deni; kuwiwa
owing to kwa sababu ya

owl bundi(ma)
own 1 kuwa na kitu; 2 kukiri
　my own -angu mwenyewe
own up kukiri
owner mwenyewe; mmilikaji
ownership umilikaji
ox (oxen) ng'ombe maksai
oxhide ngozi ya ng'ombe
oxygen oksijeni; hewa safi
oyster chaza

P

pace 1 (a step) hatua 2 mwendo
pacifist mkana vita
pacify kutuliza
pack 1 kundi(ma); 2 mtumba;
　3 kufunganya
package, packet bahasha(ma);
　kifurushi
pact mapatano
pad kitakia; kata
paddle kafi
paddock kitalu cha ng'ombe
padlock kufuli; kufunga kwa
　kufuli
page ukurasa(k)
pageant igizo la mambo ya
　historia
paid see pay
　be paid kulipwa
pail ndoo
pain maumivu
　be painful kuuma
painkiller kituliza maumivu
painless bila maumivu
painstaking -angalifu
paint rangi; kupaka rangi;
　kuchora picha
paintbrush brashi ya kupakia
　rangi/kuchorea picha
painter mpaka rangi; mchoraji
painting picha ya rangi

pair jozi; vitu viwili vya namna
　moja
palace jumba la mtawala;
　kasri
palatable -tamu
palate kaa la kinywa
pale, pallid -eupe; -liyokwajuka
pall-bearer mbeba jeneza
palm 1 mnazi, mtende, n.k.;
　2 kitanga cha mkono
palm oil mawese
palpable dhahiri
palpitation mpapatiko wa
　moyo
paltry hafifu
pamper kudedekeza
pamphlet kijitabu; kabrasha
pan sufuria, kikaango, etc.
pan-African -a nchi zote za
　Afrika
pancake chapati maji; mkate
　wa maji; (small, sweet) kibibi
pancreas kongosho
pandemonium makelele mengi
pane kioo cha dirisha
panel 1 kibao kilichotiwa
　katika mlango; 2 jopo;
　kamati ya washauri
pang kichomo cha ghafula
panic woga mkuu
　be panic-stricken kushikwa
　na woga mkuu
panorama mandhari kamili
pant kutweta
pants chupi
paper karatasi; gazeti(ma)
paperback kitabu chenye
　jalada la karatasi
paprika pilipili hoho
papyrus aina ya nyasi za
　mabwawani; mafunjo
parable mfano wenye
　mafundisho

parachute mwavuli wa
  kutelemshia watu
parade gwaride; kukoga
paradise peponi
paradox kweli kinzani
paraffin mafuta ya taa
paragraph fungu la sentensi
parallel sambamba
paralyse kupoozesha
  be paralysed kupooza
paralysis kipooza
paramount -kuu
paraphernalia vikorokoro
paraphrase ufafanuzi;
  kufafanua
parasite kimelea
parcel kifurushi
parched (be) kukauka
pardon masamaha; kusamehe
pardonable -a kusameheka
parent mzazi
parentage ukoo
parish mtaa parokia
parity usawa
park 1 bustani kubwa;
  2 maegesha; kuegesha
parliament (national) mbuga ya
  taifa
parochial -a kuhusu parokia
parody mwigo wa kubeza
parole ahadi ya kutotoroka
parrot kasuku
parry kukinga; kuepa
parson padre(ma);
  mchungaji
part sehemu; kipande;
  kuachana
partake kushiriki
partial si kamili
  be partial to kupenda;
  kupendelea
partiality upendeleo
participate kushiriki; kuwamo

particle chembe
particular -angalifu; maalum
particularly hasa
particulars habari zote moja
  moja
parting 1 kuachana; 2 (*hair*)
  wei
partisan mfuasi mshupavu
partition gawio(ma); mkato;
  kugawa; kukata
partly kwa nusu
partner mshiriki katika kazi;
  mwenzi
partnership ubia; shirika
party 1 karamu; 2 jamii ya
  watu wenye shauri moja;
  (*political*) chama
pass 1 kipito; kupita; 2 cheti
  cha njia; 3 kufaulu 4 (*ball
  games*) kupasi
pass water kukojoa
passage kichochoro; usafiri
passenger abiria
passer-by mpitaji
passion harara; mapenzi
  makali
passionate -enye harara
pass-key ufunguo mkuu
passport ruhusa ya kupitia
  nchi za kigeni; pasiporti
past -a zamani; -liyopita
  go past kupita
pasta pasta; tambi n.k.
paste lahamu; kuambatisha
pastime burudani
pastor mchungaji wa roho
pastry vitobosha
pasture machunga; malisho
pat kupapasa kwa mapigo
  mepesi
patch kiraka; kutia kiraka
patchy -a hali mbalimbali
paternal -a baba

path njia ndogo
pathetic -a kutia huruma
pathology sayansi ya magonjwa; patholojia
patience saburi; uvumilivu
patient -vumilivu; mgonjwa anayetibiwa
patiently kwa saburi
patois lahaja
patriarch mwanamume mkuu wa jamaa au ukoo
patrimony urithi kutoka kwa baba
patriot mzalendo
patriotism uzalendo
patrol doria; kufanya doria
patron mfadhili
patronize kufadhili
pattern kielezo; sampuli; (*design*) nakshi
pauper fukara
pause kituo; kutua
pavement sakafu kando ya njia
pavilion banda(ma); hema kubwa
paw mguu (mbwa n.k.) wa mnyama
pawn kuweka rehani
pawpaw/papaya (*tree*) mpapai; (*fruit*) papai(ma)
pay (paid) mshahara; kulipa; kuleta faida
payee mlipwaji
payer mlipaji
payment malipo
payroll orodha ya walipwaji/wapokea mshahara
pea mbaazi, choroko, n.k.
peace amani
peaceful, peaceable -tulivu
peacemaker msuluhishi

peacock tausi
peak kilele; ncha ya juu
peal mlio wa radi au kengele nyingi
peanut butter siagi ya karanga
peanuts karanga; njugu
pearl lulu
peasant mkulima
pebbles makokoto
peck kudonoa
peculiar -a peke yake
peculiarity tofauti
peculiarly hasa
pedal pedali
pedestrian mwenda kwa miguu
pediatrics matibabu ya watoto
pedigree ukoo; jadi
peel ganda(ma); kumenya
peep kuchungulia
peephole ufa wa kuchungulia
peg kigingi; chango
pejorative -a kukashifu
pelican mwari
pellet kidonge
pell-mell kaka-kaka
pelvis fupanyonga
pen kalamu ya wino
penalty adhabu; malipo
penance kitubio
pencil kalamu; penseli
pendulum mizani (*ya saa,* n.k.)
penetrate kupenya
penetrating -a kupenya ndani
penicillin penisilini
peninsula rasi
penis uume
penitence toba
penitent -enye toba
penknife kisu kidogo cha kukunja
pension malipo ya uzeeni; pensheni

pent up (be)

pent up (be) kugandamizwa
penultimate -a pili kutoka mwisho
penury umasikini
people watu; taifa(ma)
pepper pilipili; (red) pilipili hoho
peppercorn pilipili manga
peppermint peremende
peppery -a pilipili
per kwa
perceive kuona; kutambua
percentage asilimia
perch kituo cha ndege; kutua
peremptory -kali; -a lazima
perfect kamili
perfection ukamilifu
perforate kutoboa
perforation kitobo
perform kutenda; kutimiza; kucheza mbele ya watu
performance mchezo wa kuiga, kuimba, n.k.
perfume marashi
perhaps labda; yumkini
peril hatari
perilous -a hatari
perimeter mzingo
period kipindi; (menses) hedhi/mwezi
periodical 1 -a kurudiarudia; **2** gazeti(ma)
peripheral -a ukingoni
perish kufa; kuharibika
perishable -a kuharibika upesi
perjury kuapa uongo
perk up kuchangamka
permanent -a kudumu
permeate kupenya na kuenea ndani
permissible halali
permission ruhusa
permit kibali; kuruhusu

pernicious -baya sana
perpendicular -a wima
perpetrate kufanya tendo baya
perpetual -a daima
perplex kutatanisha
perplexity mashaka
persecute kudhulumu; kutesa
persecution udhalimu; mateso
perserverance, persistence udumu; uvumilivu
persevere, persist kudumu; kuvumilia
person mtu
personal -a mwenyewe tu
personal assistant msaidizi mahususi
personal property mali binafsi
personality nafsi
personnel jamii ya watumishi
perspective taswira; mtazamo
perspiration jasho
perspire kutoka jasho
persuade kushawishi
persuasion ushawishi
persuasive -enye maneno ya kuvutia
pertain to kuhusiana na
perturb kufadhaisha
pervade kuingia na kuenea
pervasive -a kuenea
perverse -kaidi
perversity ukaidi
pervious -a kupenyeka
pessimism upesi wa kukata tamaa
pest mdudu mharibifu
pester kuudhi
pestle mchi wa kutwangia
pet kipenzi
petal petali
petition dua; kuomba
petrify kuduwaza

be petrified kuduwaa

petrol mafuta ya gari; petroli

petty -dogo; hafifu

pew benchi ya kanisani

pharmacy 1 duka la dawa;
 2 utayarishaji madawa

phase hali ya kipindi

phenomenal -a ajabu sana

phew! (*excl. of fatigue,
 wonder etc.*) lo!

philanthropic -karimu

philanthropy upendo na
 ufadhili

philosophical -tulivu; -a busara

philosophy elimu ya asili; falsafa

phlegm makohozi

phonetics elimu ya sauti za
 usemi

photocopier mashini ya
 kunakili kwa picha

photocopy fotokopi;
 kunakilisha kwa picha

photograph picha iliyopigwa
 kwa kamera; kupiga picha

phrase fungu la maneno
 machache

physical -a kuhusu mwili

physician tabibu(ma);
 daktari(ma)

physicist mwanafizikia

physics fizikia

physiology fiziolojia

physiotherapist mtaalamu wa
 tibamaungo

physiotherapy kutibamaungo

piano kinanda

pick kuchuma

pick, pickaxe sululu(ma)

pick a quarrel kuchokoza kwa
 makusudi

pick out kuchagua; (*recognize*)
 kutambua

pick up kuokota

pickle 1 matata; 2 kupika
 achali

pickles achali

picnic mandari

pictorial -enye picha nyingi

picture picha; sanamu

picturesque -a kupendeza
 macho

pie nyama au matunda katika
 pastry

piece kipande

piece together kuunganisha

pier gati itokezayo baharini

pierce kutoboa; kupenya

pig nguruwe

pigeon njiwa

pigsty banda la nguruwe

pilau/pilaff pilau

pile chungu; kupanganya

pilfer kuiba kidogo kidogo

pilgrim mhaji

pilgrimage (make a) kuhiji;
 kuzuru mahali patakatifu

pill kidonge cha dawa

pillar nguzo

pillow mto

pillow-case foronya

pilot rubani(ma)

pimple chunusi

pin pini

pinball mpira wa tufe

pincers kibano

pinch kufinya

pine msonobari

pineapple (*plant*) mnanasi;
 (*fruit*) nanasi(ma)

pink -ekundu -eupe

pinpoint kulenga

pint kibaba

pioneer mtangulizi

pious -tawa

pip kokwa dogo

pipe 1 kiko; 2 bomba(ma);
 3 filimbi

pipeline njia ya bomba
pirate haramia(ma) wa bahari
pistol bastola
pit shimo(ma); (*mine*) mgodi
pitch 1 lami; -eusi sana;
  2 kutupa; kuvurumisha;
  3 (*football, etc.*) uwanja
pitcher gudulia
piteous, pitiable -a
  kuhuzunisha
pitiful 1 -enye huruma; **2** -enye
  kuhuzunisha
pitiless bila huruma
pitted (be) kududuka
pity 1 huruma; **2** jambo la
  kusikitisha
placard bango(ma)
placate kuridhisha
place mahali; mwahali;
  kuweka
placid -tulivu
plague tauni; balaa
plain 1 tambarare; **2** dhahiri;
  3 bila mapambo
plaintiff mdai
plait ukili(k); shupatu(ma);
  msuko; msokoto; kusuka;
  kusokota
plan ramani ya jengo;
  shauri(ma); mpango; kuazimia
plane 1 randa; kupiga randa;
  2 eropleni; ndege; **3** uso wa
  kitu ulio sawa sawa
planet sayari
plank ubao(mb)
plant mmea; kupanda
plantation shamba(ma)
plaster lipu; kandiko(ma);
  kupiga lipu; kukandika;
  (*dressing*) plasta
plastic -a plastiki
plate sahani
plateau uwanda wa juu

platform jukwaa(ma); sakafu
  ya stesheni
play mchezo; kucheza; (*drama*)
  tamthilia
play cards/chess/'bao'
  kucheza karata/sataranji/bao
player mchezaji
playground kiwanja cha
  michezo
playwright mwandishi wa
  tamthilia
plea maombi
plead kuleta hoja
plead guilty kukiri kosa
pleasant -a kupendeza
please kupendeza;
  tafadhali
pleasure furaha; starehe
pleat mkunjo; kukunja
  (kitambaa)
pledge ahadi; kuahidi; rehani;
  kuweka rehani
plentiful tele; -ingi
plenty wingi
pliable, pliant -a kupindika
plight hali mbaya
plod kuenda kwa taabu
plot 1 kiwanja; **2** hila; kufanya
  hila
plough kulima kwa plau ama
  trekta
pluck kuchuma; kunyonyoa
plug kizibo; kuziba
plumage manyoya ya ndege
plumber fundi wa mabomba
  ya maji
plump -nene; (*animals*) -nono
plunder kuteka nyara
plunge kutumbukiza; kujitupa
plural (*grammar*) wingi
plus na; pamoja na; kuongeza
poach kuiba mawindo
poacher mwizi wa mawindo;
  jangili(ma)

pocket mfuko wa nguo
pocket money fedha kidogo
za kununulia vitu vidogo
vidogo
pod ganda(ma)
poem shairi(ma)
poet mshairi; mtunga mashairi
poetry mashairi; ushairi
point 1 ncha; **2** jambo(ma);
3 kuelekeza kwa kidole
point of view mtazamo; maoni
point to/wards kuelekeza
pointed -liyochongoka
pointless bila maana
poison sumu; kutia sumu
poisonous -a sumu
poke kuchokoa; kuchocha
pole mti, nguzo; mlingoti
north pole; south pole ncha
ya kaskazini; ncha ya kusini
polemic hoja; mabishano
polenta ugali
police polisi(ma)
police force jeshi la polisi
police station kituo cha polisi
policeman polisi; askari polisi
policewoman polisi wa kike
policy 1 hati ya bima, n.k.;
2 sera
polish dawa ya kung'arisha;
kung'arisha
polite -enye adabu
politeness adabu; heshima
political -a kisiasa
political asylum hifadhi ya
kisiasa
political party chama cha siasa
politician mwanasiasa
politics siasa
poll uchaguzi kwa kupiga kura
polling station kituo cha
kupigia kura
pollute kuchafua; kunajisi

pollution uchafu; unajisi
pomegranate (*tree*)
mkomamanga; (*fruit*)
komamanga(ma)
poly- -ingi
polygamy kuoa wake wawili
au zaidi
pompous -a kutakabari
pond ziwa dogo
ponder kufikiri
ponderous -zito sana
pony farasi mdogo
pool kidimbwi
poor maskini
pop kuzibuka bu!
popcorn bisi
popular -a umma
popularity sifa za watu
populated (be) kukaliwa na
watu
population jamii ya watu wa
mahali fulani
populous -enye wakaaji wengi
porch ukumbi(k); baraza
porcupine nungu
pore kinyweleo
pore over kukazia mawazo
pork nyama ya nguruwe
pornography picha au
maandishi ya kutia ashiki
porous -a kupapa maji
porpoise pomboo
porridge uji mzito
port bandari
portable -a kuchukulika
mkononi
porter mchukuzi
portfolio 1 jalada ya kutia
barua, n.k.; **2** uwaziri
portion fungu(ma)
portrait picha ya mtu
Portugal Ureno
Portuguese (person) Mreno

position mahali; hali; cheo
positive -a hakika
possess kuwa na
possession mali; milki
possessor mwenyewe
possibility yumkini
  be possible kuwezekana
possibly labda
post 1 nguzo; 2 mahali pa
  kazi; 3 posta
postage ada ya posta
postage stamp stempu
postal order hundi ya posta
poster tangazo la ukutani
posterity vizazi vitakavyokuja
postgraduate -a uzamili
posthumous -a baada ya kufa
postman mpeleka barua
postmark mhuri wa posta
post-mortem uchunguzi wa
  maiti
postpone, postponement
  kuahirisha
pot chombo; chungu, n.k.
potato kiazi
potent -a nguvu
potential -a kuwezekana
  baadaye
pothole shimo refu; kishimo
  barabarani
potter mfinyanzi
pottery vyombo vya udongo
pottery ornament (*figurine,*
  etc.) mfinyango
pouch mfuko
poultry kuku, bata, n.k.
pounce on kuvamia
pound ratli; pauni;; kuponda;
  kutwanga
pour kumimma
pour away kumwaga
poverty umaskini
powder unga; poda

powdered milk maziwa ya
  unga
power uwezo; mamlaka
powerful -enye nguvu nyingi
powerless bila nguvu
practicable -a kufanyika
practical -a kufaa; -a busara
practically kwa kweli; karibu
practice desturi; mazoezi
practise 1 kufanya kazi fulani;
  2 kujizoeza
praise sifa; kusifu
praiseworthy -a kusifiwa
pram kigari cha mtoto mdogo
prawns kamba
pray kusali
prayer sala; dua
prayer leader (*mosque*) imamu
prayer mat msala
preach kuhubiri
preacher mhubiri
For prefix **pre** *see Prefixes and*
Suffices in the Notes
preamble dibaji
precarious -a hatari
precaution hadhari
precautionary -a hadhari
precede kutangulia
precedence utangulizi wa
  heshima
precedent jambo la zamani la
  kuongoza
preceding -liyotangulia
precious -enye thamani
precipice genge(ma)
precipitate kuhimiza kwa
  haraka
précis muhtasari
precise halisi; sawasawa
  kabisa
precision usawa
preclude, preclusion kuzuia
predecessor mtangulizi
predicament hali ngumu;
  mashaka

predict kubashiri
prediction ubashiri
predominant *iliyo* kuu
preen (*of birds*) kupuna
  manyoya kwa mdomo
preface dibaji
prefer kupenda zaidi
preferable afadhali
preference upendeleo
preferential -a kupendelewa

preposterous -a upuzi
prerequisite -a sharti
prerogative haki
prescribe kuagiza
prescription maagizo ya dawa
  na matumizi yake
presence, be present kuwapo
  at present sasa; siku hizi
present 1 zawadi; kutunuka
  2 -a sasa

---

present

The noun présent is stressed on the first syllable and the verb
presént on the second.

1 *zawadi* means prize as well as gift. *Kutunuka zawadi* = to
present a present/gift/prize. *Meneja alimtunukia zawadi.*
The manager presented her with a prize.

2 *serikali ya sasa* the présent government

---

preferment nyongeza ya cheo
pregnant (be) kuwa na mimba
pregnant woman mjamzito
prejudice machukio bila
  sababu ya haki
preliminary -a kutangulia
premarital -a kabla ya ndoa
premature kabla ya wakati
  wake
premeditated -liyokwisha
  kukusudiwa
premises nyumba au kiwanda
  na kiwanja chake
premium 1 malipo ya kufanya
  bima; 2 ziada
premonition onyo la mbele
preparation matengenezo
preparatory -a kwanza
prepare kufanya tayari;
  kutayarisha
prepay kulipa mbele
preponderance wingi zaidi

presenter (*TV, radio*)
  mtangazaji
presentiment maono ya mbele
presently baadaye kidogo
preserve, preservation
  kuhifadhi
preside over kusimamia
president rais
press kusonga
  the press waandishi wa
  magazeti
press conference mkutano
  kwa waandishi habari
press cutting kipande
  kilichotolewa gazetini
press photographer mpiga
  picha wa gazeti
pressing muhimu; -a haraka
pressure mkazo
prestige sifa ya ubora
presume 1 kudhani;
  2 kuthubutu

presumption 1 lililo yamkini;
  2 ujuvi
pretence kujifanyia
pretend kujifanya;
  kudanganya
pretext sababu isiyo kweli
pretty -zuri; -a kupendeza
prevail kushinda
prevalent -a kuenea
  be prevalent kuchaga
prevent kuzuia
preventative kitu kinachozuia
prevention zuio(ma)
previous -a kutangulia
prey mateka
price bei
priceless -a thamani sana
prick kuchoma
prickle mwiba
pride kiburi; majivuno
pride oneself on kujivunia
priest padri(ma); kasisi(ma)
primary -a kwanza
primary colours rangi za
  msingi: nyekundu; manjano;
  buluu
primary number namba tasa
primary school shule ya
  msingi
prime -a kwanza; bora
prime minister waziri mkuu
primitive -a asili
prince mwana wa mfalme
princess binti wa mfalme
principal 1 -kuu; mwalimu
  mkuu; **2** rasilmali
principally zaidi; hasa
principle kanuni
print chapa; kupiga chapa
printer mpiga chapa
printing press matbaa
printout (*computer*) karatasi
  ya kompyuta iliyochapwa

priority haki ya kutangulia
prison jela; gereza(ma)
prisoner mfungwa
privacy faragha; binafsi
private 1 -a mwenyewe tu;
  2 -a faragha
private enterprise biashara
  binafsi
private parts (*body*) sehemu
  za uchi/siri
private property mali ya
  binafsi
privately, in private faraghani
privation dhiki
privilege haki ya mtu fulani
prize tuzo; kuthamini
prizewinner mshindi wa tuzo
probability yamkini
probable (be) kuelekea; yamkini
probably labda
probation wakati wa kupimwa
probe kuchungua
problem matatizo
problematic si hakika
procedure utaratibu;
  mwenendo
proceed kuendelea mbele
proceedings mambo
  yatendwayo
proceeds mapato
process njia ya kufuatwa; kazi
procession mafuatano;
  maandamano
proclaim kutangaza
proclamation tangazo(ma)
procrastination kuahirisha
procurable -a kupatikana
procure kupata
prodigy kitu cha ajabu
produce kutoa; kuzaa
product mazao; matokeo ya
  kazi
production matoleo; ufanyizaji

profane -a kudharau
matakatifu; -a kukufuru
profess kusema wazi; kujidai
profession ubingwa
professor profesa
proffer kutoa
proficiency ustadi
proficient stadi; bingwa
profile 1 sura wa upande;
2 maelezo mafupi
profit faida
profitable -a kuleta faida
profound -a maana sana
profusion wingi
progeny wazao
prognosis ubashiri
programme 1 azimio la
mambo ya kufanyika;
2 (*of computer*) programu
progress maendeleo;
kuendelea mbele
progressive -a kuendelea
mbele
prohibit kukataza
prohibition makatazo
project azimio(ma); mradi;
(*film*) kuonyesha
projectile kitu cha kurushwa
projectionist mwonyeshaji
picha za sinema
projector projekta; mashini
itupayo picha mbele
prolong kuongeza urefu
prolonged -refu
prominent -a kutokeza; -a
kujulikana sana
promise ahadi; kuahidi
promising -a kutumainiwa
promote kuendeleza;
kupandisha cheo
promotion kupanda cheo
prompt 1 -epesi;
2 kukumbusha maneno

promptly mara moja
pronounce kutamka
pronouncement tangazo(ma)
pronunciation matamko
proof ushahidi
prop nguzo; kuegemeza
propaganda ushawishi
propagate kuzalisha; kueneza
propel kusukumia mbele
propensity maelekeo
proper -a kufaa
properly vizuri
property mali
prophecy unabii; ubashiri
prophesy kutoa unabii;
kubashiri
prophet nabii(ma); mtume
propitiate kuridhisha
propitiation kipatanisho
propitious -a heri
proportion sehemu; kadiri
proposal, proposition
shauri(ma); azimio(ma)
propose kutoa shauri;
kuazimu
proprietor mwenyewe
prose maandiko yasiyo
mashairi; nathari
prosecute 1 kuendesha;
2 kushtaki kwenye mahakama
prosecution 1 mfulizo;
2 ushtaki
prosecutor mshtaki
prospect yanayotazamiwa mbele
prospector mtafuta dhahabu,
almasi, n.k.
prospectus muhtasari wa
kampuni, chuo, n.k.
prosper kusitawi
prosperity usitawi
prostitute kahaba(ma); malaya
prostrate kifudifudi
protect kulinda

protection ulinzi; himaya
protein protini
protest teto(ma); malalamiko;
  kushuhudia; kulalamika
protracted -a muda mrefu
protrude kutokeza
proud -enye kiburi
  be proud of kuona fahari
prove kuthibitisha;
  kuhakikisha
proverb mithali
proverbial -a kujulikana sana
provide kuweka tayari
provided that iwapo
providence majaliwa; bahati
providential -a bahati njema
province jimbo(ma)
provisional -a kitambo
provisions vyakula; manufaa
provocation uchokozi
provoke kuchokoza
prow omo(ma); gubeti
prowl kuzungukazunguka
  kama simba
proximity ujirani
prudence busara
prudent -enye busara
pry kudadisi
p.s. nyongeza ya barua
psalm zaburi
psychology elimu nafsia;
  saikolojia
PTO tazama kwa pili
puberty ubalehe
public waziwazi; -a umma
  the public umma
public address system mfumo
  wa kupaza sauti nje
public house hoteli
public transport usafiri wa
  umma: mabasi, garimoshi,
  n.k.
publication 1 tangazo(ma);

2 vitabu na magazeti
publicity maenezi ya habari
public-spirited -enye moyo wa
  kusaidia jamii
publish kuchapisha vitabu;
  kutangaza
publisher mchapishaji
pudding pudini
puddle kidimbwi
puff kupuliza; kutweta
pugnacious -piganaji
pull kuvuta
pull a muscle kuumia musuli
pull (something) apart kurarua
pull up (*e.g. cassava*) kung'oa
pullet mtoto wa kuku
pullover sweta
pulp mseto; kuseta
pulpit mimbara
pulse mapigo ya moyo
pump bomba(ma); kuvuta kwa
  bomba
pumpkin boga(ma)
punch kupiga ngumi
punctual kwa saa barabara
punctuate kutia vituo
punctuation vituo
puncture pancha; kichomeo;
  kuchoma; kutoa upepo
punish kuadhibu
punishment adhabu
punt kuendesha mashua kwa
  pondo
pupil 1 mwanafunzi; **2** mboni
puppet karagosi
puppy mtoto wa mbwa
purchase kununua
purchases vitu
  vilivyonunuliwa
pure safi
purge, purify kutakasa
purity usafi
purple urujuani; zambarau

purpose kusudi
  on purpose makusudi
purse kifuko cha kutilia fedha;
  pochi
pursue kufuatia; kufukuzia
pursuit ufukuzo
pus usaha
push kusukuma
push oneself forward
  kujitokeza
push past kupita
push (something) over
  kuangusha; kusukuma
put kuweka
put (somebody) at ease
  kutuliza
put off kuahirisha
put on kuvaa
put out 1 kutoa; **2** kuzima
  be put out kuudhika
put (something) right
  kurekebisha

quadruped mnyama mwenye
  miguu minne
quagmire bwawa
quake kutetemeka
qualification sifa ya uwezo
qualified -a sifa inayostahili
qualify kustahili
qualifying test jaribio la
  ustahilifu
quality aina; ubora
quandary utata
quantity kiasi
quarantine kutengwa kwa
  sababu ya ugonjwa;
  karantini
quarrel ugomvi; kugombana
quarrelsome -gomvi
quarry chimbo(ma);
  kuchimbua
quarter 1 robo; **2** mtaa

---

quarter

1 means 1/4: *robo saa* a quarter of an hour; *saa tatu na robo* a quarter past nine; *robo ya mkate* a quarter of a loaf.
2 means a **neighbourhood**, locality, parish, district within a town. *Wanakaa mtaa mmoja.* They live in the same quarter.

---

put to flight kukimbiza
put up with kuvumilia
puzzle fumbo; chemsha
  bongo; kutatanisha
pygmy mbilikimo(-)
pyrethrum pareto
python chatu

Q

quack 1 ayari; **2** kulia kama
  bata

quarter-final robo fainali
quarterly kila miezi mitatu
quarters makao
quash kutangua; kukomesha
quay gati
queen malkia
queer -a kigeni; -siyokuwa
  -a kawaida
quench kuzima; kutuliza
query swali(ma); kuuliza
question swali(ma)

question mark alama ya
kuuliza
questionable -a shaka

racial -a mbari
rack chanja(-)
racket 1 makelele; **2** ulaghai

---

racket

1 is the plural of *kelele* a noise or shouting, used to intensify its meaning. *Makelele* means a noisy commotion or yelling e.g. *Makelele, watoto!* (Stop that) racket, children!

2 implies fraudulence, swindling, illegal activity etc. *Ulaghai wake ni kuwadanganya wateja.* His racket involves cheating the customers. *Laghai(ma)* is a racketeer.

---

questionnaire hojaji; kidadisi
queue kujipanga mstarini
quick -epesi
  be quick! Upesi!
quickly upesi
quiet kimya; -tulivu
quieten kupoza; kunyamazisha
quietly kwa kimya; polepole
quit kuacha
  be quits kuwa sawa
quite 1 kabisa; **2** kiasi
quiver podo; kutikisika
quiz mashindano ya maswali;
  chemsha bongo
quorum akidi
quota fungu la mtu au mtaa
  katika chango
quote, quotation kutaja
  maneno ya mtu mwingine;
  kudondoa
quotation marks alama za
  kudondoa

radar rada
radiance mwangaza
radiate kuenea pande zote
radiation mnururisho
radical 1 kiini; **2** -a siasa kali
radio redio
radiographer mtaalamu wa
  picha za eksirei
radiography fani ya upigaji
  picha za eksirei
radiotherapy matibabu kwa
  njia ya eksirei
radish aina ya figili
radius kipimo toka katikati ya
  duara; nusu kipenyo
raffle bahati nasibu
raft chelezo
rafter kombamoyo(ma)
rag 1 kitambaa kibovu;
  2 mzaha
rage hasira kali
ragged -liyotatuka
raid shambulio(ma);
  kushambulia
rail reli; upapi
railings kitalu cha nguzo na papi
railway reli
railway station stesheni ya
  garimoshi/treni

R

rabbit sungura
rabies kichaa cha mbwa
race 1 mashindano ya mbio;
  kushindana mbio; **2** mbari

rain mvua; kunyesha mvua
rainbow upindi wa mvua
rainy season (*long*) masika;
 (*short*) vuli
raise kuinua
raise money kuchanga fedha
raise (somebody's) hopes
 kupa (mtu) tumaini
raisins zabibu kavu
rake jembe la meno; reki
rake out (*a fire*) kutoa majivu
 mekoni
rally kusanyiko(ma);
 kukusanyika; (*car*)
 mashindano ya motokaa
ram 1 kondoo dume;
 2 kushindilia
Ramadan Ramadhani; mwezi
 mtakatifu ambapo Waislamu
 hufunga wakati wa mchana
ramble matembezi
 mashambani
rampart boma(ma)
ramshackle -bovubovu
ran *see* **run**
rang *see* **ring**
ransack kutafuta kila mahali
ransom ukombozi; kukomboa
rap kugotagota
rape ubakaji; kubaka
rapid -a kwenda kasi
rapport maelewano
rare adimu
rarely mara chache tu
rash 1 upele; **2** -jasiri
rat panya
rate 1 mwendo; **2** kiasi; kima
 at any rate iwayo yote
rather 1 afadhali; **2** kidogo si
 sana
ratification idhini;
 thibitisho(ma)
ratify kuthibitisha

rating kukadiria thamani
ratio uwiano
ration kupimia; kipimo
rational -enye akili
rations posho; mgawo
rattle kayamba(ma);
 kutatarika
ravage kuteka; kuharibu
ravenous -enye njaa kali
ravine genge(ma)
raw -bichi
ray mshale wa nuru
raze kuangusha hata chini
razor blade wembe(ny)
reach (*a place*) kufikia
react, reaction kushawishiwa
 na jambo lililotangulia
reactionary mwenye kupinga
 maendeleo
read, reading kusoma
readdress (*a letter*)
 kubadilisha anwani ya
 bahasha
reader msomaji
reading (*printed matter*)
 somo(ma)
reading lamp taa ya kusomea
reading room (*in library*)
 chumba cha kusomea
 (kwenye maktaba)
ready tayari; (*get-*) kutayarisha
ready-made tayari kuvaliwa;
 redemedi
reafforest kurudisha (mahali)
 kuwa msitu
real halisi
reality uhalisi
realize kutambua; kuelewa
really kweli; hasa
realm milki
reap kuvuna
reaper mvunaji
rear 1 upande wa nyuma;
 2 kulea

rear light taa ya nyuma
reason 1 akili; kufikiri;
  2 sababu; maana
reasonable -a maana; -a haki
reassure kuondoa shaka
rebate kipunguzi
rebel mwasi; kuasi
rebellion maasi
rebuff kukataa kwa dharau
rebuild kujenga upya
rebuke karipio(ma); kukaripia
recall 1 kukumbuka;
  2 kumwita mtu arudi
recapitulate kurudia kwa
  machache
recede kurudi, nyuma
receipt stakabadhi; risiti
receipt book kitabu cha
  risiti/stakabadhi
receive kupokea; kupewa
recent -a siku hizi
recently juzi; hivi karibuni
receptacle chombo cha
  kuwekea kitu
reception (desk) mapokezi (ya
  wageni)
receptionist mpokeaji;
  mpokea wageni
recess 1 daka(ma); **2** kipindi
  cha mapumziko
recipe maelezo ya upishi
recipient mtu apewaye
reciprocal -a wao kwa wao;
  -ana
reciprocate kutendeana
recital tafrija ya muziki
recitation masimulizi
recite kusimulia
reckless -bila uangalifu
reckon kuhesabu; kudhani
reclaim 1 kurudishia ardhi hali
  njema; **2** kudai kitu
  kirudishwe

recognition utambuzi
recognize kutambua
recoil kurudi nyuma
recollect kukumbuka
recollection ukumbuko
recommend kusifu; kushauri
recommendation sifa njema
recompense kutuza; uradhi;
  fidia; kuridhisha
reconcile kupatanisha
reconciliation upatanisho
record 1 kuandika habari;
  2 kipeo cha ubora
recount 1 kusimulia;
  2 kuhesabu tena
recover, recovery 1 kupata
  tena; **2** kupata nafuu
recreation maburudisho;
  burudani
recrimination lawama(ma)
recruit kuandika askari
recruits askari wapya
rectangle mstatili
rectangular -a mstatili
rectify kusahihisha; kuondoa
  kosa
rectum rektamu; sehemu ya
  mwisho ya utumbo pana
recur, recurrence kurudia
recurrent -a kurudia mara kwa
  mara
red- -ekundu
Red Crescent (*Muslim
  countries*) Mwezi
  Mwekundu
Red Cross Msalaba
  Mwekundu
red tape uzuizi wa bure
redeem kukomboa
redemption ukombozi
redouble kuzidisha
redress njia ya kupata haki

reduce, reduction kupunguza
redundancy, be redundant
  kuzidi kuliko hesabu
  inayotakiwa
reed tete(ma)
reef mwamba baharini
reek kunuka
reel 1 kidonge;
  2 kuyumbayumba
refectory mezani
refer to kurejea; kutaja
referee mwamuzi
reference 1 marejeo; **2** cheti
  cha sifa ya kushuhudia kazi
  ya mtu
  with reference to kwa habari
  ya
reference library maktaba ya
  marejeo
referendum kura ya maoni ya
  raia wote
refine kutakasa
refinery kiwanda cha kusafisha
  sukari, n.k.
reflect, reflection 1 kurudisha
  nuru; **2** kufikiri fikira
reflector kiakisi
reflex (*of action*) -a tendohiari
reform kurekebisha
reformation geuzo
refractory -kaidi
refrain 1 kiitikio cha wimbo;
  2 kujizuia
refresh kuburudisha
refreshment kiburudisho
refrigerator friji
refuge kimbilio(ma)
  take refuge kuomba salama
refugee mkimbizi
refuse, refusal kukataa
refuse takataka; kifusi
refute, refutation kukanusha
regal -a kifalme

regale kufurahisha
regard kuangalia; kudhania
regarding kwa habari ya
regardless bila kujali
regards salamu
regiment rejimenti
region eneo; mkoa
register daftari(ma); orodha ya
  majina
registration uandikishaji
regret majuto; kujuta
regrettable -a kusikitisha
regular -a kawaida; -a taratibu
regular customer mteja wa
  kila siku
regularity utaratibu
regularly kwa taratibu
regulate kurekebisha
regulation sharti(ma); amri
rehearse, rehearsal kujizoeza
  kabla ya siku yenyewe
reign enzi; kumiliki
reimburse kurudisha gharama
reinforce kuimarisha
reinforcements watu na
  manufaa ya kuongeza nguvu
reject kukataa
rejoice kufurahi
rejoicing furaha; shangwe
rejoin kurudia; kujibu
rejoinder jibu(ma)
relapse kurudia hali mbaya
relate 1 kuhadithia; **2** kuhusu
  be related kuhusiana; kuwa
  na ukoo mmoja
relation, relative jamaa; ndugu
relationship uhusiano
relax, relaxation kulegea;
  kulegeza
relaxation ulegezaji; burudani
relay kupokea na kupeleka
relay race shindano la mbio
  za kupokezana

release kufungua
relent kuacha ukali; kutulia
relentless pasipo huruma
relevant -a kuhusu
  be relevant kuhusu
reliable -a kutumainiwa;
  madhubuti
reliance tumaini
relic kitu cha zamani
  kilichobaki hata sasa;
  kumbukumbu
relief faraja
relieve kuondoa taabu; kufariji
religion dini
relinquish kuacha
relish (*accompaniment to rice,
  etc.*) kitoweo
reluctance moyo usiotaka
  be reluctant kutotaka
rely on kutegemea
remain kubaki; kukaa
remainder, remains mabaki;
  masazo
remand kurudisha kifungoni
remark maneno machache;
  kusema
remarkable -a ajabu; -a maana
remedy dawa
remember kukumbuka
remembrance ukumbusho
remind kukumbusha
reminder ukumbusho
remission masamaha
remit 1 kusamehe; 2 kupeleka
  fedha
remittance fedha iliyopelekwa
remnant baki(ma)
remonstrance udaku;
  onyo(ma)
remorse majuto
remorseless bila huruma
remote -a mbali
remote past zamani za kale

remove, removal kuondoa;
  kuhamisha
remove from office kuuzulu
remunerate kulipa
remuneration ijara; ujira
renal -a mafigo
renew, renewal kufanya upya
renounce, renunciation
  kukataa
renovate kukarabati
renown sifa
renowned mashuhuri
rent kodi ya nyumba; kupanga
  nyumba n.k.
reorganize kuratibisha upya
repair kutengeneza kitu kibovu
repair buildings kukarabati
repair clocks, machinery, etc.
  kurekebisha
repair clothes kutia kiraka
repair roads kufanya
  matengenezo
repairs matengenezo
reparation malipo
repay kurudisha fedha
repeal kubatilisha
repeat kusema *or* kufanya
  tena
repel kurudisha nyuma;
  kuchukiza
repellent -a kuchukiza
repent, be repentant kutubu
repentance toba
repetition marudio
replace kuweka badala
replay marudio ya mchezo
replenish kujaza tena
reply jibu(ma); kujibu
report taarifa; ripoti kuarifu
reporter ripota(ma);
  mwandishi
reprehensible -a kulaumika
represent 1 kufananisha;
  2 kuwakilisha

representative naibu(ma); mwakilishi

repress kuzuia; kuonea

repressive -a kuzuia

reprieve achilio(ma); kuachilia

reprimand kemeo; kukemea

reprisal kisasi

reproach lawama; kulaumu

reproduce kuzaa; kunakili

reproduction uzazi; nakala halisi

reproof karipio(ma)

reprove kukaripia

reptile mtambaazi

republic jamhuri

repudiate kujitenga na; kukana

repugnant -a kuchukiza

repulse kuepusha

repulsive -a kuchukiza

reputation sifa

request maombi; kuomba

requiem mass misa ya mfu au wafu

require 1 kuhitaji; **2** kuamuru

requirements mahitaji

requisition kutoza kwa nguvu

requite kulipa mema au mabaya

rescue kuokoa; kuopoa

research uchunguzi; utafiti

researcher mchunguzi; mtafiti

resemblance sura moja

resemble kufanana na

resent kuchukia

resentful -enye chuki

resentment uchungu

reserve 1 akiba; kuweka; **2** hifadhi; mbuga

  be reserved 1 kuwekewa; **2** -nyamavu

reservoir hodhi; tangi kubwa la maji (kama akiba)

reside kukaa

residence makao; nyumba

resident mwenyeji; mkazi

residential -a makazi

residue baki; mashudu

resign, resignation kujiuzulu

  be resigned kuridhika; kushukuru

resin utomvu

resist kupinga

resistance upinzani

resolute thabiti

resolution 1 uthabiti; **2** azimio

resolve kuyakinia

resort mahali pa kuendea kwa matembezi au msaada

resource mahali patokapo msaada

resourceful -enye busara

respect staha; kustahi

respectable -stahiki

respectful -enye adabu

respecting (*formal usage*) kwa habari ya; mintarafu

respiration upumuaji

respite pumziko(ma)

resplendent -a fahari

respond kuitika

response itikio(ma)

responsibility madaraka

responsible -enye madaraka; -aminifu

rest 1 pumziko(ma); kupumzika; **2** mabaki

restaurant hoteli; mkahawa

restaurant car (*on train*) behewa mkahawa

rest-day siku ya kupumzika

restful -a kutuliza

restitution malipo

restive, restless pasipo utulivu

restless -enye wahaka

restoration ukarabati

restore 1 kukarabati; **2** kurudisha

restrain kuzuia

restraint kizuizi
restrict kuwekea mpaka
restriction sharti ya kuzuia
result matokeo
result from kutokea
result in kutokeza
resume kuanza tena
résumé muhtasari; mafupisho
resumption mwanzo mpya
resurrection ufufuo; kiyama
retail rejareja
retailer mchuuzaji
retain kushika
retaliate kulipiza kisasi
retaliation kisasi
retard kukawilisha
retention kushikilia
reticent -nyamavu
retina retina; sehemu ya ndani
  ya jicho inayopokea
  mwangaza
retire 1 kurudi nyuma;
  2 kuacha kazi; kustaafu
retirement faragha;
  mapumziko; kustaafu
retort kujibu kwa ubishi
retread (tyre) mpira (au tairi)
  uliotiwa tredi upya
retreat mahali pa kukimbilia;
  kurudi nyuma
retrench kupunguza gharama
retribution mapatilizo
retrograde kurudia hali ya
  nyuma
retrospective -a kutazama
  nyuma
return marejeo; kurudi;
  kurejea
return (something) kurudisha
return fare nauli ya kwenda
  na kurudi
return match mchezo wa
  marudiano

return ticket tiketi ya kwenda
  na kurudi
reunion mkutano baada ya
  kufarakana
reveal kufunua
revel in kufurahia
revelation ufunuo
revenge kisasi; kulipiza kisasi
revenue mapato ya serikali
  kwa kodi, n.k.
revere kuheshimu sana
reverence uchaji; staha
reverent -nyenyekevu
reverse upande wa pili;
  kupindua
revert to kurejea
review 1 ukaguzi; kukagua;
  2 uhakiki
reviewer mhakiki
revile kushutumu; kutukana
revise, revision kusahihisha;
  kujikumbusha masomo
revival ufufuo
revive kuhuisha; kufufua
revoke kutangua
revolt maasi; kuasi
revolution 1 mzunguko;
  2 mageuzi makuu; 3 mapinduzi
revolve kuzunguka
revolver bastola
reward tuzo; kutuza
rewire kuweka upya nyaya za
  umeme
rheumatism baridi yabis
rhino/ceros kifaru
rhyme kina
rhythm mwendo; mizani
rib ubavu(mb)
ribbon utepe(t)
rice mpunga; mchele; wali
rich tajiri
riches utajiri; mali
rickets nyongea

rid of (get) kujiondolea;
kuachia mbali
riddle kitendawili
ride kupanda baiskeli au
farasi, n.k.
ride in (*car, lorry, etc.*)
kupanda na kuchukuliwa na
ride out a storm (*of boats*)
kutoka salama katika
dhoruba
ridge mgongo; tuta(ma)
ridicule dhihaka; kudhihaki
ridiculous -a kuchekesha
rifle bunduki
rift ufa(ny)
right 1 -a kulia; **2** -a haki;
3 sawasawa
all right! vema!
Right/Right you are! (*excl.*)
Sawa! Sawa kabisa!
rigid -liyokazana
rim ukingo(k)
rind ganda(ma)
ring (rang, rung) kupiga
kengele; (*phone somebody*)
kupiga simu
ring pete; duara
ringleader mtangulizi katika
matata
ringworm choa
rinse (*clothes*) kusuza; (*mouth*)
kusukutua
riot ghasia
rioters wafanya ghasia
RIP Astarehe kwa amani
rip kupasua
ripe -bivu
ripen kuiva
ripple kiwimbi
rise (rose, risen) kuinuka;
kuumuka
rise to (*the occasion*) kuweza
kukabili (hali)

risk hatari; kuhatarisha
risky -a hatari
rite/ritual tambiko(ma);
kawaida ya dini
rival mshindani; kushindana
river mto
road njia; barabara
road safety usalama
barabarani
roadblock kizuizi barabarani
roar ngurumo; kunguruma
roast kuoka motoni
rob kuibia
robber mwizi; mnyang'anyi
robe joho; (*official*) vazi(ma)
rasmi
robot roboti; mashine
ifanyayo aina za kazi kama
mtu
rock 1 mwamba; **2** kupembea;
kupembeza
rod ufito(f)
roe mayai ya samaki; ngofu
rogue ayari
role dhima; wajibu
roll kwenda mrama
roll 1 mkate; **2** orodha ya
majina; **3** (*of drum*) mdundo
roll along kufingirika;
kufingirisha
roll up kukunja kwa
kuzungusha
Roman -a Kirumi
romp kucheza na kurukaruka
roof mapaa; dari; kuezeka
room chumba
roomy -enye nafasi
rooster jogoo
root shina(ma); mizizi
rope kamba
rope off (*an area*) kuzungushia
eneo kwa kamba
rosary tasbihi

rose 1 *see* **rise; 2** waridi(ma)
rot kuoza
rota orodha ya zamu
rotate 1 kuzunguka; **2** (*crops*)
  kupangilia
rotation 1 mzunguko;
  2 mapangilio
rotten -bovu
rough -a kuparuza; (*road*)
  -enye mashimo mashimo
round duara; mviringo
  be round kuviringana
  go round kuzunguka
  turn round kugeuka
round and round kwa
  mizunguko kadhaa
roundabout (*at crossroads*)
  kipulefti/kiplefti
rouse kuamsha; kustusha
route njia
routine taratibu ya kila siku;
  kawaida
row 1 safu; **2** kupiga makasia;
  3 makelele
royal -a kifalme
royalty 1 ujamaa wa mfalme;
  2 malipo ya mtunga kitabu
RSVP Tafadhali lete jibu
rub kusugua; kufikicha
rubber mpira
rubber stamp mhuri
rubbish takataka; upuuzi
rucksack *see* **backpack**
rudder usukani(s)
rude -enye kukosa adabu
rudimentary -a mwanzo tu
rudiments maarifa ya kwanza
ruffian mhuni; jambazi(ma)
rug zulia(ma)
ruin/s magofu; mabomoko;
  kuangamiza; kuharibu
rule kanuni; amri;
  kutawala
  as a rule kwa kawaida

ruler 1 mtawala; **2** rula
rumble kunguruma; kuvuma
rummage among/through
  kupekua; kuchakura
rumour uvumi; fununu
  be rumoured kuvumika
run (ran) 1 kwenda mbio;
  2 kuchujuka rangi
run a company kuendesha
  kampuni
run after kufuatia mbio
run away kukimbia; kutoroka
run down 1 (be) kupotewa na
  nguvu; **2** (*decry*) kusingizia
run out of kuishiwa na
run riot kufanya fujo na ghasia
rung 1 *see* **ring; 2** kipandio cha
  ngazi
running costs gharama ya
  uendeshaji
runway barabara ya
  ndege/eropleni
rupture kupasuka; (*of bowel*)
  henia
rural -a mashambani
rush kikaka; kuenda kasi
rushes matete
rust kutu
rustle mchakacho;
  kuchakarisha
rut mfuo wa magurudumu
  njiani
ruthless pasipo huruma

S

sabotage hujuma; kuhujumu
sack gunia(ma); kuondoa
  kazini
sacred wakf; -takatifu
sacrifice mhanga; kutoa
  mhanga
sacrilege kufuru

sad -enye huzuni
sadden kuhuzunisha
saddle tandiko(ma) la baiskeli
au farasi
sadness huzuni
safe salama
safe and sound salama
salimini
safeguard kinga; kuhifadhi
safely salama
safety usalama
saffron zafarani
sag kunepa
said see say
sail tanga(ma); kutweka tanga
sailing vessel chombo cha
matanga
sailor baharia(ma)
saint mtakatifu; sufii
sake ajili
salad mboga mbichi; saladi
salary mshahara; ujira
sale 1 (auction) mnada;
2 (reductions) upunguzi wa
bei; seli
saleable -a kuuzika
saliva mate
salt chumvi
salt-free bila chumvi
salt-water fish samaki wa
bahari
salutary -enye faida
salutation salamu
salute saluti; kupiga saluti
salvage vitu vilivyookolewa
baada ya gharika au moto
salvation wokovu
same ile ile; kile kile; n.k.
samosa sambusa
sample kielelezo; sampuli
sanctity kutakasa
sanction idhini
sanctions vikwazo

sanctity utakatifu
sanctuary mahali patakatifu
au pa salama
sand mchanga
sandal ndara
sandbank ukingo wa mchanga
sandwich sanwiji/sandiwichi
sane -enye akili timamu
sang see sing
sanitary -a kutunza afya
sanitary towel sodo
sanitation udhibiti wa afya na
usafi kwa kuondoa maji
machafu, n.k.
sanity akili timamu
sap utomvu
sapling mti mchanga
sarcasm kejeli
sardine samaki mdogo kama
dagaa
sash mshipi
Satan Shetani
satchel shanta; mkoba
satellite setilaiti; kifuasi
satire dhihaka
satirical -a dhihaka
satisfaction ridhaa
satisfactory -a kufaa
satisfied (be, after eating)
kushiba; kutosheka
satisfy kuridhisha; kutosheleza
saturate kulowesha kabisa
Saturday Jumamosi
sauce mchuzi
saucepan sufuria
saucer kisahani
saunter kutembea polepole
sausage soseji
savage -kali
save 1 kuokoa; 2 kuweka
akiba
savings fedha iliyowekwa
savings bank benki ya akiba

saviour mwokozi
savoury -a kukolea vema
saw 1 *see* see; 2 msumeno
sawdust unga wa mbao
say (said) kusema
  say to kuambia
scab kigaga
scald kuunguza kwa maji ya
  moto
scale 1 kipimio; 2 gamba(ma)
scales mizani
scan kuchungua; kupitia
  haraka
scandal aibu; fedheha
scandalize kufedhehesha
scandalous -a kuchukiza
Scandinavian (person)
  Mskandinavia; mwenyeji wa
  nchi ya Skandinavia
  (Denmark, Iceland, Norway
  ama Sweden)
scanty haba
scar kovu
scarce haba
scarcely kwa shida
scarcity uchache
scare kutisha
scarecrow kitsiha-ndege
scarlet rangi nyekundu
scatter kutawanya
  be scattered kutawanyika
scene, scenery sura ya nchi;
  mandhari
scent harufu; marashi
sceptical -enye shaka
sceptre fimbo ya kifalme
scheme mpango
scholar mtaalamu
scholarship 1 utaalamu; 2 tuzo
  ya kulipiwa masomo
school shule/skuli
school-age umri wa kwenda
  shule

science elimu; sayansi
scientist mwanasayansi
scissors mkasi
scold kukaripia
scoop (out/up) kuchota
scope eneo(ma); nafasi
scorch kuunguza; (*of sun*)
  kunyausha
score hesabu ya mabao;
  kuandika bao
score board ubao wa
  kuonyesha magoli
scorer mwandishi wa
  magoli/pointi
scorn dharau; kudharau
scornful -bezi
scorpion nge
scoundrel mwovu
scour kusafisha kwa kusugua;
  kusugua
scourge mjeledi; maafa; kupiga
scout skauti
scrabble about kukwaruza;
  kupapasa
scramble 1 (*up*) kusombera;
  2 (*eggs*) kuvuruga mayai
scrambled eggs mayai ya
  kuvuruga
scrap kipande kidogo
scrape kuparuza
scrape through kufaulu kwa
  shida
scrape together (*e.g. enough
  money*) kukusanya kwa
  shida
scratch mtai; kupiga kucha;
  kukuna; kukwaruza
scrawl, scribble kuandika
  vibaya; kuchorachora
scream, screech yowe; kupiga
  yowe
screen 1 kiwambo; kusetiri;
  2 kuchunguza sana

screw skrubu

scribble *see* **scrawl**

script 1 *(handwriting)* mwandiko;
  2 *(play, film)* mswada

scripture maandiko
  matakatifu

scrotum korodani; pumbu

scrub 1 kusugua kwa burashi;
  2 pori(ma)

scruple shaka

scrupulous -angalifu sana

scrutinize kuchunguza

scrutiny uchunguzi

scuffle kububurushana

sculptor mchongaji wa
  sanamu katika mawe, n.k.

sculpture uchongaji wa
  sanamu

scum povu

scythe fyekeo

sea bahari

sea eagle kwazi

sea front upande wa mji
  unaokabili na bahari

seal 1 muhuri; kutia muhuri;
  2 mnyama wa bahari

sea-level usawa wa bahari

seaman baharia(ma)

search kutafuta

search one's conscience
  kuchunguza dhamira

searchlight kurunzi

seasick *(be)* kupatwa na
  kigegezi baharini

seasickness kigegezi

season 1 majira ya mwaka;
  2 kukoleza chakula

seasonable -a kupatana na
  wakati

seasoning kiungo cha chakula

seat kiti

seaworthy *(of boat)* -a kufaa
  kusafiri baharini

secede kujitoa katika ushirika

secluded -a faragha

seclusion faragha

second 1 nukta; **2** -a pili

secondary -a cheo cha pili;
  (school) sekondari

secondhand si mpya

secondrate hafifu

secrecy faraghani; ufichaji

secret siri

secretary karani(ma); mhazili

secrete kuficha

secretly kwa siri

sect madhehebu

section mkato; sehemu

secular -a kuhusu ulimwengu
  huu

secure salama

security usalama

sedative dawa ya kutuliza

sediment masimbi

seduce kutongoza; kupotoa

see (saw, seen) kuona;
  kufahamu

see somebody off kuaga;
  kusindikiza

See you soon! *(excl.)* Kwa
  heri ya kuonana!

seed mbegu; mzao

seedbed kitalu

seedcorn shuke la mbegu za
  kupanda

seedless -a bila mbegu

seedling mche

seek kutafuta

seem kuonekana

seemly -zuri

seen (be) kuonekana

seesaw pembea

segregate, segregation
  kutenga

seize, seizure kukamata;
  kushikilia

seldom mara chache
select kuchagua; kuteua
selection uchaguzi; uteuzi
self nafsi; -enyewe; -ji-
self-assertion kujitanguliza
self-centred -a kujipenda mno
self-confidence kujitegemea
self-control kujiweza
self-defence kujilinda
self-discipline kujiongoza; nidhamu binafsi
self-importance majivuno
selfish -enye choyo
self-reliant -a kujitegemea
self-respect kujistahi
self-same *i*le *il*e
self-service -a kujihudumia
self-supporting -a kujikimu
self-will ukaidi
sell (sold) kuuza
semblance dalili; ufananaji
semen manii; shahawa
semi- nusu
send (sent) kupeleka; kutuma
send back kurudisha
senile dhaifu kutokana na uzee
senior mkubwa kwa umri au cheo
senior magistrate hakimu mwandamizi
seniority utangulizi; ukuu
sensation ushangao; maono
sensational -a kushangaza
sense akili; maana
   common sense busara
senseless 1 (*foolish*) -pumbavu; **2** (*become inert*) kuzirai
sensible -a busara
sensitive upesi wa kuchomwa moyo
sensual -a kuamsha tamaa

sent (be) kutumwa; kupelekewa
sentence 1 hukumu; kukata hukumu; **2** sentensi
sentimental -enye moyo mwanana
sentry askari wa zamu; mlinzi
separate mbalimbali; kutenga; kuachana; kutengana
separation kuachana; utengano
septic tank tangi la maji machafu
sepulchre kaburi(ma)
sequel matokeo; mwisho
sequence ufuatano
seraph malaika
serene -tulivu
serenity utulivu
sergeant sajini
serial -a mfululizo
series mfululizo
serious -a maana; -enye fikira
sermon mahubiri; mawaidha
serpent nyoka
servant mtumishi
serve kutumikia
serve out kugawa
service kazi; ibada
service station kituo cha petroli
serviceable -a kufaa
servitude utumwa
sesame ufuta; (*oil*) mafuta ya uto
session kipindi cha mkutano; kikao
set 1 kuweka; **2** kuchwa jua
set a clock/watch kurekebisha saa
set a fashion kuanzisha mtindo
set a table kutandika meza

set an exam kutunga mtihani
set an example kuonyesha mfano mzuri
setback kipingamizi
settle 1 (*somebody down*) kutuliza; **2** kukata shauri; **3** kufanya makazi
settlement makao
settler (*colonial*) mlowezi; mgeni
seven saba
seventeen kumi na saba
seventy sabini
sever kukata
several -ingi kidogo; baadhi ya
severe -kali; (*illness, weather*) -baya; -kali

shame aibu; kuaibisha
 a shame si haki
shameful -a kuaibisha
shampoo shampuu
shape umbo(ma); namna
share fungu(ma); kugawa; kushiriki
shareholder mshiriki mali ya kampuni; mhisa
shark papa
sharp -kali; -erevu
sharpen (*knife, etc.*) kunoa; (*pencil*) kuchonga
shatter kuvunja vipande vipande
shave kunyoa

---

severe

The adjective -*kali* has a wide range of meanings associated with the concept of sharpness, from the keenness of a sharp knife-blade and the searing quality of a hot sun to sharpness of temper, severity of manner, fierceness etc. *Yule mwalimu mkuu ni mkali sana.* **The head teacher is very severe.**

---

severity ukali
sew kushona
sewage maji machafu ya nyumbani na mjini
sewer bomba la kuchukulia maji machafu
sewing machine cherehani
sex jinsia ya kike au kiume; mapenzi
sexual intercourse kujamiiana
shabby -chakavu
shade, shadow kivuli; kutia kivuli
shake (shook, shaken) kutikisa; kutikisika
shaky -a kutikisika; dhaifu
shallow -a kina kifupi
sham -a uongo

shaving cream krimu ya kunyolea
she yeye (mwanamke)
sheaf mganda
shear kukata manyoya ya kondoo
shears mkasi mkubwa
sheath ala(ny); kifuniko; (*contraceptive*) mpira; kondomu
shed kibanda
sheep kondoo
sheet (*bed*) shuka; (*paper*) karatasi
sheikh shehe; mwalimu wa dini ya Kiislamu; mzee anayetegemewa kutoa mashauri

shelf(ves)

shelf(ves) rafu; kibao

shell kombe na kome za pwani; ganda gumu; kumenya

shelter kimbilio(ma); hifadhi

shepherd mchungaji

shield ngao; kinga; kulinda; kusetiri

shift kusogeza; zamu ya kazi

shilling shilingi

shine (shone) kung'aa

ship meli; chombo

shipment upakiaji

shipwreck kuvunjika meli

shirk kuepuka kazi

shirt shati(ma)

shiver kutetemeka

shoal 1 kundi la samaki; 2 maji haba

shock kishindo; mshtuko; kushtua

shock absorber shokomzoba

shocking -a kuchukiza

shoddy hafifu

shoe kiatu

shook see shake

shoot (shot) 1 kupiga bunduki; 2 kuchipuka

shooting star kimwondo

shop duka(ma)

shop assistant mwuza duka

shopkeeper mwenye duka

shoplifting kuiba vitu dukani

shopping ununuzi

shopping centre mahali penye maduka mengi

shore pwani

short -fupi; -pungufu

short circuit (electric) shoti ya umeme

shortage uhaba; upungufu

shortcomings ukosefu

shorten kufupisha; kupunguza

shorthand mwandiko wa kukata

shorthanded bila watu wa kutosha

shortly baadaye kidogo

shorts kaptura

shortsighted -a kuweza kuona vya karibu tu

short-tempered -a harara

short-term -a muda fupi

shot 1 see shoot; 2 (lead) marisawa

shoulder bega(ma)

shout kupiga kelele

shove kusukuma

shovel sepeto(ma)

show onyesho(ma); tamasha; kuonyesha

show off kupiga mikogo; kuringa

show (somebody) round kutembeza; kuzungusha

shower manyunyu; bafu

shrine mahali patakatifu

shrink (shrank, shrunk) kunywea; kurudi

shrink from kutotaka

shrivel kukauka; kusinyaa

shroud saanda

shrub mti mfupi; kichaka

shudder kutetemeka

shun kuepuka

shunt kusogeza; kugeuza (gari moshi)

shut kufunga; kufumba

shutter ubao wa dirisha; (camera) kilango

shy -enye haya

shyness haya

sick -gonjwa

sickle mundu

sickness ugonjwa

side upande

side-by-side bega kwa bega
sideways kwa upande;
  kimbavumbavu
siding njia ya kando
siege mazingiwa ya vitani
sieve chekecheke
sieve, sift kuchekecha
sigh kuhema
sight uoni
sign 1 dalili; alama; **2** kutia sahihi
signal ishara; kionyo;
  kuashiria; kuonya
signature sahihi
significance maana
significant -enye maana
signify kuonyesha maana
  fulani
silage majani mabichi ya *silo*
silence kimya
silk hariri
silly -jinga; -puzi
silo shimo la kutengeneza
  chakula cha ng'ombe
silver fedha
similar -a kufanana
similarity ufanani
similarly vilevile
similitude mfano
simmer kuchemka polepole
simple rahisi; bila mambo
  mengi
simplification, simplify
  kurahisisha
simulate, simulation kujifanya;
  kuiga
simultaneous sawia; palepale
sin dhambi
since tangu; tokea
sincere -nyofu
sincerely kwa moyo
sincerity unyofu; kweli
sinful -enye dhambi
sing (sang, sung) kuimba

singer mwimbaji
single moja tu; peke yake
singly moja moja
singular -a peke yake
singularity tofauti
sinister -a shari
sink 1 kuzama; **2** beseni la
  kuoshea vyombo vya jikoni
sink in kutopea
sinner mwenye dhambi
sip kionjo; kunywa kidogo
  kidogo
sir bwana; mzee
sisal katani
sister dada
sister-in-law shemeji; wifi
sit kukaa; kuketi
site kiwanja; mahali
sitting room sebule
situation mahali; hali; mambo
  yalivyo
six sita
sixteen kumi na sita
sixty sitini
size ukubwa; kipimo
sizeable kubwa kiasi
skate kuteleza juu ya barafu
skein fundo la uzi; kataa
skeleton mifupa ya mwili
sketch picha ya haraka
skid kuteleza
skilful -stadi; -bingwa
skill ustadi; ubingwa
skilled worker fundi(ma)
skim 1 kuengua; **2** kusoma
  juujuu
skin ngozi; ganda(ma)
skip kurukaruka
skipper nahodha; kapiteni(ma)
skirt shuka ya kike; sketi
skit kiigo cha kuchekesha
skull fuu la kichwa
sky mbingu; anga

sky-blue samawati
skyscraper maghorofa
slab bamba(ma)
slack -legevu; -a kulegalega
  be slack kulegea
slacken kulegeza
slam kushindika kwa kishindo
slander kashfa; kukashifu
slang maneno ya kutumika
  katika maongezi tu; simo
slanting mshazari; -a kwenda
  upande
slap kupiga kofi
slapdash -a purukushani
slash kukatakata
slate kigae cha kuezekea;
  kibao cha kuandikia
slaughter kuchinja
slave mtumwa
slavery utumwa
slay kuua
sledge, sleigh gari ya kuteleza
  bila gurudumu
sleep (slept) kulala usingizi
  be sleepy kusinzia
  be sleepless kuwa macho
sleeping sickness malale
sleeve mkono wa nguo
slender -embamba
slice ubale(mb); kipande
  chembamba
slide kuteleza
slight -embamba; -dogo
slightly kidogo
slim -embamba
slime tope la kunata
sling (slung) kombeo(ma);
  mweleka; kuvurumisha
slink kwenda kisirisiri
slip kuteleza; kuponyoka
slipper sapatu; kandambili
slippery -enye utelezi
slipshod -a kupurukusha

slit kupasua; kuchana
slope mtelemko; kutelemka
sloping -a kwenda upande
slot tundu jembamba
slothful -vivu
slovenly person mkoo
slow -kokotevu; -a polepole
slowly polepole
slug koa uchi
sluggard mvivu
slum mtaa mchafu wenye
  nyumba mbovu
slumber usingizi; kulala usingizi
slump mshuko wa bei wa
  ghafula
sly -enye hila
slyly kwa hila
small -dogo
smallholding shamba
smallpox ndui
small-talk soga
smart 1 malidadi; **2** -epesi;
  3 kuuma
smash kuvunja kabisa
smear kupaka
smell harufu; kunusa; (*bad*)
  kunuka; (*sweet*) kunukia
smile kutabasamu
smith mhunzi
smoke moshi; kutoa moshi;
  kuvuta tumbako
smoking compartment
  behewa la wavutaji
smoky -enye moshi mwingi
smooth laini
smother kusonga roho;
  kufunika
smoulder kuwaka kidogo tu
smudge waa(ma)
smuggle kufanya magendo
smuggler mfanya magendo
smuts masizi
snack chakula kidogo

snack bar mkahawa
snag kizuizi
snail konokono(ma)
snake nyoka
snap kukatika
snap at (*of dog*) kung'akia; kung'ata
snap up kushikilia upesi
snapshot picha iliyopigwa kwa kamera
snare tanzi(ma); kunasa
snarl kutoa ukali; kukaripia
snatch kunyakua
sneak kuenda kifichifichi; kuchongea
sneer kudharau
sneeze kupiga chafya
sniff kuvuta puani
snip kukata kidogo kwa mkasi
snob mpenda makuu
snore kukoroma usingizini
snort (*animals*) kukoroma
snout pua ya nguruwe, n.k.
snow theluji
snub kukatiza kwa dharau
snuff ugolo
so hivi; sana; kwa hiyo
so that ili
soak kulowesha
  be soaked through kulowa chepe chepe
soap sabuni
soar kuruka juu angani
sob kulia kwa kwikwi
sober -a kiasi; -enye busara; si mlevi
sociable -kunjufu
social -a jamii
social centre jumba la starehe
social system mfumo wa jamii
social work huduma za jamii
society 1 umma; **2** chama; shirika

socket tundu la kushikia kitu
socks soksi
soda magadi
sofa kochi; sofa
soft -ororo; -teketeke; laini
soft drink kinywaji baridi; soda
soft landing utuaji salama
soft-boiled (*of eggs*) -liyochemshwa kidogo tu
soften kulainisha
soft-hearted -a huruma
soil udongo; kuchafua
sojourn kukaa kwa muda
solace faraja; kufariji
solar -a jua; -a sola
solar energy nishati ya jua
solar system mfumo wa jua na sayari zake
sold *see* **sell**
  be sold kuuzwa
solder lehemu; kulehemu
soldier askari; mwanajeshi
sole 1 -a peke yake; **2** (*of foot*) wayo(ny)
solemn -a kuheshimiwa; -zito
solicit 1 kuomba; **2** kubemba
solicitor mwanasheria
solid imara; -gumu
solitary -a peke yake
solitude upweke; faragha
soluble -a kuyeyuka
solution 1 myeyusho; **2** ufumbuzi
solve kufumbua
solvent dawa ya kuyeyusha
  be solvent kutofilisika
sombre -a kuondoa furaha
some -ingine; baadhi ya
somebody, someone mtu fulani
somehow kwa njia yo yote
something kitu fulani

sometimes mara kwa mara
somewhere mahali (sijui wapi)
son mwana
song wimbo(ny)
son-in-law mkwe
soon hivi punde; karibu
soon after baadaye kidogo
sooner or later hapana budi; siku moja
soot masizi
soothe kutuliza
sophisticated -a kisasa
sorceror mchawi
sorcery uchawi
sordid duni; hafifu
sore kidonda; jeraha
  be sore kuumwa
sorely sana
sorghum mtama
sorrow huzuni
  be sorry kusikitika
Sorry (my mistake)! Samahani!
sort namna; aina
sort out kuainisha; kupanga
SOS wito wa kutaka msaada
soul roho
sound 1 sauti; **2** -zima
soup mchuzi; supu
sour -chungu; chachu
source asili; mwanzo
soursop stafeli; topetope
south kusini
southern -a kusini
souvenir ukumbusho
sovereign mwenye enzi; mfalme
sow nguruwe jike; kupanda mbegu
sower mpandaji
space 1 nafasi; **2** anga za juu
space station kituo cha angani
spacecraft chombo cha anga

spacious -enye nafasi; -kubwa
spade sepeto
Spain Hispania/Uhispania
Spanish (person) Mhispania
spanner spana
spare -a akiba; kutoa; kuachilia
spare part (for vehicle) kipuri; spea
spark cheche
sparking-plug plagi
sparkling -a kumetameta
sparse haba; -chache
spasm mshtuko; bidii ya kipindi
spasmodic mara kushika, mara kuacha
spatula mwiko mpana
spatter kutapanya; kutapanyika
spawn mayai ya samaki; kutaga mayai kwa wingi
speak (spoke, spoken) kusema; kunena
speak for yourself kutoa maoni yako
speak up/more loudly kusema kwa sauti zaidi
speak (your) mind kusema bila kuficha
speaker msemaji
spear mkuki
special maalum; -a pekee
specialist mtaalamu katika kazi fulani; daktari mkuu
specialize kufuata elimu ya namna moja; kuwa mtaalamu
specially hasa; zaidi
species aina; (biol.) spishi
specific 1 dhahiri; **2** -a kuainisha
specification ainisho

specify kueleza bayana
specimen kielelezo
speck kiwaa kidogo
speckled -enye mawaa
spectacle tamasha
spectacles miwani
spectacular -a kustaajabisha
spectator mtazamaji
speculate kukisia; kubahatisha
speculation mabahatisho ya
  fedha
speech usemi; lugha; hotuba
  be speechless kuduwaa
speech therapy tiba ya
  matatizo ya kutamka
speed 1 kadiri ya mwendo;
  2 kwenda mbio
speedboat mashua ya kasi
speedily kwa haraka
speedometer mtambo wa
  kupimia mwendo; kipima
  spidi
speedy -a haraka
spell, spelling kuendeleza
  herufi za neno
  cast a spell kutabana
spend kutumia fedha au nafasi
sphere 1 tufe; **2** (*domain*)
  mazingira
spice bizari, basibasi, dalasini,
  n.k.; kiungo
spider buibui
spider's web utando(t)
spike ncha kali ya chuma
spill kumwaga; kuangusha
spin kusokota uzi
spinach mchicha
spin-drier mashine ya
  kukaushia
spine uti wa mgongo
spin-off faida ya ziada
  (isiyotumainiwa)
spinster mwanamke
  asiyeolewa

spire mnara uliochongoka juu
spirit 1 roho; pepo; **2** mvinyo
spiritual -a kiroho
spit kutema mate
spite chuki
  in spite of ingawa; ijapokuwa
spiteful -a chuki
splash kurusha maji
splendid -zuri sana
splendour fahari
splice kuunganisha
splint (*surgical*) gango(ma)
splinter kibanzi
split kupasua; kuchana
spoil mateka; kuteka;
  kuharibu
spoke 1 *see* speak; **2** tindi(ma);
  taruma(ma)
spokesperson msemaji kwa
  ajili ya wenzake; mwakilishi
sponge sifongo(-); spanji(-)
spongy yavuyavu
sponsor mfadhili
spontaneous kwa hiari; bila
  ushawishi
spoon mwiko; kijiko
sport michezo; riadha
spot 1 doa(ma); kipele;
  2 mahali
spotless safi kabisa
spouse muma; mke
spout mdomo wa chombo
sprain kutegua; kuteguka
sprawl kutandawaa
spray marasharasha;
  kunyunyiza
spread kuenea; kueneza;
  kupaka
sprig kitawi
spring 1 (temperate north)
  msimu wa kuchipua mimea;
  miezi Machi–Mei;
  2 chemchemi; **3** mtambo

spring (sprang, sprung) kuruka
sprinkle kunyunyiza
sprout kuchipuka
sprung *see* spring
spur 1 kichocheo; 2 mahali panapotokeza
spurious -a uongo
spurn kukataa kwa dharau
spurt mbio za ghafula; bubujiko la ghafula; kububujika
sputum mate; kohozi(ma)
spy mpelelezi; kupeleleza
squabble mabishano; kubishana
squad kundi dogo la askari
squalid -chafu; duni
squander kutapanya mali
square mraba
square brackets mabano mraba
square deal maafikiano ya haki
squash kuponda; kusonga
squeak kulia kama panya
squeal kulia kama watoto wa nguruwe
squeeze kukamua
squint makengeza
squirt kufoka
stab kuchoma kisu
stability uthabiti
stabilize kuimarisha
stable 1 imara; 2 banda(ma); zizi(ma)
stack rundo la majani, kuni, n.k.; kurundika
staff jamii ya wafanya kazi wa kampuni, shule, n.k.
stage jukwaa; mwendo kati ya kituo na kituo
stagger kupepesuka
staggering -a kushangaza

stagnant water maji yanayolala
stagnate kukosa maendeleo
stain waa(ma); kutia waa
stainless bila waa; isiyoshika kutu
staircase, stairs ngazi
stale -kavu; -bovu
stalk kikonyo; kunyatia
stall 1 meza ya kuwekea bidhaa; 2 zizi
stall-holder mchuuzi
stammer kigugumizi; kugugumiza
stamp 1 stempu; 2 kuchapua miguu
stampede makimbizi ya ghafula
stand kusimama
stand by (somebody) kuunga(mtu) mkono
stand firm kushikilia msimamo
standard kanuni ya ubora; sanifu
standardize kusanifisha
stand-pipe bomba wima la maji
stanza ubeti(b)
staple kuu
stapler/stapling machine kibanio
star nyota
starch wanga(w); kutia wanga
stare kukaza macho
start mwanzo; kuanza; kuanzisha
starting point mwanzo; mahali pa kuanzia
startle kustusha
startling -a kutusha
starvation njaa kali
starve kudhoofika kwa njaa

state 1 dola; **2** hali
statement taarifa
statesman kiongozi wa siasa
station stesheni; kituo; cheo;
  kuweka mahali
stationary -a kusimama
stationery vifaa vya kuandikia
statistics takwimu
statue sanamu ya mtu
  iliyotengenezwa kwa mawe,
  n.k.
stature kimo
statute amri
staunch thabiti; kuzuia damu
stay kukaa kwa muda
steadfast, steady imara;
  thabiti
steal (stole, stolen) kuiba;
  kwenda kimya
stealthy -a siri
steel chuma cha pua
steep -a kuinuka ghafula
steer kushika usukani;
  kuongoza
stem shina(ma)
stench uvundo
step hatua; daraja(ma)
sterile (*barren*) tasa; gumba
sterilize kufisha vijidudu vya
  ugonjwa
sterling 1 fedha ya Kiingereza;
  2 -a kuaminiwa
stern 1 -kali; **2** shetri
stew kutokosa; mchuzi
steward/ess mtumishi wa
  abiria
stewardship maangalizi ya
  mali ya watu
stick 1 fimbo; **2** kunata
stick on (*apply*) kubandika
sticking plaster plasta
sticky -a kunata
stiff -gumu

stiffness (*of joints*) ugumu
  (wa viungo)
stifle kusonga
stigma aibu
stile daraja ya kuvukia kitalu
still 1 -tulivu; **2** lakini; hata
  sasa; bado
stillborn (be) kuzaliwa mfu
stillness shwari
stimulant, stimulus kichocheo
stimulate kuchechemua; kutia
  nguvu
sting kuuma kama nyuki
stingy -nyiminyimi
stink kuvunda
stipulate kuweka masharti
stipulation sharti(ma)
stir kukoroga
stir up kuvuruga; kuchochea
stitch kushona
stock akiba
stockade boma(ma)
stockings soksi ndefu
stockpile kuhodhi bidhaa
stockroom stoo; ghala
stocktaking kuhesabu mali
stodgy -zito
stoical -vumilivu
stoke kutia makaa
stolen *see* **steal**
  be stolen kuibiwa
stomach tumbo(ma)
stone jiwe(mawe); (*of fruit*)
  kokwa(ma)
stood *see* **stand**
stool kiti kifupi; (*3-legged*)
  kigoda
stoop kuinama
stop kituo; kikomo;
  kusimama, kusimamisha;
  kukoma, kukomesha
stop dead kusimama ghafula
stop up kuziba

stopgap badala(ma); funikapengo
stopover katizo la safari
stopper kizibo
store akiba; ghala(ma); duka(ma); kuweka akiba
storey orofa/ghorofa
stork korongo(ma)
storm dhoruba; tufani
story hadithi
stout -nene
stove jiko(meko)
stow kupakiza mizigo
stowaway mzamia ndege/melini
straggler mtangatanga
straight sawa; -a kunyoka
straight on moja kwa moja
straighten kunyosha
strain 1 kuvuta kwa nguvu; **2** kuchuja; kichujio
strainer chujio
strand jino la kamba
  be stranded kupwelewa; kuachwa katika shida
strange -a kigeni
stranger mgeni
strangle kunyonga
strap ukanda(k)
stratagem werevu
strategy maarifa ya vita
straw mbua kavu za nafaka
stray kupotea njia
streak mlia; dalili
stream kijito
street njia ya mji
strength nguvu
strengthen kuongeza nguvu
strenuous -gumu
stress 1 mfadhaiko kutokana na taabu, msongo, n.k.; **2** mkazo; kutia mkazo
stretch kunyosha

stretcher machela ya kuchukulia mgonjwa
strew kutawanya chini
strict -kali
stride hatua ndefu
strife ugomvi
strike 1 pigo(ma); kupiga; **2** mgomo; kugoma
string uzi; kamba
stringent -a mkazo
strip kipande chembamba; chane; kuondoa; kuvua
stripe mlia
striped -enye milia
strive kujitahidi
stroke 1 pigo(ma); **2** kupapasa
stroll kutembea polepole
strong -a nguvu
stronghold ngome
structure muundo; jengo(ma)
struggle kushindana; kufanya jitihada
stubborn -kaidi
student mwanafunzi
study kujifunza; kuchungua
stuff 1 kitambaa; **2** kujaza
stuffing kitu cha kujazia
stumble kujikwaa
stumbling-block kikwazo
stump kigutu
stun kuzimisha akili; kuduwaza
  be stunned kuzimia; kuduwaa
stunted (be) kuvia
stupefy kuduwaza
stupid -pumbavu
stupidity upumbavu
sturdy -a nguvu
stutter kigugumizi: kugugumiza
sty banda la nguruwe
style mtindo

sub chini ya
subdue, subject, subjugate kutiisha
subject 1 raia; **2** jambo; kisa
submarine chini ya bahari
submerge kuzamisha
submission utii
submit to kutii; kuvumilia
subordinate -a chini
subscribe kulipia gazeti, n.k.
subscription mchango wa gazeti, n.k.
subsequent -a baadaye
subside kushuka; kupungua
subsidize kusaidia kwa fedha
subsidy fedha ya msaada
subsist on kuponea
subsistence maishilio
substance kitu
substandard chini ya wastani/kiwango
substantial -a hakika; -a maana
substantiate kuthibitisha
substitute, substitution kutia badala
subterranean chini ya nchi
subtract kutoa
suburb kitongoji cha mji
suburban -a kiungani
subversion upinduzi
subvert kupindua
succeed 1 kufaulu; **2** kufuata
success sudi; mafanikio
successful -enye kufaulu
succession mafuatano
successive -a kufuatana
successor mrithi; mwenye kufuata
succinct mafupi na dhahiri
succour msaada; kusaidia
succulent -tamu
succumb kushindwa

such -a namna hiyo
such as kama
suck kufyonza; kunyonya
suckle kunyonyesha
suction mfyonzo
sudden -a ghafula
sue kudai
suffer kuumwa; kupatwa na
suffering maumivu
suffice kutosha
sufficient -a kutosha
suffocate, suffocation kuzuiwa pumzi
suffrage haki ya kupiga kura
sugar sukari
sugarcane muwa(miwa)
suggest kutoa shauri; kupendekeza
suggestion shauri(ma); mapendekezo
suggestive -a kufikirisha
suicide kujiua
suicidal -a kujiangamiza
suit 1 kufaa; **2** suti
suitable -a kufaa
sulk kununa
sulky nunaji
sulphur salfa
sultry -a hari
sum jumla
summarily bila kukawia
summarize kufupisha
summary muhtasari
summer majira ya joto
summit kilele; upeo
summon kualika
summons mwaliko kortini
sun jua(ma)
Sunday Jumapili
sundry kadha wa kadha
sung *see* **sing**
sunrise mapambazuko; kucha
sunset kuchwa; machweo

sunshine jua
super bora
superb -zuri kabisa
supercilious -a kiburi
superficial -a juujuu
superfluity mazidio
superfluous -a zaidi
superintend kuangalia
superintendency maangalizi
superintendent mwangalizi
superior bora
superiority ubora
supernatural -a kupita akili
superpower taifa kubwa mno
superstition ibada ya ujinga
supervise kuangalia
supervision maangalizi
supper chakula cha jioni
supplant kutwaa mahali pa
supplement nyongeza
supplementary -a kuongeza
supplication maombi
supplies vyakula; manufaa
supply kutoa; kuruzuku
support 1 tegemeo(ma);
    kutegemeza; **2** msaada;
    kusaidia
suppose kudhani; kukisi
supposing ikiwa
supposition wazo(ma)
suppress, suppression
    kukomesha; kushinda
supremacy enzi kuu
supreme juu ya yote
supremely sana mno
sure -a hakika
  make sure kuhakikisha
sure-footed -siyeteleza
surely bila shaka
surety dhamana
surf povu ya mawimbi
surface uso; upande wa nje
surfeit kinaya; ziada

be surfeited kukinaishwa
surge kuumuka
surgeon daktari mpasuaji
surgery upasuaji; afisi ya
    daktari
surmise kudhani
surmount kushinda
surname jina la ukoo
surpass kushinda
surplus ziada
surprise jambo lisilotazamiwa;
    mshangao
surrender kujitoa
surreptitious -a siri
surround kuzunguka
surroundings mazingira
survey kutazama; kuaua
surveyor mpimaji
survival, survive kupona katika
    hatari
survivor mwenye kuokoka
susceptible -epesi wa kupatwa
suspect kushuku
suspend 1 kutundika;
    2 kuacha kwa muda
suspense mashaka
suspension kuachwa kwa
    muda
suspicion shaka
suspicious -enye kushuku
sustain 1 kutegemeza;
    2 kupatwa na
sustenance riziki
swab pamba au kitambaa cha
    kupangusia; kupiga deki
swagger kuranda
swallow 1 mbayuwayu;
    2 kumeza
swam *see* **swim**
swamp bwawa(ma)
swampy -a matope
swan ndege mkubwa wa maji
swap kubadili (mali kwa mali)

swarm kundi la wadudu;
  kusongamana
sway kuwayawaya
swear kuapa
swear at kulaani; kutukana
sweat jasho; kutoa jasho
sweep kufagia
sweep up kuzoa
sweepstake bahati nasibu ya
  fedha
sweet -tamu
sweetcorn mahindi
sweetheart mchumba
sweetness utamu
swell (swelled, swollen)
  kuvimba; kuumuka
swelling kivimbe
swerve kuepa
swift -epesi
swim (swam, swum) kuogelea
swindle kudanganya; kutapeli
swindler ayari
swine nguruwe
swing pembea; kuning'inia
swing arms kupunga mikono
switch mtambo wa stimu;
  swichi
switch off kuzima; kuzimisha
switch on kuwasha
swollen (be) kuvimba
  swollen-headed -enye kiburi
swoop kurukia
sword upanga(p)
swum see swim
syllable silabi
syllabus muhtasari
symbol dalili
symmetrical -enye ulinganifu
sympathetic -enye huruma
sympathize with kufariji
sympathy huruma
sympathy (expr. of, to a
  mourner) rambirambi (zako)

symptom dalili
synagogue sinagogi(ma)
synonymous -enye maana
  moja
synopsis ufupisho wa habari
synthetic -a kubuniwa; si asilia
syphilis kaswende
Syria Sham
syringe sirinji; kutia kwa
  sirinji
syrup shira
system utaratibu; mwili
systematic -a utaratibu; -a
  mfumo

T

table 1 meza; 2 orodha
table knife kisu cha mezani
table tennis mpira wa meza
tablecloth kitambaa cha meza
tablet tembe ndogo ya dawa
tableware (crockery) vyombo
  vya kulia chakula
taboo mwiko
tabulate kuorodhesha;
  kupanga katika jedwali
tacit bila kusema
taciturn -nyamavu
tack (sailing) kubisha; (sewing)
  kushikiza
tackle 1 vifaa; 2 kushikilia;
  3 (football) kunyang'anya
  mpira
tacks misumari midogo
tact busara
tactics njia za busara
tadpole mtoto wa chura
tag kishikizo
tail mkia
tail off kupungua
tailor mshona nguo
taint uvundo

take (took, taken)

take (took, taken) kutwaa; kuchukua
take a holiday kupumzika
take a photograph kupiga picha
take after kufanana na
take away kuondoa
take care kuangalia
take fright kuogopa
take hold kushika
take in 1 kufahamu; **2** kudanganya
take leave kuaga
take notes kuandika kumbukumbu
take off (*clothes*) kuvua nguo
take out kutoa
take place kufanyika
take to 1 kupenda; **2** kupeleka
take to pieces kukongoa
take up kujishughulisha na
tale hadithi; kisa
  tell tales of kuchongea
tale-bearer mchongezi
talent kipaji; akili
talented -elekevu
talk maongezi; kuongea
talk nonsense kupayuka
talkative -enye maneno mengi
tall -refu
tallness urefu
tally kuwa sawa
tally with kupatana na
talon kucha la ndege; ukucha(k) mrefu
tamarind (*tree*) mkwaju; (*fruit*) ukwaju(k)
tame kufuga; -pole
tamper with kuchezea kwa hila
tampon kisodo
tan (*colour*) hudhurungi
tangerine chenza
tangible -a kugusika

tangle msokotano; kusokotana
tank tangi(ma)
tanker meli ichukuayo mafuta
tantalize kutia shauku
Tanzanian (person) Mtanzania
tap 1 bulula; **2** kugotagota; **3** kugema
tape 1 utepe; **2** (*magnetic*) tepu
tape-measure chenezo
tapestry zulia ya ukutani
tapeworm tegu
tar lami
tardy -a kukawia
target shabaha
tariff orodha ya bei
tarmac lami
tarnish kupata kutu
tarry kukawia
tart 1 -chungu; **2** vitobosha vyenye matunda
task kazi
tassel kishada
taste ladha; kuonja
tasteless 1 chapwa; **2** -siyo staarabu
tasty -a kukolea
tatters nguo mbovumbovu
tattoo 1 mdundo; tamasha ya kiaskari; **2** chale
taught *see* **teach**
  be taught kufundishwa
taunt kudhihaki
taut -liyokazwa
tavern hoteli
tax kodi
taxi teksi
tea chai
tea break mapumziko ya chai
tea towel kitambaa cha kukaushia vyombo
tea-leaves majani ya chai
teapot birika ya chai
teach (taught) kufundisha

teacher mwalimu
teaching mafundisho
team timu
tear (tore, torn) kutatua; kupasua
tears machozi
tease kuchokoza
teaspoon kijiko kidogo
teat chuchu
technical -a ufundi
technique mbinu; jinsi ya kufanya kazi
technology teknolojia
tedious -a kuchosha
teenager kijana; msichana
teeth meno
teethe kuota meno
telecommunication mawasiliano ya kutumia TV, redio, n.k.
telephone simu; kupiga simu
telephone directory orodha za simu
telescope darubini ya nyota
television televisheni
tell (told) kuambia; kuarifu
tell a story kusimulia hadithi
tell the truth kusema kweli
temper, temperament tabia
lose temper kukasirika
temperance kiasi
temperate -a kiasi
temperature halijoto
temple hekalu(ma)
temporal -a dunia hii
temporarily kwa muda tu
temporary -a kitambo
tempt kushawishi
temptation mvuto
tempting -a kutamanisha
ten kumi
tenacious -a kushikamana
tenacity nguvu ya kushikamana

tenant mpangaji wa nyumba
tend kutunza
tend to kuelekea
tendency mwelekeo
tender -ororo; laini
tender-hearted -enye huruma
tense 1 wakati (*grammar*); 2 -liyokazwa; -a kufadhaisha
tension mkazo
tent hema
tentative -a kujaribia
tenuous dhaifu
tenure muda; wa kushika cheo
tepid -a uvuguvugu
term muda; (*of school, etc.*) muhula
terminate kukomesha
termination mwisho
terminus kituo cha mwisho
termites mchwa
terms masharti
come to terms kupatana
terrace mtaro; kufanya matuta ya mkingamo
terrestrial -a dunia
terrible -a kutisha
terribly sana
terrific -kubwa mno
terrify kutisha
territory nchi; eneo
terror hofu kuu
test jaribio; mtihani; kujaribu; kupima
testament wasia; agano(ma)
Old Testament Agano la Kale
New Testament Agano Jipya
testicle pumbu; korodani
testify kushuhudia
testimonial barua ya sifa
testimony ushahidi
test-tube neli ya majaribio
tether kufunga mnyama kwa kamba

text maandiko
textbook kitabu cha kiada
textile industry kiwanda cha
  nguo
textiles vitambaa kwa jumla
than kuliko
  more than zaidi ya
thank kushukuru
thank offering sadaka ya
  shukrani
thankful -enye shukrani
thankfulness shukrani
thankless pasipo shukrani
thanks, thank you asante;
  shukrani
thanksgiving ibada ya
  kushukuru
that -le
thatch kuezeka; maezeko
thaw kuyeyuka barafu
theatre jumba la tamthilia
  operating theatre chumba
  cha kupasulia
theft wizi; wivi
their, theirs -ao
them wao
themselves wao wenyewe
then wakati ule; ndipo; kisha
theology elimu ya dini; teolojia
theoretical -a akili si matendo
theory nadharia
there pale; kule; mle
thereafter baada ya hayo
therefore kwa hiyo
therewith, thereupon ndipo
thermometer kipima-joto
these hawa, hizi, n.k.
they wao
thick -nene
thicket kichaka
thickness unene
thief mwizi; mwivi
thimble subana

thin -embamba
  get thin kukonda
thing kitu; jambo(mambo)
think (thought) kuwaza;
  kudhani; kufikiri
third -a tatu
  a third theluthi
thirst kiu
thirst for kuonea shauku
thirsty -enye kiu
thirteen kumi na tatu
thirty thelathini
this huyu, hii, n.k.
thither huko
thorn mwiba
thornbush (*type of euphorbia*)
  mchongoma
thorny 1 -enye miiba; **2** -enye
  matata; (*problem*) -gumu
thorough, thoroughly kamili
thoroughfare barabara
those wale; zile, n.k.
though ingawa; ijapo
thought wazo(ma); *see* **think**
thoughtful -zingativu
thousand elfu
thrash kupiga
thread uzi (ny) mwembamba
thread a needle kutunga uzi
threadbare -kuukuu
threat tisho(ma)
threaten kutisha
three tatu
three per cent asilimia tatu
three-cornered -a pembe tatu
three-dimensional -a pande
  tatu
three-quarters robo tatu
thresh kupura
threw *see* **throw**
thrice mara tatu
thrifty -wekevu
thriller riwaya, filamu, n.k. ya

kusisimua
thrilling -a kusisimua
thrive kusitawi
throat koo; (*internal*) umio
throb kupwita
thrombosis mvilio kwenye
mshipa wa damu

tide maji kujaa na kupwa
tidemark alama ya maji
kupwa na kujaa
tidy nadhifu; kunadhifisha
tie 1 tai; **2** kwenda sare; **3**
kufunga kwa kamba n.k.

tie

1 means **necktie**
2 means **to draw** at the end of a game, or **finish together** in
a race. *Katika mbio fupi Elias na John walikwenda sare.*
In the sprint Elias and John tied.
3 To tie a parcel: *kufunga kifurushi.* To tie with string/cord:
kufunga kwa uzi/kamba.

throne kiti cha enzi
throng msongamano;
kusongamana
through kupitia
throughout wakati wote
popote
throw (threw, thrown) kutupa
be thrown kutupwa
throw (*make*) **a pot** kufinyanga
throw away kupoteza; kutupa
thrust kusukuma
thud mshindo
thumb kidole gumba
thunder ngurumo; radi; kupiga
radi
Thursday Alhamisi
thus hivyo
thwart kupinga
thyroid gland tezi dundumio
tick 1 kupe; papasi; **2** pigo la saa
ticket tiketi
ticket collector mkusanyaji
tiketi
ticket inspector mkaguzi
tiketi
tickle kutekenya

tier safu; daraja(ma)
tiger chui wa Bara Hindi
tight -a kukaza
be tight kubana
tighten kukaza
tile kigae
timber boriti na mbao
time wakati; saa
be in time kuwahi
time is up wakati umekwisha
time-limit kiwango maalum
cha muda
times mara
timetable ratiba
timid mwoga
tin bati; kopo
tingle kuchachatika damu
tinkle kulia kama njuga
tin-opener kifungulia-kopo
tint, tinge rangi hafifu
tiny -dogo sana
tip 1 ncha; **2** bakshishi;
3 kuinamisha
tip over kupindua; kupinduka
tipsy (be) kulewa kidogo
tire kuchosha
be tired kuchoka

tiredness uchovu
tiresome -a kuchosha
tissue shashi; tisu
title jina; cheo
title-deed hati ya kuthibitisha kumiliki
to kwa; -ni
to and fro huko na huko
toad chura
toadstool uyoga wa sumu
toast 1 mkate uliobanikwa; **2** salamu za karamuni
tobacco tumbako
today leo; (*present time*) siku hizi
toe kidole cha mguu
together pamoja
toil kazi ngumu; kujikokota
toilet choo; msala
toilet paper karatasi laini ya chooni
token dalili
tolerable -a kuvumilika
tolerant -vumilivu
tolerate kustahimili
toll 1 ushuru; **2** mlio wa kengele ya majonzi
tomato (*plant*) mnyanya; (*fruit*) nyanya
tomb kaburi(ma)
tomorrow kesho
day after tomorrow kesho kutwa
tomorrow week siku nane baadaye
ton kiasi cha frasila 64
tone sauti
tone down kupunguza
tongs koleo
tongue ulimi; lugha
tonight usiku huu
too kupita kiasi; mno; pia
tool zana ya kazi; kifaa

tool-bag mkoba wa vifaa
tooth jino (meno)
toothbrush mswaki
toothpaste dawa ya meno
top upande wa juu; (*summit*) kilele
top up (*e.g. petrol tank*) kujazia
top-heavy -liyozidi uzito kwa juu
topic mada
topical -a wakati uliopo
torch kurunzi; tochi
tore *see* **tear**
torment mateso; kutesa
torn (be) kutatuka
tornado kimbunga
torpedo topido
torpid -legevu
torrent mfoko wa maji
torrid -a joto jingi
tortoise kobe(ma)
tortuous -a kupindapinda
torture mateso makali mno; kutesa mno
toss kurusha juu
total jumla; kujumlisha
totter kutikisika
touch kugusa
be in touch with kuwasiliana mara kwa mara
lose touch with (somebody) kupotezana na (mtu)
touching -a kutia huruma
be touchy -a kuhamaki
tough -gumu
tour safari ya kutalii; kusafiri
tourism utalii
tourist mtalii
tourist agency wakala wa utalii
tournament mashindano
tow kuvuta kwa kamba
towards kuelekea

towel taulo

tower mnara

town mji

town councillor diwani wa mji

toxic -a sumu

toy kitu cha kuchezea

trace 1 dalili; 2 kufuatisha

trachoma maambukizo ya jicho ambamo kigubiko huonyesha mparuzo upande wa ndani; trakoma

track njia; nyayo; kuaua nyayo

track suit suti ya riadha

tract 1 kijitabu; 2 eneo la nchi

tractable -sikivu

tractor trakta(ma); tingatinga

trade biashara; kazi; kufanya biashara

trade union chama cha wafanyakazi

trader mchuuzi

trade-mark chapa ya bidhaa

tradition mapokeo

traditional -a tangu zamani

traffic magari yapitayo barabarani

traffic jam msongamano wa magari barabarani

traffic lights taa zinazoongoza magari barabarani

tragedy jambo la huzuni kuu; mchezo wa tanzia

tragic -a kuhuzunisha sana

trail utambaazi; alama

train garimoshi; treni; kuelekeza

training mafundisho; mazoezi

traitor msaliti

tramp mzururaji

trample kukanyaga

tranquil -tulivu

tranquillity utulivu

tranquillize kutuliza

tranquillizer dawa ya kutuliza

trans- kuvuka

transact kufanyana shughuli

transaction shughuli

transcontinental -a kuvuka kontinenti/bara

transcribe, transcription kunakili

transfer uhamisho; kuhama; kuhamisha

transform, transformation kugeuza kabisa

transfusion (blood) upaji wa damu; kupa damu

transgress kuvuka mpaka

transgression dhambi; kosa(ma)

transition wakati wa mabadiliko

transition period muda wa mpito

transitory -a kupita

translate kufasiri; kutafsiri

translation tafsiri; fasiri

translator mfasiri

transmission upelekaji

transmit kupeleka; (disease) kuambukiza

transparent -angavu

transpire kujulikana

transplant kupandikiza

transport uchukuzi; kusafirisha

transpose kubadilisha mahali

trap mtego; kutega

trash vitu hafifu; upuzi

travel kusafiri

travel agent wakala wa safari

travel expenses masurufu

travel sickness kichefuchefu

traveller msafiri; abiria

traveller's cheque hundi ya msafiri

traverse kupitia

travesty kiigo cha dhihaka
trawler meli ya kuvulia samaki
tray sinia; chano(ma)
treacherous -danganyifu
treachery usaliti
tread kukanyaga
treason uhaini
treasure hazina; tunu;
  kutunuka
treasurer mhazini
treasury hazina ya serkali
treat kutendea; kutibu;
  karamu; tafrija
treatise maandiko juu ya
  mada maalumu; tasnifu
treatment utabibu; jinsi ya
  kutenda
treaty mkataba wa
  mapatano
treble -a mara tatu
tree mti
trek kwenda safari ndefu na
  ngumu
tremble kutetemeka
tremendous -kubwa sana
tremor mtetemo; utukuto
trench handaki(ma); mfereji
trend maelekeo; mtazamo
trepidation wasiwasi
trespass kuingia bila ruhusa
trial taabu; (legal) kesi
triangle pembetatu
tribe kabila
tribunal baraza ya hukumu;
  korti
tributary (confluent) kijito
trick hila; kiinimacho
trickle kutiririka
trifle kitu kidogo tu
trifling -dogo
trigger mtambo wa bunduki
  kufyatulia risasi
trim 1 kupamba; 2 kusawazisha

trimming mapambo; urembo
trinity utatu
trinket kishaufu
trip matembezi ya
  kujifurahisha
trip over, trip up kujikwaa
tripartite -enye sehemu tatu
triple -tatu pamoja
triplets watatu kwa uzazi
  mmoja
triplicate (in) nakala tatu
trippers watembezi katika trip
triumph shangwe ya kushinda
triumphal, triumphant -enye
  shangwe ya kushinda
trivial hafifu
trolley toroli; kiberenge
troop kikosi cha wanajeshi
troops askari; wanajeshi
trophy kumbukumbu la
  kushinda
tropical -a joto jingi; -a tropiki
tropics nchi za joto/tropiki
trot kuenda shoti
trouble taabu; kusumbua
troublesome -sumbufu
trousers suruali
trousseau nguo za bibi arusi
truant mtoro
truce amani ya muda
truck lori
trudge kuburura miguu
true -a kweli
truly kwa kweli
trumpet tarumbeta
truncheon rungu(ma)
trunk 1 shina la mti;
  2 kasha(ma)
trust imani; kuamini
trustee mdhamana
trustful -tumainifu
trustworthy -aminifu
truth ukweli

truthful msema kweli
try 1 kujaribu; **2** kusikiliza kesi
trying -sumbufu
tsetse fly mbung'o
tub pipa(ma); hodhi
tube mrija; neli
tuberculosis kifua kikuu
Tuesday Jumanne
tuft kishungi
tug sitima ndogo; kuvuta kwa nguvu
tuition mafundisho
tumble kuanguka
tumbler bilauri; gilasi
tumour kivimbe
tumult msukosuko
tune tuni; kulinganisha sauti
tuneful -enye sauti nzuri
tunnel njia ya reli n.k. ya chini kwa chini
tup kondoo dume
turban kilemba
turbid -enye matope
turbulent -a msukosuko
turf pande la majani na udongo wake
turkey 1 Turuki; **2** bata mzinga
turmeric manjano
turmoil fujo(ma)
turn zamu; kugeuka; kuzunguka
  in turn kipokeo
  take turns kupokezana
turn off (*tap*) kuzima (bomba); kufunga (bomba)
turn on (*tap*) kufungua (bomba)
turret ngome; mnara mdogo
turtle kasa
turtle-dove hua
tusk pembe
tussle kupambana vikali
tutor mwalimu; mkufunzi

tweezers kibano
twelve kumi na mbili; thenashara
twenty ishirini
twice mara mbili
twig kitawi
twilight ukungu wa jioni
twin pacha
twine kitani
twinge mchomo
twinkle kumeremeta
twirl kuzungusha vuru
twist kusokota
twitch mtetemo wa uso; kustusha; kutikisa
two mbili
type 1 mfano; jinsi; **2** herufi za chapa; kupiga taipu
typewriter taipu
typhoid homa ya kuhara damu
typhoon kimbunga
typhus homa kali iletwayo na chawa, viroboto au kupe
tyranny udhalimu
tyrannize kudhulumu
tyrant mdhalimu
tyre mpira wa gurudumu; tairi

U

udder kiwele
Ugandan (person) Mganda
ugly -enye sura isiyopendeza
ulcer kidonda
ulterior -a siri; -liyofichika
ultimately mwishowe; hatimaye
ultimatum onyo la mwisho
ululate kupiga vigelegele
umbilical cord kiunga mwana
umbrella mwavuli

umpire mwamuzi
For **un** *see Prefixes and
Suffices in the Notes*
unable (be) kutoweza

uncertain bila hakika
uncertainty mashaka
unchangeable -siyobadilika
uncharitable bila huruma

---

unable

The infinitive form of any verb is *ku* + verb stem. Putting
-to- before the verb stem makes it negative: *kuweza* **to be
able**; *kutoweza* **to be unable**. *-to-* is not used with tenses; for
those negative verb prefixes are used, e.g. *Siwezi kwenda.*
I'm unable to go.

---

unaccompanied peke (yangu
yako, n.k.); -si*y*esindikizwa
unaccustomed (be) kutozoea
unadorned bila mapambo
unaided bila msaada
unalterable -siyobadilika
unanimous kwa umoja
unanswerable -siyokanikana
unanswered -si*y*ojibiwa
unarmed bila silaha
unashamed bila haya
unasked bila kutakiwa
unassisted bila msaada
unassuming -nyenyekevu
unattainable -si*y*opatikana
unavoidable -si*y*oweza
kuepukika
unaware kutofahamu
unbearable -si*y*ovumilika
unbecoming -si*y*ofaa
unbelief, be unbelieving
kutoamini
unbiassed bila upendeleo
unbind kufungua
unbounded bila mipaka
unbusiness-like bila utaratibu
unbutton kufungua vifungo
uncanny -a ajabu
unceasing -a daima

unclaimed bado kudaiwa
uncle mjomba; bada mdogo
uncoil kunyoosha
uncomfortable bila raha
uncommon 1 -a kigeni;
2 nadra
uncomplaining -vumilivu
uncompromising -a kushikilia
shauri lake
unconcerned -kavu wa
macho
unconditional bila masharti
uncongenial -a kuchukiza
unconnected bila uhusiano
unconquerable -si*y*oshindika
unconscious (be) kuzimia;
kutofahamu
unconsciously bila kujua
unconstitutional kinyume cha
katiba
uncontrollable -si*y*ozuilika
unconventional (be) kutofuata
kawaida
uncover kufunua
uncultivated -si*y*olimwa
undamaged -si*y*oharibiwa
undated -si*y*otiwa tarehe
undaunted -shupavu
undecided (be) kusitasita

undeniable -siyokanikana
under chini ya
  be underdone (*meat*) kutoiva vema
  be underfed -siyelishwa vya kutosha
under repair katika matengenezo
undercharge kutoza bei iliyo chini ya thamani halisi
underestimate kukadiria pungufu
undergo (went, gone) kutendewa
undergraduate mwanafunzi wa chuo kikuu wa shahada ya kwanza
underground chini ya ardhi
underhand -enye hila
underlie (lay, lain) kuwa chini ya
underline kupiga mstari chini
undermine kufukua chini; kudhoofisha
underneath chini ya
underpants chupi
underrate kudunisha kupita kiasi
understand (understood) kufahamu
undertake (took, taken) kuahidi kufanya
undertaking kazi iliyoahidiwa
undervalue *see* **underrate**
underwear nguo za ndani
undeserved -siyo haki
undesirable -siyofaa
undid *see* **undo**
undignified si adabu
undiminished -siyopungua
undisturbed bila wasiwasi
undivided -ote; -zima
undo (did, done) kufungua; kutangua
  be undone kufunguka

undoubted bile shaka
undress kuvua nguo
undue, unduly kupita kiasi
undulating -a kuinuka na kushuka
undying -siyo na mwisho
unearth kugundua
unearthly si ya dunia hii
uneasiness fadhaa
uneasy -enye fadhaa
uneatable -siyolika
unedifying -a aibu
uneducated -siyesoma
unemployed asiye na kazi
unequal si sawa kwa kiasi
unequalled bila kifani
unessential si -a lazima
uneven si sawa
unexpected -a ghafula
unexplained -siyoelezwa
unfailing -a sikuzote; -a daima
unfair si haki
unfasten kufungua
unfavourable -siyofaa
unfeeling -enye moyo mgumu
unfertilized -siyotiwa mbolea
unfold kukunjua
unforeseen -siyotazamiwa
unforgettable -siyosahaulika
unfortunate -enye bahati mbaya
unfortunately kwa bahati mbaya
unfounded bila sababu ya haki
unfurl (*flag, sail etc.*) kutweka
unhappy -enye huzuni
unheeded bila kuangaliwa
unhoped for -a bahati njema
unhygienic si -a afya
unification, unify kuunganisha
unilateral -a upande mmoja tu
unimportant -siyo muhimu
unintentional si kwa kusudi

uninterrupted bila kukatizwa
unique -a pekee
unison kwa sauti moja
unite kuungana; kuunganisha
unity umoja
universal -a mahali pote
universe ulimwengu na
  mazingira yake
university chuo kikuu
unjust si haki
unjustifiable bila sababu ya
  haki
unkind, unkindly bila hisani
unknowingly bila kujua
unknown -siyojulikana
unlawful haramu
unless isipokuwa
unlike tofauti na; si sawa
unlikely si yamkini
unload kupakua
unlock kufungua
unluckily kwa bahati mbaya
unlucky -siye na bahati
unmannerly -a kukosa adabu
unmerciful -katili
unmistakable dhahiri
unmitigated kabisa
unnatural -siyo ya kawaida
unnecessary -siyohitajika
unnoticed bila kuonwa
unobtainable -siyopatikana
unoccupied (be) (*house*)
  kutokaliwa; (*person*)
  kutokuwa na shughuli
unopposed bila kupingwa
unpack kufungua mzigo
unpatriotic -siyo -a uzalendo
unpick kufumua
unpleasant -a kuchukiza
unpopular -siyopendwa
unprecedented bila kifani
unprejudiced bila upendeleo
unprepared -siyotayarishwa

unproductive, unprofitable
  -siyoleta faida
unprofessional (*e.g. conduct*)
  -siyofuata maadili ya weledi
unquestionably bila shaka
unravel *see* unpick
unreadable -siyosomeka
unreasonable -siyo maana
unreliable si thabiti
unremitting bila kukoma
unreservedly bila masharti
unripe -bichi
unrivalled bila kifani
unroll kukunjua
unruly -kaidi
unsatisfactory -siyoridhisha
unsatisfied -siyeridhika
unscrupulous bila unyofu
unseen -siyoonekana
unselfish -siye na choyo
unsettled -siyetulia
unspeakable -siyoelezeka
unsteady -a kutetereka
unsuitable -siyofaa
untangle kutatua
unthinkable -siyowazika
unthinking bila kufikiri
untidy si nadhifu
untie kufungua
until hata; mpaka
untrue uongo
unusual si kawaida; nadra
unvarying bila ugeuzi
unwell -gonjwa
unwholesome -baya kwa afya
unwilling kwa kinyongo
unwind kuzongoa
unworthy -siyostahili
unwritten -siyoandikwa
up, upon juu (ya)
uphold kuthibitisha
upkeep gharama
upper -a juu zaidi

upright 1 wima; **2** -nyofu
uprising maasi
uproar makelele
uproot kung'oa
upset, turn upside-down
  kupindua
upshot matokeo
upstairs ghorofani
up-to-date -a siku hizi
upwards -a kuelekea juu
urban -a mji
urge kusisitiza
urgent muhimu; -a haraka
urinate kukojoa
urine mkojo
us sisi
usage matumizi
use faida; kutumia
  be used to kuzoea
useful -a kufaa
usefulness manufaa
useless -a bure; -siyofaa
usual -a kawaida
usually kwa kawaida; hu-
usurp kujitwalia bila haki
usurpation unyang'anyi
utensil chombo
utility manufaa
utilize kutumia
utmost upeo
utter, utterly kabisa
utterance usemi
uvula kidakatonge

V

vacancy nafasi
vacant -tupu
vacate kuondoka; kuacha
  wazi
vacation likizo(ma)
vaccinate kuchanja
vaccine dawa ya kuchanjia

vacuum 1 ombwe; **2** (*flask*)
  themosi; chupa ya chai
vacuum cleaner kifyonza-
  vumbi
vagrant mzururaji
vagina kuma; uke
vague si dhahiri
vain 1 -a kujiona; **2** -a bure
  in vain bure
valid halali
valley bonde(ma)
valour ushujaa
valuable -a thamani
valuation kisio cha kima
value kima; thamani
valueless duni
valve kilango
van motakaa ya mizigo
vandal mharabu
vandalism upotevu; uharabu
  wa kishenzi
vanguard watangulizi
vanish kutoweka
vanity 1 majivuno; **2** ubatili
vaporize kugeuza mvuke
vapour mvuke
variable -badilifu
variation badilikio(ma)
variegated -a rangi nyingi
various mbalimbali
varnish vanishi
vary kubadilika; kuwa
  mbalimbali
vase chombo cha kutilia maua
vast -kubwa mno
vault 1 kuba; **2** kuruka juu
vaunt kujivuna
veal nyama ya ndama
vegetables mboga
vegetarian mla mboga
vegetation mimea
vehement -a nguvu

vehicle 1 gari(ma); **2** (*medium*) chombo

version tafsiri; kisa
versus dhidi ya

---

vehicle

2 implies a vehicle in the sense of a **medium/channel/ instrument/means** of achieving a purpose, e.g. *Jeshi la polisi ni chombo cha serikali.* The police force is an instrument of government. *Gazeti lile ni chombo muhimu cha maoni ya umma.* That newspaper is an important vehicle of public opinion.

---

veil utaji; shela
vein vena
velocity kasimwelekeo
venerable -heshimiwa
venerate kuheshimu
veneration heshima
venereal disease ugonjwa wa zinaa
vengeance kisasi
venomous -enye sumu
ventilate, ventilation kupitisha hewa safi
venture mradi; kuthubutu
venturesome -jasiri
verandah baraza; roshani
verb kitenzi
verbal -a maneno tu
verdict hukumu; uamuzi
verge ukingo(k)
verifiable (be) kuweza kuthibitishwa
verify, verification kuthibitisha
veritable halisi
vermicelli tambi
vermin wanyama waharibifu
vernacular lugha ya wenyeji
versatile hodari katika kazi za namna nyingi
verse ushairi; (*stanza*) ubeti(b)
versed stadi

vertebra pingili la uti wa mgongo
vertical wima
very sana
vespers sala za jioni
vessel chombo
vest fulana
vestige dalili; baki
vestment vazi la kasisi
vestry chumba kanisani ambapo kasisi avaa vazi rasmi
veteran mzee mjuzi; askari mstaafu
veterinary -a kuhusu magonjwa ya wanyama
veterinary surgeon (*vet*) mganga wa wanyama
veto katazo(ma); kukataza
vex kuchokoza
vexation uchokozi
 be vexed kuchokozwa
via kupita kwa njia ya
viable (be) kuwezekana
vibrate, vibration kutikisika
vicar kasisi/padri(ma) wa mtaa
vice 1 uovu; ufisadi; **2** (*deputy*) makamu
vice versa kinyume chake
vice-president makamu wa rais
vicinity ujirani

vicious -ovu; -kali
vicissitudes mageuko
victim mteswa
victimize kudhulumu
victor mshindi
  be victorious kushinda
victory ushindi
video video; kupiga picha za video
videotape ukanda wa video
view 1 mandhari; kutazama; **2** (*opinion*) maoni
viewfinder kioo ndani ya kamera cha kutafutia taswira
vigil mkesha
vigilance hadhari; uangalifu
vigilant -enye hadhari
vigorous -a nguvu
vigour nguvu
vile -baya; -nyonge
village kijiji
villain mhalifu
vindicate, vindication kuthibitisha haki
vindictive -a kuweka kisasi
vine mzabibu
vinegar siki
vineyard shamba la mizabibu
violate kuvunja sheria
violation jeuri; mvunjo
violence nguvu; jeuri
violent -a nguvu sana
viper kipiri
virgin bikira(ma)
virginity ubikira
virtual -a kweli
virtue wema
virtuous -ema
visa viza
visibility mwangaza
visible -a kuonekana wazi
vision 1 uoni; **2** uwezo wa

kuona mbali
visit ziara(ma); kuzuru; kutembelea
visitor mgeni
visual -a kuona; -a macho
visual aids (*teaching*) vielelezo (vya kufundishia)
vital lazima
vitality nguvu tendaji
vitiate kupunguza nguvu
viva voce mtihani wa mahojiano
vivid dhahiri
vivisection uvumbuzi wa dawa kwa kutumia wanyama
vocabulary msamiati; maneno
vocal -a sauti ya mtu
vocation wito
vociferous -enye makelele
voice sauti ya mtu
void -tupu
  be void kubatilika
volcano volkeno
voluble hodari wa kusema
volume 1 kitabu; **2** ukubwa
voluminous -kubwa
voluntary kwa hiari
volunteer mjitoa kwa hiari
vomit kutapika
voracious -lafi
vote kupiga kura
voter mpiga kura
vouch for kudhamini
voucher hati ya malipo
vouchsafe kujalia
vow nadhiri; kuweka nadhiri
vowel vokali; irabu
voyage safari ya baharini
vulgar 1 -a watu wote; **2** -a kukosa adabu
vulgarity utovu wa adabu
vulnerable (be) kuweza kudhuriwa

W

wad (*of banknotes*) kibunda (cha noti)
waddle kutagaa
wade kupitia maji kwa miguu
wafer mkate mdogo mwembamba; biskuti nyembamba
waft kupeperusha
wag kusukasuka
wage mshahara; ujira
wage war kupigana
wail kuomboleza
wailing kilio
waist kiuno
waistband mkanda wa nguo
waistcloth (*men's sarong*) kikoi
waistcoat kisibau
wait muda wa kungoja; kungoja
wait for kungojea; kusubiri
waiter, waitress mtumishi mezani; mhudumu
waive kuacha kudai
wake (woke) kuamka; kuamsha
wakeful -a kukosa usingizi
walk kwenda kwa miguu
  go for a walk kwenda kutembea
walking stick bakora; fimbo ya matembezi
wall ukuta(k)
wallet mkoba; pochi
wallow kugaagaa matopeni
wan -liyesawajika
wander kuzungukazunguka
wane kupungua
wangle kupata kwa werevu
want kutaka; kuhitaji
  be in want of kuhitaji; kupungukiwa na
war, warfare vita

ward off kukinga
warden mwangalizi
warder (*prison*) askari gereza
wardrobe kabati la nguo
warehouse bohari; ghala
warm -enye moto wa kadiri
warm-hearted -kunjufu
warmth joto la kadiri
warn kuonya
warning onyo(ma)
warrant hati ya idhini ya kufanya kitu
warrior mpiganaji
wart dutu(ma)
warthog ngiri
was *see* **be**
wash kuosha; (*clothes*) kufua; (*hands*) kunawa; (*feet*) kutawadha; (*utensils*) kuosha vyombo
wash basin bakuli ya kunawia; beseni la kunawia
washable -a kufulika
washerman dobi
wasp mdudu kama nyigu
waste kupoteza; -a kutupwa
  lay waste kuharibu nchi
waste away kudhoofika
waste bin pipa la takataka
waste pipe bomba la kuondolea maji machafu
wasteful -potevu
watch 1 saa ya mkono; **2** ulinzi; kuangalia
watchman (*night*) mlinzi (wa usiku)
water maji; kutia maji
water main bomba kubwa la kuleta maji
water melon tikiti maji
water pipe bomba la kupitishia maji

water table tabaka maji (chini ya ardhi)
water tank tangi la maji
water-buck kuro
water-closet (W.C.) choo
watercourse mfereji wa maji
waterfall poromoko la maji
watering-place dimbwi wanyweapo wanyama wa pori
waterproof, watertight -siyopenya maji
wave wimbi(ma); kupepea; kupunga mkono
waver kusitasita
wax nta
way njia
waylay kuvizia
wayward -kaidi; -tundu
we sisi
weak dhaifu
weaken kudhoofisha
weakness udhaifu
  have a weakness for kupenda sana
wealth mali
wealthy tajiri
wean kuachisha mtoto ziwa
weapon silaha
wear (wore, worn) kuvaa
  be wearable kuvalika
wear off kupungua
wear out kuchakaa
wear well kudumu
wearing (*tiring*) -a kuchosha
wearisome -a kuchosha
weary (somebody) kuchosha
  be weary kuchoka
weather hali ya hewa
weave (wove, woven) kufuma
web utando(t)
wed kuoa; kuolewa
wedding arusi; ndoa

wedge kabari
Wednesday Jumatano
wee -dogo sana
weed kupalia magugu
weeds magugu; kwekwe
week juma(ma); wiki
weekly kila juma
weep (wept) kulia
weevils vidudu walao nafaka ghalani
weigh kupima uzito
weight uzani; uzito
weighty -a maana; -zito
weird -a kutisha kidogo
welcome kukaribisha kwa furaha
weld kulehemu
welfare hali njema
well 1 kisima; **2** mzima; **3** vizuri; **4** je
  be well kuwa hajambo
  get well kupona
well informed -enye kujua
well known maarufu; mashuhuri
well mannered -enye tabia njema
well off -tajiri
went *see* **go**
west magharibi
western -a magharibi
wet -a majimaji
  get wet kulowana
whale nyangumi
wharf gati
what nini
what if itakuwaje; itakuwa vipi
what for? kwa nini?
what kind of? gani?
whatever cho chote; nini?
wheat ngano
wheatmeal unga wa ngano

wheedle kurairai
wheel gurudumu(ma)
wheelbarrow kigari cha kutumiwa shambani; mkokoteni
wheelchair kiti cha magurudumu
when wakati wa; -po-; lini?
whence mahali pa kutoka; wapi?
whenever wakati wo wote; lini?
where mahali; -po-; wapi?
wherever mahali po pote; wapi?
whereupon ndipo
whether kama
which ipi? zipi? n.k.
whichever yo yote; zo zote, n.k.
while wakati; maadam; -po-
whine kunung'unika
whip mjeledi; kupiga mjeledi
whip-hand nguvu ya kutiisha
whirl kuvurumisha
whirlwind chamchela
whisper mnong'ono; kunong'ona
whistle filimbi; kupiga mluzi

whitewash chokaa
whittle kukatakata
WHO Shirika la Afya Duniani
who, whom nani; -ye-; -o-
whoever ye yote; wo wote
whole -zima; kamili
  on the whole kwa jumla
wholesale kwa jumla; biashara ya jumla
wholesome -enye afya
wholly kabisa
whooping cough kifaduro
whore kahaba; malaya
whose -a nani?
why kwa nini? mbona? kumbe!
wick utambi(t)
wicked -ovu
wickedness uovu
wide -pana
wide awake (be) kuwa macho
widen kupanua
widespread -a kusambaa
widow, widower mjane
width upana
wife mke
wild -a mwitu; -siyofugwa
wild cat paka shume

will

1 The **intention** meaning is not now very common in spoken English except in **impose one's will on...** etc

2 Although **will** as a legal document for bequests is translatable by *usia* this word also means **any religiously-sanctioned or formal directive.**

3 *-ta-* is the present tense marker.

white -eupe
white ants mchwa
white coffee kahawa yenye maziwa
white hair mvi

wildebeest nyumbu
wilderness nyika
wilful -kaidi
will 1 nia; 2 usia(ma); 3 -ta-
willing tayari; radhi

wilt (*of plants*) kunyauka
wily -janja
win (won) kushinda
wince kunywea
wind upepo
wind (wound) kuzonga; kupinda
windfall pato la bahati
winding -enye mapindi
window dirisha(ma)
window-pane kioo cha dirisha
windpipe koromeo
windscreen kioo cha mbele cha gari
windward -a upande wa upepo wa joshini
windy -a upepo mwingi
wine divai; mvinyo
wing ubawa(mb)
wink kukonyezo jicho
winner mshindi
winnings mapato ya ushindi
winter majira ya baridi
wintry -a baridi kali
wipe, wipe out kufuta; kupangusa
wire uzi wa madini; waya
wireless simu ya upepo; redio
wisdom hekima; busara
wise -enye busara; -a hekima
wish takwa(ma); kutaka
I wish Laiti ninge …
wistfully kwa kutaka sana
wit uchekeshi
witch mwanamke mchawi
witchcraft uchawi
with na; kwa; pamoja na
withdraw (drew, drawn) kutoa; kujitoa
wither kunyauka
withhold kunyima
within ndani (ya); katika
without bila; pasipo

withstand kupinga
witness shahidi(ma); ushuhuda; kushuhudia
wits akili
witty -a kuchekesha
wives *see* **wife**
wizened -liyesinyaa
wobble kutikisika
woeful -a masikitiko
wolf (wolves) mbwa mwitu
woman mwanamke
womb tumbo la uzazi
women wanawake
womenfolk akina mama
wonder ajabu; kustaajabu
I wonder if Sijui kama
wonderful -a ajabu; -zuri sana
won't will not
wood mti; mbao; mwitu/msitu
wooded -enye miti mingi
wooden -a mti
wool sufu
woollen -a sufu
word neno(ma)
word perfect -enye kujua (somo, shairi, n.k.) kwa moyo
word processor kichambua maneno; kompyuta
work kazi; kufanya kazi
worker, workman mfanya kazi
working capital mtaji
working hypothesis dhanio
working knowledge maarifa yatoshelezayo kusudio
workmanship ustadi
works, workshop kiwanda cha kazi
world ulimwengu; dunia
World Bank Benki ya Dunia
worldly -enye kupenda anasa za dunia
worldwide -a duniani kote

worm nyungunyungu;
mchango
  be wormeaten kutobolewa
  na funza
worn *see* wear
  be worn kuvaliwa
  be worn out kuchakaa
worry udhia; kuudhi
  be worried kuudhika; kuwa
  na wasiwasi
worrying -sumbufu
worse -baya zaidi
worship ibada; kuabudu
worst -baya kabisa
worth thamani
worthless duni
  be worthwhile kustahili
  kufanyika
worthy -a kustahili sifa
wound 1 *see* wind; 2 jeraha;
  kujeruhi
wraith mzuka; pepo
wrangle kubishana
wrap (something) up kufungia
wreath shada la maua
wreck, wreckage mavunjiko
  ya chombo baharini
  be wrecked kuvunjika
wrench kupopotoa
wrestle kushindana mweleka
wretched -nyonge
wriggle kuvinginyika
wring something out kukamua
wrinkle kifinyo
  be wrinkled kufinyana
wrist kiwiko cha mkono
writ hati
write (wrote, written) kuandika
writer mwandishi
writing mwandiko
writing desk dawati
writing paper karatasi ya
  kuandikia

writings maandiko
wrong -baya; si sahihi
  kudhulumu
  be wrong kukosea
  be wronged kudhulumiwa
  do wrong kukosa
wrongdoing utendaji maovu;
  dhambi
wrongfully bila haki

X

Xhosa (person) Mhosa
X-ray miali ipenyayo mwili;
  eksirei
xylophone marimba

Y

yacht yoti
yam kiazi kikuu
yard 1 ua(ny); 2 yadi
yarn uzi wa kufumia
yawn mwayo; kupiga miayo
yaws buba
year mwaka
yearly -a kila mwaka
yearn kuonea shauku
yearning shauku
yeast chachu; hamira
yell kupiga kelele
yellow rangi ya manjano
yelp kulia kama mbwa
  akiumia
yes naam; ndiyo
yesterday jana
  day before yesterday juzi
yet lakini
  not yet bado
yield 1 mazao; kuzaa;
  2 kukubali

yogurt mtindi
yoke nira
yolk kiini cha yai
you wewe; ninyi
young -dogo; -changa
young man kijana
young woman (*unmarried*)
  msichana
youngster mtoto
your, yours -ako; -enu
yourself wewe mwenyewe
yourselves ninyi wenyewe
youth kijana; ujana

zenith 1 anga; 2 upeo wa
  (ustawi, n.k.)
zero sifuri; pa kuanzia
zest bidii
zigzag -a mshazari; zigizaga
zinc zinki
zip zipu
zone sehemu maalum ya
  dunia; ukanda(k)
zoo mahali pa kutunza na
  kuonyesha wanyama pori
zoology elimu ya wanyama;
  zuolojia

youth

Although the meaning of *kijana* varies across the Swahili-speaking area, it is only used for young people over the age of about seven. In some places it means **an adolescent,** in others **a pre-adolescent older child.** It also means the period of being a *kijana* and **youthfulness.**

Z

Zulu (person) Mzulu

Zanzibar Unguja
zeal bidii; raghba

zeal

Probably less common now in spoken English, its near-equivalent *bidii*, implying **effort** and **enthusiasm,** is often used as an adverb or in structures translatable into English as adverbial or adjectival:
Fanya bidii! **Work hard/zealously!** *Ana bidii.* **She is zealous/hardworking.** *Yeye ni mtu wa bidii.* **He is a zealous/hardworking person.**

zealous -a bidii
zebra punda milia
zebu ng'ombe wenye nundu;
  zebu

Credits

Front cover: © Oxford Illustrators Ltd

Back cover: © Jakub Semeniuk/iStockphoto.com, © Royalty-Free/Corbis, © agencyby/iStockphoto.com, © Andy Cook/iStockphoto.com, © Christopher Ewing/iStockphoto.com, © zebicho - Fotolia.com, © Geoffrey Holman/iStockphoto.com, © Photodisc/Getty Images, © James C. Pruitt/iStockphoto.com, © Mohamed Saber - Fotolia.com